Information Age Economy

Information Age Economy

K. Sandbiller
Dezentralität und Markt in Banken
1998. ISBN 3-7908-1101-7

M. Roemer
Direktvertrieb kundenindividueller
Finanzdienstleistungen
1998. ISBN 3-7908-1102-5

F. Rose
The Economics, Concept, and Design
of Information Intermediaries
1999. ISBN 3-7908-1168-8

J. Schneider
Finanzanalysen in der Investitions-
und Finanzierungsberatung
1999. ISBN 3-7908-1169-6

Peter Gomber

Elektronische Handelssysteme

Innovative Konzepte und Technologien im Wertpapierhandel

Mit 48 Abbildungen
und 7 Tabellen

Springer-Verlag Berlin Heidelberg GmbH

Dr. Peter Gomber
FB Wirtschaftswissenschaften
BWL – Wirtschaftsinformatik
Universität Gießen
Licher Straße 70
D-35394 Gießen

Gedruckt mit Unterstützung der Deutschen Forschungsgemeinschaft, D26

ISBN 978-3-7908-1272-5

Die Deutsche Bibliothek – CIP-Einheitsaufnahme
Gomber, Peter: Elektronische Handelssysteme: innovative Konzepte und Technologien im Wertpapierhandel / Peter Gomber. – Springer-Verlag Berlin Heidelberg GmbH, 2000
(Information age economy)
ISBN 978-3-7908-1272-5 ISBN 978-3-642-57643-0 (eBook)
DOI 10.1007/978-3-642-57643-0

Umschlaggestaltung: Erich Kirchner, Heidelberg

SPIN 10754782 88/2202-5 4 3 2 1 0 – Gedruckt auf säurefreiem und alterungsbeständigem Papier

Meinen Eltern

Geleitwort

Mit der zunehmenden Verbreitung Elektronischer Handelssysteme hat ein neues Zeitalter im Handel mit Finanzwerten begonnen. Kaum eine andere Fragestellung aus dem Themenbereich Börsen und Wertpapierhandel konnte in den letzen Jahren eine so hohe Aufmerksamkeit auf sich ziehen. Sowohl in der wissenschaftlichen Literatur als auch in der Tagespresse finden sich eine Vielzahl von Beiträgen, die die relative Vorteilhaftigkeit von Parkett- versus Computerhandel diskutieren und analysieren. De facto hat sich der Computerhandel - trotz dieser weiterhin intensiven Diskussion - bereits in den wichtigsten Marktsegmenten durchgesetzt: Systeme wie XETRA oder EUREX sind aus dem modernen Wertpapierhandel nicht mehr wegzudenken und haben im Kassa- bzw. im Terminhandel Marktanteile erreicht, die weit über denen des Parketthandels z. B. an der FWB oder der LIFFE liegen.

Trotz dieser geradezu zwingend erscheinenden Entwicklung können in der Realität Märkte bzw. Marktsegmente beobachtet werden, die sich dem Einsatz innovativer Technologien - insbesondere in der kritischen Phase der Orderzusammenführung und Preisfindung – verschließen, und in denen Marktteilnehmer bevorzugt mittels konventioneller Technologien interagieren. In diesem außerbörslichen Telefonhandel, der im wesentlichen zwischen institutionellen Investoren - speziell in der Form eines Interbankenhandels – stattfindet, agieren die Marktteilnehmer oftmals unter der Einschaltung von Brokern, die die Aufgabe der Informationsbeschaffung, der Produkt- und Kontrahentensuche und der Verhandlungsführung im Auftrag ihrer Kunden übernehmen. Insbesondere bei derivativen Finanzinstrumenten (börslicher Anteil < 30%) und Rentenpapieren (börslicher Anteil < 10%) wird der Börsenhandel bezüglich der gehandelten Volumina deutlich durch den außerbörslichen Handel dominiert.

Vor diesem Hintergrund ist es das Ziel der Arbeit von Herrn Gomber, zur Senkung der Transaktionskosten und zur Erhöhung der operativen Effizienz des Wertpapierhandels beizutragen, indem er ein Elektronisches Handelssystem auf Basis des Technologieparadigmas der Softwareagenten konzipiert und prototypisch implementiert, das eine elektronische Alternative zum existierenden Broker- bzw. Telefonhandel bereitstellt. Dieses System soll es den Wertpapierhändlern ermöglichen, Kontraktpartner schnell und effizient zu finden und mit diesen die Vertrags- bzw. Produktspezifika von Finanzinstrumenten zu verhandeln. In der Arbeit spannt Herr Gomber ein weiten Bogen: Neben grundsätzlichen Fragen der Marktmikrostrukturtheorie schafft er einen verallgemeinerten Bezugsrahmen für Elektronische Handelssysteme und diskutiert börsenaufsichtsrechtliche Fragen. Darüber hinaus gibt er dem Leser einen umfassenden Überblick über existierende Wertpapierhandelssysteme, insbesondere die sogenannten Proprietary Trading Systems, wie z. B. INSTINET oder OPTIMARK.

Sowohl auf der ökonomisch/finanzwirtschaftlichen als auch auf der informationstechnischen Ebene weist der Ansatz von Herrn Gomber einen besonderen Innovationsgehalt auf: Im Rahmen der Arbeit wurde das agentenbasierte Wertpapierhandelssystem AMTRAS (Agent Mediated Trading System) konzipiert und implementiert. AMTRAS erlaubt den Marktteilnehmern bi- bzw. multilaterale Verhandlungen über ein grafisches Interface auf Basis einer vordefinierten Handelsstrategie durchzuführen. Diese Verhandlungen – wie auch den gesamten Suchprozeß – kann der Händler vollständig auf Softwareagenten delegieren, erhält dabei jederzeit Statusinformationen bezüglich der Aktivitäten seines Agenten und kann interaktiv in die laufenden Verhandlungen eingreifen. Im Gegensatz zu existierenden Marktmodellen können die Marktteilnehmer über das Konzept dynamischer Marktmodelle individuell und transaktionsspezifisch bestimmte Ausprägungen der Strukturmerkmale des Wertpapierhandels, z. B. den Grad der Markttransparenz, die Orderverbindlichkeit oder das Preisfeststellungsverfahren auswählen. Damit bietet AMTRAS auf elektronische Weise eine ähnliche Flexibilität wie der heutige Telefonhandel.

In der Softwarelösung werden die besonderen Vorteile des Agentenansatzes, konkret die Fähigkeit zur parallelen und anonymen Suche nach Kontraktpartnern und zur Kapselung bzw. dosierten Weitergabe von Informationen, für die Domäne des Wertpapierhandels zielgerichtet umgesetzt. Dies konnte erreicht werden, indem die Anforderungen der institutionellen Investoren systematisch analysiert und die Wertpapierhändler selbst in die Phase der Systemkonzeption und -gestaltung auf Basis umfassender Interviews einbezogen wurden.

Bezüglich der praktischen und wirtschaftlichen Umsetzbarkeit hat Herr Gomber einen leistungsfähigen Ansatz realisiert, der nicht nur für professionelle, institutionelle Investoren hohes Potential bietet: Das Systemkonzept ist auch für einen Retailhandel über das Internet, z. B. in Form eines nachbörslichen Handels, anwendbar. Schließlich ist auch eine Übertragung des Ansatzes auf Commodity-Märkte, speziell auf Energie- und Telekommunikationsmärkte mit den dort neu geschaffenen, wettbewerblichen Strukturen sehr erfolgversprechend und zukunftsweisend.

Daher wünsche ich der Arbeit eine weite Verbreitung und für die entwickelten Ideen reges Interesse aus Wissenschaft und Praxis.

Prof. Dr. Christof Weinhardt

Vorwort

Die vorliegende Arbeit entstand im Rahmen meiner Tätigkeit als wissenschaftlicher Mitarbeiter am Lehrstuhl BWL-Wirtschaftsinformatik der Justus-Liebig-Universität Gießen.

Zum Gelingen der Arbeit haben zahlreiche Personen durch ihre Unterstützung in fachlicher und persönlicher Hinsicht beigetragen. Ihnen allen gilt mein herzlicher Dank:

Mein Betreuer, Herr Prof. Dr. Christof Weinhardt, hat mir die Gelegenheit gegeben, ein wissenschaftliches Thema frei zu wählen und nach meinen Vorstellungen und Stärken zu bearbeiten. Dabei hatte er stets ein offenes Ohr für konstruktive Diskussionen und stand mir mit Rat, Aufmunterung und Kommentaren zur Seite. Durch seine Anregungen und Hinweise konnte die Arbeit wesentlich an Präzision und Geschlossenheit gewinnen. Bedanken möchte ich mich auch bei Herrn Prof. Dr. Wolfgang Bessler, der die finanzwirtschaftlichen Aspekte der Arbeit gerne und intensiv mit mir diskutiert und das Zweitgutachten - just in time - erstellt hat.

Besonderer Dank gilt auch meinen Kollegen und Freunden am Lehrstuhl für Ihre jederzeitige Unterstützung und die erfolgreiche Fahndung nach Fehlern und Inkonsistenzen im Manuskript meiner Arbeit sowie allen Diplomanden und Hilfskräften im Projekt AMTRAS für Ihren beispielhaften Einsatz.

Nicht zuletzt möchte ich mich auch bei allen Freunden bedanken, die mir gezeigt haben, daß es auch noch andere Dinge neben einer Dissertation gibt, und trotzdem immer wieder an Stand und Fortschritt meiner Arbeit interessiert waren.

Widmen möchte ich diese Arbeit meinen Eltern, Josef und Mechthild Gomber. Sie haben fortwährend und selbstlos meine gesamte schulische, berufliche und akademische Ausbildung unterstützt und mir den Mut und die Kraft für diese Arbeit gegeben. Ihnen und auch meinem Bruder Marc gilt mein größter Dank.

Peter Gomber

Inhaltsverzeichnis

1 Einleitung und Problemstellung

1.1 Einführung

Die Rahmenbedingungen internationaler Kapitalmärkte haben sich seit Beginn der 90er Jahre grundlegend gewandelt. Neben einer zunehmenden Liberalisierung und Deregulierung [Merk97] haben nicht zuletzt die grundlegenden Fortschritte in der Informationstechnologie (IT) die Voraussetzungen für eine Beschleunigung und Ausdehnung internationaler Kapitalströme geschaffen.

Deutliche Fortschritte bezüglich Rechnerleistung und Datenverarbeitungskapazität führen zu einem einschneidenden Strukturwandel: Elektronische Handelssysteme haben - über die Ermöglichung von real-time Informationsverfügbarkeit und dezentraler Marktzugänge - die Geschwindigkeit, Genauigkeit und Transparenz des internationalen Wertpapierhandels bei deutlich gestiegenen Handelsvolumina erhöht. Institutionelle Investoren verfügen über die notwendigen Marktinformationen sowie In-house-Systeme, um direkt am Markt - oftmals auch ohne die Beanspruchung kostenintensiver Dienstleistungen von Intermediären - zu agieren. Darüber hinaus hat die erhöhte Akzeptanz und wachsende Popularität des Internet auch dem privaten Investor die Möglichkeit eröffnet, selbständig sein Wertpapierportfolio zu managen, real-time bzw. near-time den Markt zu beobachten und Transaktionen über Discount-Broker bzw. Direktbanken online und kostengünstig zu tätigen. Aufgrund dieser Entwicklungen konnten sowohl Transaktionskosten als auch Reaktionszeiten auf den Kapitalmärkten drastisch gesenkt werden.

Die gestiegenen Emissions- und Transaktionsvolumina und die Ausweitung internationaler Kapitalströme haben zu grundsätzlich neuen Anforderungen an die Börsen in ihrer Rolle als Marktbetreiber geführt. Aus meist öffentlich-rechtlichen Börseninstitutionen[1] entwickeln sich gewinnorientierte Unternehmen, die sich als Dienstleister im Wertpapierhandel mit den Aufgaben der Marktorganisation, der Neu- und Weiterentwicklung von Produkten und der Bereitstellung einer marktgerechten und technologisch fortschrittlichen Infrastruktur verstehen [MaSe97].

Unabhängig vom Durchdringungsgrad mit Informationstechnologie wird die Leistungsfähigkeit von Börsen nach wie vor am Handelsvolumen gemessen und die Provisionserträge aus den Handelsabschlüssen stellen - insbesondere aus der damit unmittelbar verbundenen Wertpapierabwicklung - eine zentrale Einnah-

---

[1] Diese traditionelle Sicht findet sich in der Börsendefinition nach Schmidt, der eine Börse als „*ein als Verbandbetrieb organisierter Markt vertretbarer Güter*" [Schm88, 1] kennzeichnet.

mequelle der Börsen dar. Dies induziert einen intensiven *Wettbewerb der Börsen* um Wertpapieraufträge (Competition for Order-Flow), der zu einer Konzentration auf wenige Börsenplätze führen kann. Um diesem Wettbewerb gerecht zu werden, streben Börseninstitutionen verstärkt internationale Kooperationen[2] an. Dadurch sollen Kosten über die Realisierung von Economies of scale[3] eingespart, die existierende Marktfragmentierung beseitigt und eine Liquiditätserhöhung erreicht werden.

Aus einer übergeordneten Perspektive existiert daneben auch ein Wettbewerb zwischen den börslichen und den außerbörslichen Märkten, den sogenannten *Over the Counter (OTC) -Märkten*. Dort findet - oftmals unter der Nutzung konventioneller Technologien (z. B. via Telefon) - ein direkter bilateraler Handel oder ein Handel unter Einschaltung von Brokern zwischen institutionellen Investoren statt. Dieser sogenannte „*Telefonhandel*" [Büsc98, 230], ob bilateral oder über Broker, hat zwei wesentliche Nachteile: erstens ist ein solcher Handel mit erheblichen Such- und Informationskosten [Bort96, 68] verbunden und zweitens wird bereits ex ante die Anzahl möglicher Kontraktpartner stark reduziert. Trotzdem wird der börsliche Wertpapierhandel, wie empirische Untersuchungen belegen (vgl. Abschnitt 4.1.), bezüglich der gehandelten Volumina durch den außerbörslichen Handel deutlich dominiert.

Im Grenzbereich zwischen börslichem und außerbörslichem Wertpapierhandel konnte sich eine neue, dritte Form des Wertpapierhandels, sogenannte private Handelssysteme [voRo94] oder *Proprietary Trading Systems (PTS)*, etablieren. Die Betreiber dieser elektronischen Handelsplattformen versuchen, über eine Differenzierung im Service und durch die Bereitstellung spezieller Marktstrukturen, Order-Flow auf ihre Systeme zu ziehen. Die Frage, ob PTS Börsen darstellen und als solche zu klassifizieren sind, oder ob es sich hierbei lediglich um eine spezielle Form des außerbörslichen Marktes handelt, stellt sich in der Literatur [vgl. z. B. Vaup95; Lee98] als ein wichtiges Problem dar - insbesondere aus der Perspektive der Aufsichts- und Regulierungsbehörden.

Zusammenfassend läßt sich feststellen, daß, neben dem Wettbewerb der Börsen untereinander, auch ein Wettbewerb zwischen Börsen, PTS und „konventionellen" OTC-Märkten, also dem Telefonhandel, existiert. Diese alternativen Handelsformen grenzen sich jeweils durch unterschiedliche *Marktmikrostrukturen*

---

2 Es können sowohl Kooperationen rechtlich selbständiger Börsen, z. B. zwischen der London Stock Exchange und der Deutschen Börse AG, als auch Verschmelzungen, z. B. zwischen der Deutschen Terminbörse (DTB) und der Schweizer Terminbörse (SOFFEX) zur EUREX, oder zwischen der American Stock Exchange (Amex) und der National Association of Securities Dealers (NASD) beobachtet werden.

3 Economies of scale werden erzielt, wenn die Kosten der Systembereitstellung pro Transaktion bei steigender Anzahl von Transaktionen sinken [BrSi84].

und den Einsatz verschiedener *Informationstechnologien* gegeneinander ab und versuchen transaktionsspezifische Dienstleistungen für spezielle Investorengruppen anzubieten.

1.2 Kernfragen und Ziele der Arbeit

Die theoretischen Betrachtungen von Kapitalmärkten lassen sich in die Disziplinen der Kapitalmarkttheorie (positive Theorie) und der Marktmikrostrukturtheorie (normative Theorie) gliedern. Während die Kapitalmarkttheorie [vgl. z. B. Shar70; Jens72] das Verhalten der Akteure auf realen Kapitalmärkten untersucht und Gleichgewichts- und Erklärungsmodelle ableitet, diskutiert die Marktmikrostrukturtheorie [Garm76; CoMa86; O'Ha97] auf Basis einer Modellierung und/oder experimenteller Tests des individuellen Verhaltens der Marktteilnehmer alternative Gestaltungsoptionen des Kapitalmarkts als Institution. Die Marktmikrostrukturtheorie liefert auf dieser Basis vielschichtige Anhaltspunkte für die Beurteilung existierender und für das Design neuer Marktstrukturen bzw. -modelle (zum Begriff des Marktmodells vgl. Abschnitt 2.1).

In diesem Kontext besteht der Beitrag der (Wirtschafts-)Informatik darin, aufzuzeigen, wie neue Technologien für das Design und die Unterstützung der Handelsprozesse auf Wertpapiermärkten genutzt werden können. Robert A. Schwartz kennzeichnet die Schnittstelle zwischen der Informatik auf der einen und der Marktmikrostrukturtheorie auf der anderen Seite mit dem Begriff „*Technostructure*" und bezeichnet diese als „*the effect of technology on market structure and operations*" [Schw98, 139]. Genau an dieser Schnittstelle ordnet sich die vorliegende Arbeit ein und geht folgenden Kernfragen nach:

1) Wie lassen sich vor dem Hintergrund hochtechnisierter Börsenmärkte
   a) zum einen die Existenz außerbörslicher Märkte, auf denen die direkte menschliche Interaktion via Telefon gegenüber elektronischen Handelsplattformen bevorzugt wird, und
   b) zum anderen die Koexistenz von Börsenmärkten, außerbörslichen Märkten und PTS erklären?

2) Wie können Marktstrukturen und Handelsprozesse gestaltet werden, um eine Elektronisierung solcher Marktsegmente, die sich bisher dem Einsatz innovativer Technologien verschlossen haben, ökonomisch erfolgversprechend zu realisieren?

3) Können diese Marktstrukturen und Handelsprozesse über den Einsatz innovativer Technologien, konkret des Paradigmas der Softwareagenten[4], informationstechnisch sinnvoll abgebildet werden und kann eine Delegation des marktlichen Such- und Verhandlungsprozesses auf Softwareeinheiten sowie die damit verbundene Substitution von Intermediären die Transaktionskosten der Marktteilnehmer in bestimmten Marktsegmenten weiter reduzieren, d. h. die Effizienz des Marktprozesses steigern?

Ein zentrales Ziel ist es, über die Beantwortung obiger Fragen, zum einen die Einsatzpotentiale innovativer *Informationstechnologien*, speziell des Paradigmas der Softwareagenten, für die Elektronisierung eines konkreten Marktsegments aufzuzeigen. Zum anderen soll, basierend auf der Analyse der Anforderungen der Marktteilnehmer, eine entsprechende *Marktstruktur* konzipiert und für ein elektronisches, agentenbasiertes Handelssystem prototypisch realisiert werden.

Diese Handelsplattform soll es den Händlern ermöglichen, in einem sicheren Netz Kontraktpartner zu finden und mit diesen bi- oder multilateral Vertrags- bzw. Produktspezifika zu verhandeln. Dabei ist den Händlern ein Spektrum alternativer Marktstrukturen bereitzustellen, aus denen sie - je nach ihren transaktionsspezifischen Anforderungen - die jeweils präferierte auswählen können.

Der Prototyp soll - im Sinne einer *„implementierten Hypothese“* [WKWI93] - zeigen, daß der Einsatz der Technologie der Softwareagenten im Wertpapierhandel ökonomisch sinnvoll, konzeptionell machbar und technisch realisierbar ist.

1.3 Gang der Arbeit

Die vorliegende Arbeit gliedert sich - neben dieser Einleitung und der Zusammenfassung - in zwei Hauptabschnitte:

Der erste Hauptabschnitt (Kapitel 2-4) beschreibt Marktmikrostrukturen und den Einsatz der Informationstechnologie im börslichen und außerbörslichen Wertpapierhandel im Sinne eines State of the Art. Dabei wird die in der wissenschaft-

[4] Das Paradigma der Softwareagenten hat in den späten 80er Jahren Einzug in die Informatik gefunden und stellt damit ein noch relativ junges Konzept dar. Agenten sind Softwareeinheiten, die in speziellen Domänen Aufgaben für ihre Benutzer übernehmen und dabei bestimmte Ziele verfolgen. Eine vertiefende Darstellung und Diskussion dieses Konzeptes findet sich in Kapitel 7.

lichen Literatur dargestellte Sichtweise auf Marktmodelle und Handelsprozesse wiedergegeben und auf existierende Konzepte der Orderspezifikation und -zusammenführung eingegangen. Auf der Basis einer allgemeinen Charakterisierung des OTC-Marktes erfolgt eine Diskussion der Ursachen des außerbörslichen Wertpapierhandels und der Existenz von PTS (Kernfrage 1).

Der zweite Hauptteil (Kapitel 5-7) stellt dar, wie Elektronische Handelssysteme erweitertet werden können, um den Anforderungen insbesondere institutioneller Investoren gerecht zu werden und zeigt neue Gestaltungskonzepte für den Handelsprozeß und die Marktmodelle im Wertpapierhandel auf (Kernfrage 2). In diesem Kontext wird zunächst das im Januar 1999 eingeführte Aktienhandelssystem OPTIMARK erläutert. Die Arbeit zeigt dann das Potential des Paradigmas der Softwareagenten für die informationstechnische Umsetzung dieser neuen Gestaltungskonzepte auf (Kernfrage 3). Auf dieser Grundlage wird ein agentenbasiertes Handelssystem im Marktsegment Rentenhandel entwickelt und dessen prototypische Umsetzung erläutert.

Die Abbildungen 1.1 und 1.2 stellen die beiden Hauptabschnitte grafisch dar und dienen als Grundlage zur detaillierten Beschreibung der Struktur der Arbeit.

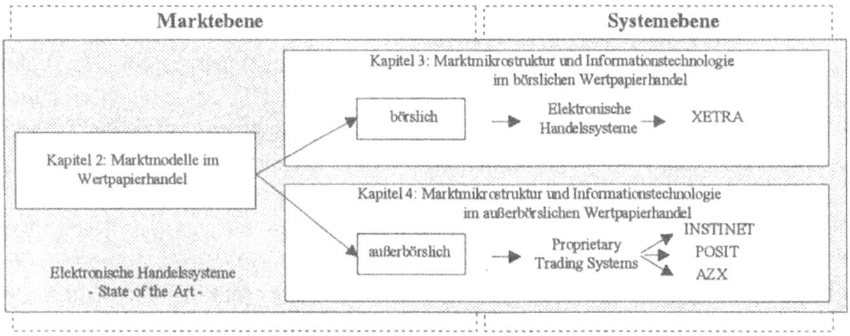

Abbildung 1.1: Elektronische Handelssysteme - State of the Art.

Ausgangspunkt der Betrachtungen und gemeinsame Grundlage aller Kapitel dieser Arbeit ist das Konzept des Marktmodells. In *Kapitel 2* werden zunächst die zentralen Begriffe Marktmodell, Strukturmerkmal und Handelsprozeß allgemein geklärt und zueinander in Beziehung gesetzt. Weiterhin werden in diesem Kapitel die Kriterien zur Beurteilung alternativer Gestaltungsformen von Wertpapiermärkten dargestellt.

Kapitel 3 konkretisiert die in Kapitel 2 eingeführten Begriffe und erarbeitet die für die weiteren Schritte notwendigen Grundlagen der Marktmikrostrukturtheorie, indem die wichtigsten Strukturmerkmale des börslichen Wertpapierhandels und ihre Ausprägungen vorgestellt werden. Im Zentrum der Betrachtungen stehen Elektronische Handelssysteme, bei denen - im Gegensatz zu den sonstigen Systemen zur informationstechnischen Unterstützung des Wertpapierhandels - alle Phasen des Handelsprozesses, insbesondere auch die Preisfeststellung, elektronisiert sind. Als Beispiel für ein konkretes Elektronisches Handelssystem im börslichen Wertpapierhandel wird das Marktmodell des Systems XETRA[5] der Deutschen Börse AG erläutert.

Der außerbörsliche Handel hat einen hohen und wachsenden Anteil an den gesamten Transaktionen im Wertpapierhandel. Er läßt sich durch eine Vielzahl sehr heterogener Teilmärkte kennzeichnen. *Kapitel 4* beschäftigt sich mit dem OTC-Markt, arbeitet die Spezifika der Marktteilnehmer sowie der gehandelten Produkte heraus und stellt die Ausprägungen der Strukturmerkmale im OTC-Markt dar. Als wesentliche Ursachen des außerbörslichen Wertpapierhandels werden der Handel in nicht-standardisierten Finanzprodukten, der Handel in großen Volumina (Blockhandel) und die mangelnde Liquidität bestimmter Wertpapiere im börslichen Handel herausgearbeitet.

Auf dieser Basis erfolgt eine Analyse der Intermediation im außerbörslichen Wertpapierhandel. Zur Einordnung des Begriffs Intermediation erfolgt zunächst eine Erörterung des Begriffsverständnisses der bank- und finanzwirtschaftlichen Literatur. Dann wird die Intermediationsrolle der Broker dargestellt. Der Fokus des Abschnittes liegt auf der Diskussion von PTS. Diese Systeme machen sich die Effizienzdefizite börslicher Handelsplattformen zunutze, um spezielle Transaktionsdienstleistungen für institutionelle Investoren anzubieten.

Die Nutzeffekte von PTS werden sowohl aus Anbieter- als auch aus Nachfragersicht diskutiert und den aus der Existenz dieser Systeme resultierenden Problemfeldern gegenübergestellt. Die ökonomische Ausgestaltung von Proprietary Trading Systems wird wesentlich durch die rechtlichen Rahmenbedingungen determiniert. Die aktuellen Regulierungsprinzipien werden sowohl für die USA als auch für Deutschland dargestellt.

Um obige Betrachtungen anhand von Systembeispielen zu konkretisieren, wird zunächst ein Klassifikationsschema für PTS erarbeitet und dann für jede der identifizierten Klassen ein konkretes System, nämlich die Systeme INSTINET, POSIT und AZX, vorgestellt.

---

[5] Hier und auch bei den weiteren in der Arbeit erwähnten Produkt- und Systembezeichnungen wird auf eine Kennzeichnung durch Copyright © oder Trademarkzeichen ™, ® verzichtet.

Das Kapitel schließt mit einer zusammenfassenden Beurteilung der Ergebnisse des ersten Hauptteils und leitet zum zweiten Hauptteil der Arbeit über (vgl. Abbildung 1.2).

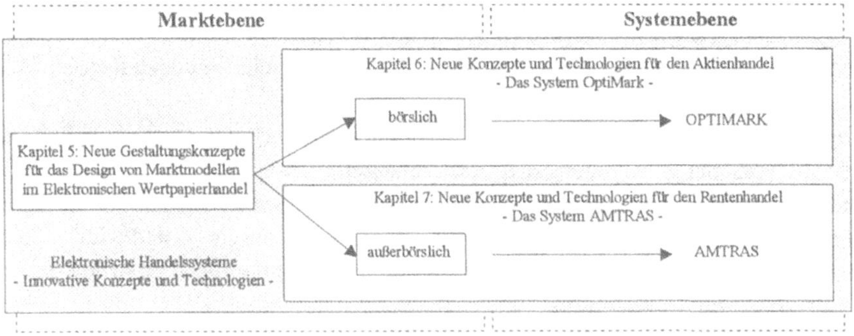

Abbildung 1.2: Elektronische Handelssysteme - Innovative Konzepte und Technologien.

Kapitel 5 erarbeitet auf der Basis der Ergebnisse des ersten Hauptteils Anforderungen an Marktmodelle für Elektronische Handelssysteme und erweitert die in Kapitel 2 vorgestellte, bisher vorherrschende Sichtweise auf den Handelsprozeß. Dabei werden neue Prozeßphasen motiviert und eingeführt.

OPTIMARK, ein Elektronisches Handelssystem für den anonymen Handel großer Volumina in Aktien, wurde 1999 eingeführt. Die Einführung dieses Systems verdeutlicht die Forderung nach neuen Gestaltungskonzepten im elektronischen Wertpapierhandel. *Kapitel 6* stellt das System vor diesem Hintergrund vor. Dabei stehen die Orderspezifikation und die Zusammenführung der Orders im System OPTIMARK im Zentrum der Betrachtungen.

Das zentrale Kapitel der vorliegenden Arbeit ist *Kapitel 7*. Hier wird das Potential der Technologie der Softwareagenten für die Realisierung eines Elektronischen Handelssystems aufgezeigt und umgesetzt. Dazu wird zunächst das Paradigma der Softwareagenten erläutert, um dann die Eigenschaften von Softwareagenten den in Kapitel 5 erarbeiteten Anforderungen an Elektronische Handelssysteme gegenüberzustellen. Die Umsetzung eines agentenbasierten Handelssystems erfolgt exemplarisch für den deutschen Rentenhandel, der Ansatz ist jedoch auch auf andere Marktsegmente des OTC-Handels übertragbar [WeGo99a].

Zunächst wird der deutsche Rentenhandel beschrieben und die Problematik der Einführung „konventioneller" Elektronischer Handelssysteme für dieses Marktsegment aufgezeigt. Auf dieser Basis wird ein *dynamisches Marktmodell* für ein agentenbasiertes Handelssystem entwickelt.

Das in dieser Arbeit entwickelte Konzept wurde im Rahmen eines Kooperationsprojektes[6] der Projektpartner Deutsche Börse AG, Digital Equipment GmbH (heute: Compaq) und living systems AG unter Projektleitung der Professur BWL-Wirtschaftsinformatik der Justus-Liebig-Universität Gießen als agentenbasiertes Elektronisches Handelssystem, AMTRAS (Agent Mediated Trading System), prototypisch implementiert. Die Beschreibung der Architektur des Gesamtsystems und eine kurze Darstellung des Systems aus Anwendersicht schließen Kapitel 7 ab.

Kapitel 8 faßt die Ergebnisse der Arbeit zusammen und gibt einen Ausblick auf weitere Forschungsaufgaben, d. h. experimentelle Tests bzgl. der Marktqualität und -akzeptanz und Fragen der Übertragbarkeit des Ansatzes auf andere Segmente des Wertpapierhandels und andere Märkte (Energie- und/oder Telekommunikationsmärkte). Abbildung 1.3 stellt den Gesamtaufbau der Arbeit dar.

---

6 Das Forschungsprojekt wurde unter dem Titel „Unterstützung des Wertpapierhandels durch Softwareagenten im Rahmen des Deutsche Börse AG - Projekts XETRA" durchgeführt und wird im folgenden unter dem Projektkurztitel „Agentenbasierter Wertpapierhandel" aufgeführt.

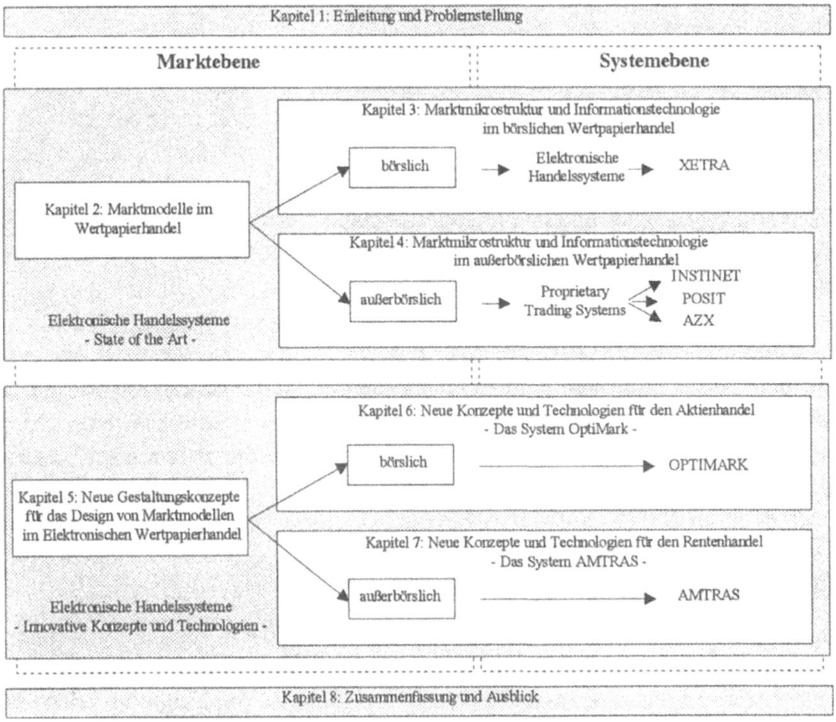

Abbildung 1.3: Gesamtaufbau der Arbeit.

2 Marktmodelle im Wertpapierhandel

Das Design der Marktregeln und -prozesse stellt - unabhängig vom informationstechnischen Durchdringungsgrad - ein zentrales Element jedes Marktes dar. In diesem Kapitel wird der Begriff des Marktmodells definiert und operationalisiert. Dazu wird in Abschnitt 2.1 ein Zusammenhang zwischen den Strukturmerkmalen des Wertpapierhandels und den Phasen des Handelsprozesses vorgenommen. Dies gibt die Grundstruktur für die Beschreibung und Analyse der in der Arbeit vorgestellten Systeme vor.

Das Design von Wertpapiermärkten und ihrer Handelsregeln hat - wie eine Vielzahl von Forschungsarbeiten im Rahmen der Marktmikrostrukturtheorie gezeigt haben [vgl. z. B. Garm76; CoMa86; MaPh94] - nachweisbare Auswirkungen auf das Marktergebnis. Abschnitt 2.2 beschreibt daher kurz die wesentlichen Kriterien zur Beurteilung alternativer Marktstrukturen.

2.1 Marktmodell, Strukturmerkmale und Handelsprozeß

Der Begriff *Marktmodell* - oftmals auch als Marktstruktur [Lüde96, 1] bezeichnet - wird in der Literatur sehr unterschiedlich definiert. Die Deutsche Börse beispielsweise definiert den Begriff Marktmodell als „*... den Mechanismus, auf welche Weise Orders zu Geschäftsabschlüssen im börslichen Handelssystem zusammengeführt werden*“ [DeBö98a, 7]. Gerke und Rapp hingegen bedienen sich einer allgemeineren Definition: ein Marktmodell wird als „*... das aus technischen, organisatorischen, rechtlichen und gewohnheitsrechtlichen Handelsregeln bestehende Strukturgerüst eines institutionalisierten Börsenhandels*“ [GeRa94, 7] angesehen[7].

Das Verständnis des Begriffs Marktmodell bezieht sich bei den in der Literatur vorgenommenen Definitionen alleine auf den börslichen Handel. Um den Begriff des Marktmodells für die Zielsetzung dieser Arbeit operationalisierbar zu machen, ist es jedoch notwendig, eine Definition zu finden, die auch die Regeln der Interaktion auf außerbörslichen Märkten als Marktmodelle begreift. Für die Definition, die dieser Arbeit zugrunde liegt, erfolgt daher eine Konzentration auf die Strukturmerkmale. Strukturmerkmale und ihre Ausprägungen stellen die Parameter der Marktstruktur dar.

---

7 Hierbei handelt es sich um die Definition des Marktmodells im engeren Sinne. Ein Marktmodell im weiten Sinn nach Gerke und Rapp ist „*... die Gesamtheit aller Faktoren auf der Mikro- und Makroebene, die den Prozeß des Börsenhandels determinieren ...*“ [GeRa94, 7].

Demzufolge ist ein Marktmodell zu charakterisieren als:

Definition 1 (Marktmodell):

> *Gesamtheit der konkreten Ausprägungen der Strukturmerkmale einer Marktstruktur im börslichen (börsliches Marktmodell) oder außerbörslichen Wertpapierhandel (außerbörsliches Marktmodell).*

Das Marktmodell beschreibt den Wertpapierhandel aus einer statischen Sichtweise. Um ein Marktmodell letztlich im Hinblick auf die Anforderungen der Marktteilnehmer bewerten zu können, ist jedoch die Betrachtung der Ausprägungen von Strukturmerkmalen in einer prozeßorientierten Sicht erforderlich. Die Begriffe *Handelsprozeß* bzw. Marktprozeß kennzeichnen diese dynamische Sichtweise und bezeichnen die Gesamtheit der einzelnen Phasen des Wertpapierhandels. Nach Picot [PiBo96, 16] gliedert sich der Handelsprozeß in (i) die Informationsphase, (ii) die Orderroutingphase[8], (iii) die Abschlußphase und (iv) die Abwicklungsphase (siehe Abbildung 2.1).

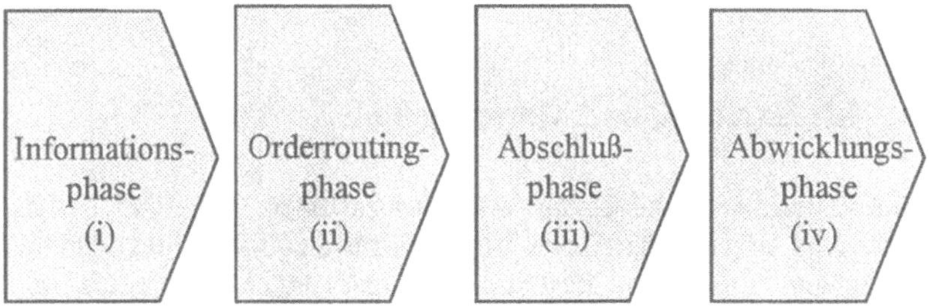

Abbildung 2.1: Phasen des Handelsprozesses (in Anlehnung an [PiBo96, 16]).

Einige Strukturmerkmale können eindeutig einzelnen Phasen zugeordnet werden, während andere phasenübergreifend wirken. Abbildung 2.2 zeigt die Interdependenzen zwischen dem Marktmodell als Gesamtheit der Ausprägungen von phasenabhängigen und -unabhängigen Strukturmerkmalen (zu den konkreten Strukturmerkmalen und deren Ausprägungen vgl. Kapitel 3), dem Handelsprozeß und dem Marktergebnis (vgl. folgenden Abschnitt 2.2) auf. Sie bildet den Bezugsrahmen für die weiteren Ausführungen dieser Arbeit.

[8] Eine Order stellt ein Kauf- oder Verkaufsgebot von Investoren oder Intermediären dar. Eine Transaktion ist eine erfolgreiche Zusammenführung kompatibler Kauf- und Verkaufsorders.

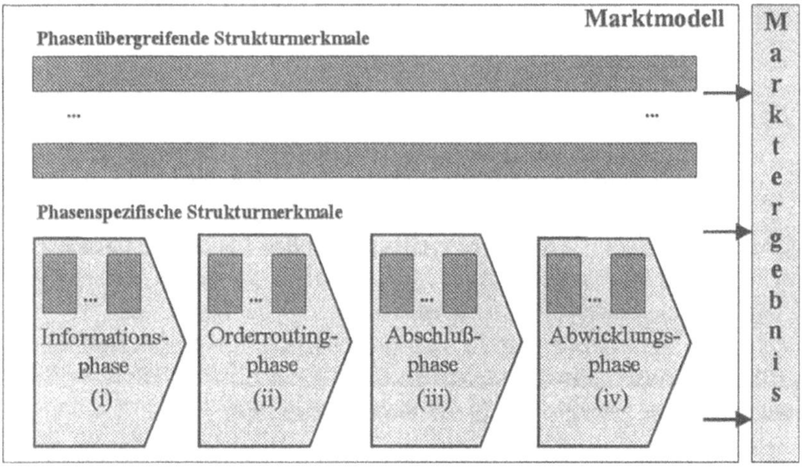

Abbildung 2.2: Zusammenhang zwischen Marktmodell, Strukturmerkmalen, Handelsprozeß und Marktergebnis.

2.2 Marktmodell und Marktergebnis

Die institutionelle Ausgestaltung von Finanzmärkten, d. h. das Design des Marktmodells, ist ein wesentliches Kriterium für die Qualität des Marktes. Die Auswirkungen alternativer Marktstrukturen auf das Marktergebnis ist Forschungsgegenstand der Marktmikrostrukturtheorie, die Frage nach der „optimalen" Marktstruktur ist bis heute nicht geklärt und wird - vor dem Hintergrund dynamischer Finanzmärkte - wohl auch in der Zukunft kaum zu klären sein[9].

Ein wichtiges Kriterium für die Beurteilung der Qualität eines Marktes ist die Effizienz[10]. Der ursprüngliche Effizienzbegriff von Fama [Fama70] bezieht sich auf die ***Informationseffizienz*** und definiert einen Markt als effizient, wenn Marktpreise *„... always 'fully reflect' available information"* [Fama70, 383]. Sind im aktuellen Marktpreis alle Informationen bezüglich historischer Preise enthalten, liegt die schwache Form der Markteffizienz vor. Spiegeln sich auch alle aktuell öffentlich zugänglichen (bzw. auch nicht-öffentlich zugängliche) Informationen im Marktpreis wider, liegt die halbstrenge (bzw. strenge) Form vor.

9 Maureen O'Hara schließt ihr Buch (Market Microstructure Theory) mit der Aussage: *„The issue of the optimal design of markets thus remains an open question for microstructure researchers"* [O'Ha97, 271].

10 Betrachtet man die Literatur zum Thema Effizienz, so kommt man schnell zu dem Schluß den auch Massimb und Phelps ziehen: *„The term 'efficiency' means different things to different people."* [MaPh94, 19, Fußnote 6].

Ein weiteres zentrales Bewertungskriterium der Marktqualität stellt die ***Liquidität*** dar. Ein Wertpapier wird als liquide bezeichnet, wenn Kauf- und Verkaufsaufträge beliebiger Größe ohne relevanten Einfluß auf den Preis durchgeführt werden können [ScIv91, 210]. Die Marktliquidität wird oftmals bezüglich der Dimensionen Markttiefe, Marktbreite und Erneuerungskraft bewertet [Bern87; GeRa94]:

Die *Markttiefe* bezeichnet die Möglichkeit, Transaktionen in der Nähe des bestehenden Marktpreises durchzuführen und orientiert sich an der Anzahl nicht ausgeführter Aufträge mit einem Limit nahe am aktuellen Gleichgewichtspreis. Können auch große Transaktionsvolumina ohne erhebliche Kursbewegungen ge- oder verkauft werden, handelt es sich um einen *breiten Markt*. Die Fähigkeit eines Marktes, temporäre Ungleichgewichte durch neue, ausgleichende Orders in ein neues Gleichgewicht zu führen, wird als *Erneuerungskraft* bezeichnet. Als ein weiteres, viertes Kriterium wird die *Sofortigkeit* oder immediacy genannt [MaPh94]. Diese bezieht sich auf die Geschwindigkeit, mit der eine Order mit einem bestimmten Transaktionsvolumen bei gegebenen Kosten ausgeführt werden kann.

Bezüglich alternativer Konzepte zur Messung der Liquidität soll hier auf die Arbeiten von Hasbrouck und Schwartz [HaSc88], Roll [Roll84] sowie die vergleichende Analyse von Brunner [Brun96] verwiesen werden.

Die Liquidität eines Marktes hat unmittelbaren Einfluß auf das Kriterium der ***Transaktionskosten***. Transaktionskosten stellen sich als explizite oder implizite Kosten dar. Bei den expliziten Kosten handelt es sich um solche Kosten, die explizit auf der Abrechnung des Wertpapiergeschäftes vermerkt und unabhängig von der aktuell vorliegenden Orderbuchlage sind. Es sind die Kosten des Transaktionsservice in Form von Gebühren und Provisionen der Banken, Brokerhäuser und Börsen, sowie - je nach Definition - eventuell auch Transaktionssteuern (z. B. eine Börsenumsatzsteuer). Darüber hinaus werden auch die Kosten der Informationsbeschaffung und -bewertung (Entscheidungskosten) sowie die Kosten der Sicherung gegen Transaktionsrisiken einbezogen[11] [Schm88, 7].

Implizite Transaktionskosten oder Ausführungskosten dagegen resultieren aus der Reaktion des Marktes auf den Wunsch nach Sofortigkeit, d. h. sie sind nur von Marktteilnehmern zu zahlen, die die Preisvorgaben der anderen Marktseite akzeptieren wollen bzw. müssen und daher unlimitierte Aufträge erteilen. Sie stellen die

[11] Transaktionsrisiken gliedern sich nach Schmidt [Schm88, 19] in Informationsrisiken und Realisationsrisiken. Informationsrisiken stellen Risiken aus unvollständiger bzw. falscher Information des Investors dar. Realisationsrisiken sind Risiken, die aus Manipulationen oder Übervorteilung entstehen, z. B. Kursschnitt, Front-Running (vgl. hierzu insbesondere Abschnitt 4.2.2.2) und Gegendisposition.

Differenz zwischen dem - theoretisch korrekten - Wert und dem für das Wertpapier gezahlten Preis dar. Implizite Transaktionskosten können auf Basis der Geld-/Briefspanne gemessen werden: die Hälfte der Spanne sind die Kosten der sofortigen Ausführung, wenn das gewünschte Transaktionsvolumen kleiner als das gestellte Volumen ist. Ist das gewünschte Transaktionsvolumen hingegen größer als das gestellte, wirkt zusätzlich der Preiseffekt, der für einen Käufer (Verkäufer) durch die Differenz zwischen dem Briefkurs (Geldkurs) vor der Transaktion und demjenigen nach der Transaktion gemessen werden kann [Lüde96, 20][12].

Die Kriterien Informationseffizienz, Liquidität und Transaktionskosten sind die zentralen Qualitätskriterien in der Literatur zur Marktmikrostrukturtheorie. Als weitere Kriterien zur Beurteilung der Qualität von Wertpapiermärkten werden die operative Effizienz [TiWe79; MaPh94; Bien96], die Bewertungseffizienz[13] [GeRa94; Bien96] und die Transparenz [GeRa94; Aver98] genannt.

Im Rahmen dieser Arbeit steht die Frage im Vordergrund, wie - über den Einsatz innovativer Informationstechnologien - ein Beitrag zur Realisierung der operativen Effizienz auf Märkten geleistet werden kann, auf denen der Prozeß der Suche nach Kontrahenten und der Verhandlungen von Intermediären, nämlich Brokern, übernommen wird. Daher ist die Rolle der operativen Effizienz hier besonders zu betonen:

Die operative Effizienz, die, z. B. bei Schmidt [Schm88, 17], auch als Verfahrenseffizienz bezeichnet wird, wird nach Massimb und Phelps wie folgt definiert: „*Operational efficiency concerns how well and how cost effectively a market structure facilitates transactions by bring buyers and sellers together*“ [MaPh94, 41].

Ähnlich argumentieren auch Tinic und West: „*An operational efficient market is one in which buyers and sellers of securities can purchase transaction services at prices that are as low as possible, given the costs associated with having these services provided*“ [TiWe79, 91]. Hier wird die Zielgröße der operativen Effizienz deutlich herausgearbeitet: die Bereitstellung von Transaktionsservices zu möglichst geringen Transaktionskosten.

Ziel einer Börsenorganisation oder auch eines außerbörslichen Marktbetreibers sollte es daher sein, zu einer Verringerung der „*marktorganisationsbedingten Kosten*“ [Schm83, 200] beizutragen und entsprechende organisatorische Maßnahmen einzuleiten, die zur operativen Effizienz beitragen und Marktfriktionen

---

12 Eine weitergehende Diskussion dieser Problematik erfolgt im Rahmen des Abschnittes 4.1.3.2.3 (Transaktionskosten beim Handel großer Volumina).

13 Bewertungseffizienz liegt vor, wenn der Kurs eines Wertpapiers mit dem Fundamentalwert übereinstimmt [GeRa94, 12; Bien96, 19-22].

weitgehend vermeiden[14]. Dies führt zu geringeren Kapitalkosten der Unternehmen, höheren Renditen der Investoren und - über eine Vielzahl von Transaktionen auf einem Wertpapiermarkt mit einer hohen operativen Effizienz wiederum - zu entsprechenden Gebührenerträgen bei den Marktbetreibern selbst.

Bienert [Bien96] stellt - in Anlehnung an Tobin [Tobi84] - eine Hierarchie der Effizienzbegriffe auf, die die besondere Bedeutung der operativen Effizienz verdeutlicht. An der Spitze dieser Hierarchie steht die Allokationseffizienz. Die nächsten Stufen der Hierarchie stellen die Bewertungs-, die Informations- sowie die operative Effizienz dar, wobei das Erreichen von Effizienz auf einer höheren Stufe das Vorliegen von Effizienz auf der jeweils darunterliegenden Stufe als notwendige, jedoch nicht hinreichende Bedingung voraussetzt (vgl. Abbildung 2.3).

Abbildung 2.3: Hierarchie der Effizienzbegriffe (in Anlehnung an: [Bien96, 32]).

[14] Nach Schmidt liegt „... *die zentrale Leistung börslicher Zirkulationsmärkte in der Verringerung der Kosten einer Effektentransaktion durch ausgefeilte organisatorische Maßnahmen*“ [Schm88, 5].

3 Marktmikrostruktur und Informationstechnologie im börslichen Wertpapierhandel

Auf der Grundlage der vorangegangenen Ausführungen dient das vorliegende Kapitel der Erläuterung zentraler Begriffe des Wertpapierhandels. Nach der Diskussion börslicher Strukturmerkmale werden verschiedene Formen der Computerunterstützung des Wertpapierhandels abgegrenzt und der Begriff des Elektronischen Handelssystems erläutert. Die Darstellung der erarbeiteten Begriffe anhand eines konkreten Elektronischen Handelssystems, des Systems XETRA (Exchange Electronic Trading) der Deutsche Börse AG, schließt dieses Kapitel ab.

Ziel hierbei ist es, auf Basis einer Betrachtung des börslichen Handels die wesentlichen phasenübergreifenden und phasenspezifischen Strukturmerkmale für Marktmodelle im Wertpapierhandel zu identifizieren und zu erläutern. Dabei wird auf die einzelnen Teilaspekte der Marktmikrostrukturtheorie bzw. der Theorie der Börse [Schm88] nur so weit eingegangen, wie es für das Verständnis der Arbeit notwendig erscheint.

3.1 Börslicher Wertpapierhandel

Börsen als zentrale Institutionen eines funktionierenden Kapitalmarktes stellen den Sekundärmarkt (Zirkulationsmarkt) zum Handel mit umlaufenden Wertpapieren und zur effizienten Allokation finanzieller Ressourcen bereit. Dazu wird ein allen Marktteilnehmern bekanntes Regelwerk aufgestellt, das einen transparenten Handel mit geringen Transaktionskosten (Kosten einer Effektentransaktion) ermöglichen soll.

Im Gegensatz zum amerikanischen Börsenrecht[15] wird im deutschen Börsengesetz der Begriff Börse nicht explizit definiert, sondern als bekannt unterstellt[16]. In der Literatur finden sich daher eine Vielzahl von Definitionen, die, je nach Untersuchungsgegenstand, entweder die volkswirtschaftlichen Allokations-, Finan-

---

[15] Dort wird eine Börse definiert als *„any organisation, association or group of persons, whether incorporated or unincorporated, which constitutes, maintains, or provides a market place or facilities for bringing together purchasers and sellers of securities or for otherwise performing with respect to securities the functions commonly performed by a stock exchange as that term is generally understood, and includes the market place and the market facilities maintained by such exchange*" [SEC34, Section 3(a)(1)]. Der Bezug zum amerikanischen Börsenrecht wird insbesondere im Hinblick auf die Darstellung der außerbörslichen Handelssysteme in Abschnitt 4.2.2 hergestellt.

[16] §1 (1) Börsengesetz bezieht sich lediglich auf die Genehmigungspflicht: *„Die Einrichtung einer Börse bedarf der Genehmigung der Landesregierung."*

zierungs- und/oder Transformationsfunktionen [vgl. z. B. voRo95] oder institutionelle bzw. marktmikrostrukturtheoretische Aspekte [vgl. z. B. PiBo96, 9; Schm88, 1] in den Vordergrund stellen. Legt man die systemtheoretische Sicht des Börsenbegriffs zugrunde, so ist ein Börsensystem in Anlehnung an Gerke und Rapp [GeRa94, 19, Endnote 2] zu definieren als

Definition 2 (Börsensystem):

> *Gesamtheit der physischen und/oder technischen Handelsplattform, vor- und nachgelagerter Infrastruktur des Börsenhandels (wie z. B. Informationssysteme, Clearingsysteme, Abwicklungs- und Verrechnungssystem) sowie der kodifizierten oder gewohnheitsrechtlichen Handelsregeln.*

Auf börslichen Finanzmärkten[17] werden Produkte mit standardisierten Eigenschaften ohne Erfordernis der physischen Anwesenheit der Produkte am Ort des Tausches gehandelt. Bei diesen Produkten handelt es sich um Aktien, festverzinsliche Wertpapiere (Renten), Devisen sowie standardisierte derivative Finanzinstrumente, die oftmals - losgelöst von ihren Underlyings[18] - an separaten Terminbörsen gehandelt werden. Marktteilnehmer im Rahmen des börslichen Handels sind amtlich bestellte Kursmakler, Freimakler und die Händler der Banken, die im Kundenauftrag oder im Eigenhandel agieren.

Die Börsenbetreiber haben die Aufgabe der *Marktorganisation.* Die Marktorganisation ist ein konstruktiver Prozeß mit dem Ziel, den Markt so zu gestalten, daß ein liquider, fairer und kostengünstiger Handel ermöglicht wird, der über entsprechende Gebühren wiederum die Erträge der Marktbetreiber sicherstellen kann.

Im Rahmen der Marktorganisation werden den Strukturmerkmalen konkrete Ausprägungen zugewiesen (in Abbildung 3.1 mit X gekennzeichnet). Das Marktmodell stellt sich somit als das Ergebnis der börslichen Marktorganisation dar.

Die folgenden Abschnitte 3.2 und 3.3 dienen der Erläuterung konkreter Strukturmerkmale und ihrer wichtigsten Ausprägungen im börslichen Wertpapierhandel. Dabei werden jeweils Strukturmerkmale, soweit sie einzelne Prozeßschritte isoliert betreffen, bei der Darstellung der Phasen des Handelsprozesses beschrieben (Abschnitt 3.2). Strukturmerkmale, die über einzelne Prozeßschritte

---

[17] Die Definition des Börsenbegriffs bezieht sich auch auf Nicht-Finanzprodukte, wie z. B. Agrargüter, Edelmetalle, Energieprodukte oder auf bestimmte Dienstleistungen, wie z. B. Versicherungsdienstleistungen.

[18] Der Begriff des Underlyings kennzeichnet das Finanzinstrument, dessen Wertentwicklung die Wertentwicklung des derivativen (abgeleiteten) Finanzinstruments determiniert.

hinausgehen, werden im Anschluß daran erläutert (Abschnitt 3.3). Die folgende Abbildung 3.1 stellt die beschriebenen Strukturmerkmale dar[19].

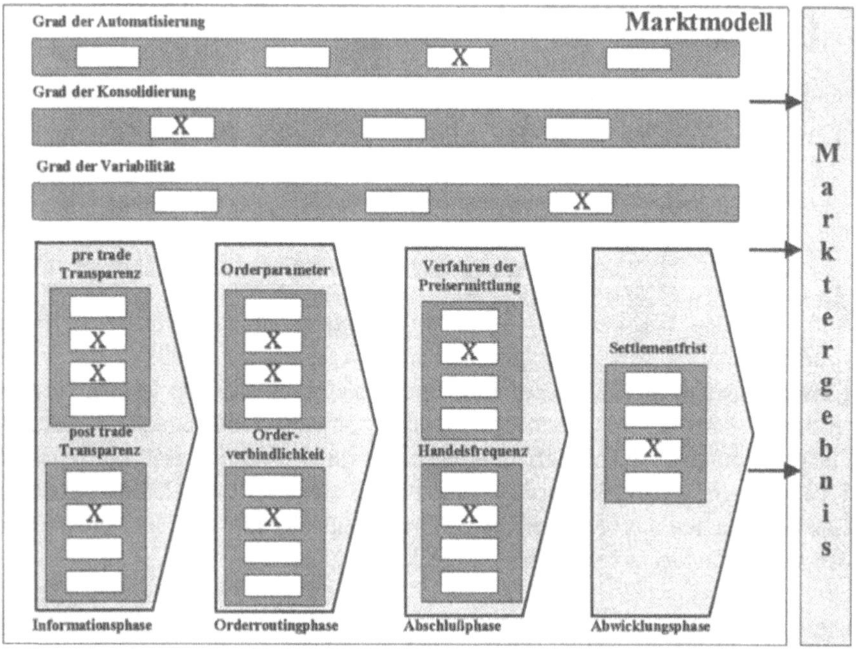

Abbildung 3.1: Strukturmerkmale im börslichen Wertpapierhandel.

3.2 Phasenspezifische Strukturmerkmale

3.2.1 Informationsphase

Die Möglichkeit einer effizienten Informationsbeschaffung und -auswertung sind essentielle Voraussetzungen für funktionierende Wertpapiermärkte. Grundsätzlich lassen sich marktexogene und marktendogene Informationen [Sche97] unterscheiden:

[19] In Abbildung 3.1 und den darauf aufbauenden Abbildungen wird keine ordinale Skalierung dargestellt, sondern es werden lediglich die jeweiligen Ausprägungen aufgezeigt.

- Marktexogene Informationen stellen vor allem die Nachrichten der Informationsmakler und Nachrichtenagenturen, z. B. Reuters, Bloomberg oder Telerate, dar. Dies sind u. a. Unternehmensnachrichten, Wertpapieranalysen oder auch Informationen bezüglich der Marktentwicklungen anderer Kapitalmärkte.

- Als marktendogen werden solche Informationen bezeichnet, die durch das Agieren der Marktteilnehmer in der betrachteten Marktorganisation entstehen. Konkret sind dies u. a. aktuelle Kurse bzw. Kurszeitreihen, gehandelte Volumina, offene Orders sowie die Quotierungen der Market-Maker[20]. Auf die Informationsversorgung der Marktteilnehmer mit marktexogenen Informationen haben die Börsenbetreiber keinen Einfluß, die Bereitstellung oder das Zurückhalten marktendogener Informationen ist jedoch ein zentrales Gestaltungsmerkmal der Marktstruktur [BoDo93].

Die Verfügbarkeit marktendogener Informationen wird als ***Grad der Markttransparenz*** [Lüde96] bezeichnet. Die Markttransparenz kann sich auf das Transaktionsinteresse oder bereits abgeschlossene Geschäfte beziehen. Daher werden „pre-trade“ Markttransparenz (zukunftsbezogen) und „post-trade“ Markttransparenz[21] (vergangenheitsbezogen) unterschieden.

Eine wesentliche Grundlage der pre-trade Markttransparenz ist das Orderbuch. Das Orderbuch stellt eine nach definierten Prioritätsregeln [vgl. z. B. Domo93] vorgenommene Auflistung von limitierten und unlimitierten Orders dar und wird als offenes (geschlossenes) Orderbuch bezeichnet, wenn die Marktteilnehmer Einblick (keinen Einblick) in das Orderbuch erhalten[22]. Parameter zur Gestaltung des Limitorderbuches sind die Länge des Orderbuchs[23], die Bereitstellung indikativer Preise[24] vor einer periodischen Auktion[25], die Schnelligkeit der Informationsverbreitung sowie der Grad der Informationsasymmetrie zwischen den verschiedenen Marktteilnehmern [Sche97, 113]. Wie die weiteren Ausführungen (siehe Kapitel 5) zeigen werden, kommt bei der Orderbuchgestaltung der Anonymität eine besondere Bedeutung zu: Die Identität des Auftraggebers der Order

---

[20] Zur Definition der Begriffe Market-Maker und Quote vgl. Abschnitt 3.2.3.

[21] Für die - hier als post-trade Markttransparenz - bezeichneten Informationen bezüglich abgeschlossener Transaktionen findet man in der Literatur auch den Begriff der Handelspublizität [vgl. z. B. Biai93, 159; Schi95, 33].

[22] Wenn ein offenes Orderbuch vorliegt, können die Marktteilnehmer den für ihren Auftrag resultierenden Transaktionspreis ex ante bestimmen, da sie in diesem Fall die Preise und Volumina der Orders auf der anderen Marktseite kennen.

[23] Die Länge des Orderbuchs bezeichnet die Anzahl der im Orderbuch aufgelisteten Kauf- bzw. Verkaufsinteressen [BoDo93, 223].

[24] Ein indikativer Preis zu einem bestimmten Zeitpunkt ist derjenige (imaginäre) Preis, der entsteht, wenn man auf Basis der Orderbuchlage zu diesem Zeitpunkt eine Gesamtkursermittlung durchführen würde.

[25] Zur periodischen Auktion siehe Abschnitt 3.2.3.

und/oder die Order selbst können dem Markt angezeigt oder zurückgehalten werden.

Gestaltungsparameter der post-trade Markttransparenz, also der Informationen bezüglich bereits durchgeführter Transaktionen, sind die Schnelligkeit der Informationsverbreitung, der Grad der Informationsasymmetrie [Sche97, 113] und die Art der Informationen[26] (z. B. Preise, Mengen, Transaktionszeitpunkte oder die Identität der Kontrahenten[27]).

Zunächst läßt sich vermuten, daß eine hohe Markttransparenz die Transaktionsrisiken der Marktteilnehmer senkt und damit die Liquidität des Marktes erhöht. Ein transparenter Markt ist jedoch nicht von allen Marktteilnehmern erwünscht: Insbesondere für Akteure, die Orders mit großen Volumina plazieren wollen, ist eine - zumindest temporäre - Intransparenz von hoher Wichtigkeit (vgl. Abschnitt 4.1.3.2).

3.2.2 Orderroutingphase

Die Orderroutingphase dient der Formulierung und Weiterleitung eines Transaktionswunsches an den Ort der Ausführung [PiBo96]. Je nach Gestaltung des Börsensystems können Transaktionsinteressen durch verschiedene Parameter ausgedrückt werden. Mögliche ***Orderparameter*** sind der maximale Kauf- bzw. minimale Verkaufspreis (Limit), das Volumen sowie verschiedene Gültigkeitszusätze und Ausführungsauflagen [vgl. Sche97, 20; Lee98, 318]. Eine Order, für die kein Limit spezifiziert ist, wird als Market-Order bezeichnet.

Ein wesentliches Strukturmerkmal der Orderroutingphase ist die Möglichkeit, die ***Verbindlichkeit des Transaktionswunsches*** zu spezifizieren. Unverbindliche oder indikative Orders stellen verhandelbare Preise und Mengen dar, ohne Zwang die angegebenen Orderspezifika zu erfüllen. Die Einstellung einer verbindlichen Order verpflichtet den Marktteilnehmer zur Erfüllung der Order zu den von ihm vorgegebenen Parametern.

---

26 Neben dem Umfang und der Art der Informationen stellt sich für die Börsenbetreiber auch die Frage, zu welchen Preisen die jeweiligen Informationen den Marktteilnehmern zur Verfügung gestellt werden. Dieser Aspekt wird jedoch im folgenden nicht weiter berücksichtigt.

27 Eine umfangreiche Auflistung weiterer Kategorien von Informationen, die den Marktteilnehmern zur Verfügung gestellt werden können, findet sich bei [Lee98, 98].

3.2.3 Abschlußphase

In der Abschlußphase erfolgt die Zusammenführung von Orders, die zueinander kompatible Parameter aufweisen. Das „*Herzstück der Transaktionskette*“ [PiBo96, 54] ist die Preisbildung. Bezüglich des Strukturmerkmals ***Preisfeststellungsverfahren*** können grundsätzlich das *Market-Maker-Prinzip* und das *Auktionsprinzip* unterschieden werden.

Bei einem Preisfeststellungsverfahren nach dem Market-Maker-Prinzip (quote driven market) haben spezialisierte Marktteilnehmer, sogenannte Market-Maker[28]), die Aufgabe - freiwillig (vgl. [ScIv93]) oder verpflichtet (vgl. [Stol98]) - jederzeit verbindliche Kauf- und Verkaufskurse auf eigene Rechnung zu quotieren. Im Gegensatz zu einer Order werden Quotes in der Regel als gleichzeitiges Kauf- und Verkaufsgebot abgegeben. Gibt es in einer Marktorganisation für ein Wertpapier genau einen Market-Maker, wie z. B. an der New York Stock Exchange (NYSE), wird dieser als monopolistischer Market-Maker oder Specialist[29] bezeichnet. Der Anreiz, dem Markt jederzeitige Handelsmöglichkeiten und damit Liquidität zur Verfügung zu stellen, resultiert aus den Erträgen, die durch die Differenz zwischen den An- und Verkaufskursen (Geld-/Brief-Spanne) des Market-Makers entstehen.

Bei einem Auktionsmarkt (order driven market) treffen Kauf- und Verkaufsaufträge direkt aufeinander und konkurrieren um die entsprechenden Orders der Marktgegenseite. Betrachtet man Käufer und Verkäufer isoliert, so findet für beide simultan eine Auktion statt, daher wird diese Art der Preisfeststellung auch als double auction bezeichnet [vgl. Madh92; Frie93].

In einem Auktionsmarkt stellt die ***Handelsfrequenz*** ein weiteres Strukturmerkmal dar. Während bei einer Preisfeststellung nach dem Market-Maker-Prinzip per se ein fortlaufender Handel vorliegt, kann die Orderzusammenführung in einem Auktionsmarkt *fortlaufend* (continuous market, continuous auction) oder *periodisch* (call market, call auction) erfolgen. Das gewählte Preisfeststellungsverfahren[30] hat unmittelbare Auswirkungen auf das Qualitätsmerkmal Sofortigkeit: In einem Market-Maker-Markt ist die Sofortigkeit durch die jederzeitige Transaktionsbereitschaft der Market-Maker zu bekannten Preisen

---

28 „*Ein Market Maker ist ein Händler, der während der Geschäftszeit stets bereit ist, bestimmte Titel auf Anfrage entweder zu einem von ihm genannten Kurs zu kaufen oder zu einem gleichzeitig von ihm genannten höheren Kurs zu verkaufen, und zwar ohne zu wissen, ob der Anfragende kaufen oder verkaufen möchte*“ [Schm88, 24].

29 Der Specialist agiert dabei gleichzeitig als Kursmakler und Market-Maker. Zum Begriff des Specialist vgl. [CoMa86].

30 Zum Einfluß des gewählten Preisfeststellungsverfahrens auf die Geld/Brief-Spanne vgl. [BoIv99].

gewährleistet. Liquidität wird durch die Existenz der Market-Maker quasi institutionalisiert. In einem kontinuierlichen Auktionsmarkt hingegen hängt die Sofortigkeit von der Existenz kompatibler Orders auf der Marktgegenseite ab, die Transaktionspreise sind Einzelpreise. Im periodischen Handel werden alle bis zu einem definierten Zeitpunkt eingegangenen Orders im Orderbuch gesammelt und der Marktausgleich über eine Gesamtkursermittlung[31] (Einheitspreise) nach dem Meistausführungsprinzip, d. h. volumenmaximierend, durchgeführt. Daher sind dort Transaktionsmöglichkeiten lediglich auf diskrete Zeitpunkte beschränkt.

In der Realität existieren eine Vielzahl hybrider Formen, sowohl gemischte Formen des Preisfestellungsverfahrens[32] als auch ein Wechsel zwischen periodischem und fortlaufendem Handel[33].

3.2.4 Abwicklungsphase

Die Erfüllung der abgeschlossenen Geschäfte vollzieht sich in der Abwicklungsphase. In dieser Phase werden die an der jeweiligen Transaktion beteiligten Parteien über die konkreten Handelsdaten informiert, die wechselseitigen Verpflichtungen festgestellt (Clearing) und die Übertragung der Eigentumsrechte bzw. die Lieferung des Wertpapiers sowie die Zahlung des Kaufbetrages (Settlement) durchgeführt [Schi95, 27]. Der unwiderrufliche Vollzug des Wertpapiergeschäftes erfolgt erst mit der endgültigen Lieferung von Geld bzw. Papier.

Ein wesentliches Strukturmerkmal der Abwicklungsphase ist die ***Settlementfrist***. Diese bezeichnet den Zeitraum (oftmals gemessen in Tagen) zwischen der Geschäftsvereinbarung und der Geschäftserfüllung und wird von den Betreibern des Börsensystems festgelegt[34]. Die Settlementfrist stellt gleichzeitig den Zeitraum dar, in dem beide Geschäftspartner dem Wiederbeschaffungs- oder Kontrahentenrisiko[35] ausgesetzt sind. Dabei handelt es sich um das Preisänderungsrisiko des

---

31 Theoretische, empirische und experimentelle Untersuchungen zur Gesamtkursermittlung finden sich bei [Thei98a].

32 Zum Beispiel eine Kombination aus kontinuierlicher Auktion und Market-Maker-Verfahren an der NYSE [GeRa94] und im System EUREX.

33 Zum Beispiel beim Handel in DAX-Werten an der Frankfurter Wertpapierbörse oder im System XETRA (vgl. Abschnitt 3.4.1).

34 Neben dem verbreiteten Rolling-Settlement, bei dem eine festgelegte Zeitspanne zwischen Abschluß und Erfüllung liegt, existiert in einigen Börsensystemen, z. B. in Frankreich, das Account-Day-Settlement, bei dem die Erfüllung an einem bestimmten Tag, z. B. dem Monatsultimo, erfolgt und die Erfüllungsfrist dadurch variabel ist [vgl. z. B. Schi95, 27].

35 Darüber hinaus existiert auch das *Kapital-* oder *Ausfallrisiko,* d. h. ein Händler läuft Gefahr, daß nach Erfüllung seiner Leistung sein Handelspartner die vereinbarte Ge-

Wertpapiers, das sich ergibt, wenn der vereinbarte Handel aufgrund der Nichterfüllung durch einen Kontraktpartner nicht ausgeführt und das Wertpapier erneut - eventuell zu einem ungünstigeren Preis - beschafft bzw. verkauft werden muß.

Nach der Darstellung der phasenbezogenen Strukturmerkmale werden nun die phasenübergreifenden Strukturmerkmale - konkret der Grad der Variabilität, der Grad der Konsolidierung und der Grad der Automatisierung - erläutert.

3.3 Phasenübergreifende Strukturmerkmale

3.3.1 Grad der Variabilität

Sind in einem Marktmodell mehrere Ausprägungen eines Strukturmerkmals möglich, stellt sich die Frage, welche Regeln die Gültigkeit einer Ausprägung zu einem Zeitpunkt determinieren; damit ist der ***Grad der Variabilität*** des Marktmodells als zusätzliches Strukturmerkmal angesprochen. Hier werden zunächst statische und flexible Marktmodelle unterschieden, um in Kapitel 5 auf das Konzept dynamischer Marktmodelle [BuGo99] einzugehen:

- *Statische* Marktmodelle liegen vor, wenn *marktexogene* Faktoren (Prämisse der Regel) die Ausprägung der Strukturmerkmale (Konklusion der Regel) determinieren. Eine solche Regel liegt z. B. an der Frankfurter Wertpapierbörse vor: Dort wird in den liquiden Werten zunächst ein fortlaufender Handel durchgeführt, dieser wird z. B. um 12.00 Uhr (MEZ) durch eine Gesamtkursermittlung unterbrochen und danach weitergeführt. Die Prämisse für die Ausprägungen „Handel zu Einzelpreisen" oder „Handel zu Einheitspreisen" wird durch den marktexogenen Faktor Uhrzeit bestimmt.

- Ein *flexibles* Marktmodell ist dadurch gekennzeichnet, daß *marktendogene* Faktoren, d. h. Faktoren, die sich aus dem Marktgeschehen ergeben, bestimmen, in welcher Situation welches Strukturmerkmal gilt. Als Beispiele können hier genannt werden:

genleistung nicht erbringt. Dies wird über Zug-um-Zug-Settlement-Regelungen ausgeschlossen [vgl. z. B. ScLu96, 95-96].

- Volatilitätsunterbrechungen im System XETRA, die sich ergeben, wenn der potentielle Matchingpreis außerhalb eines vordefinierten Preiskorridors[36] um den letzten Preis (Referenzpreis) liegt (vgl. Abschnitt 3.4.1),
- Verzögerungen der Bekanntgabe einer Transaktion im System SEAQ (Stock Exchange Automated Quotation System)[37], wenn das Transaktionsvolumen eine vorgegebene Größe überschreitet [vgl. z. B. HiSt96].

Unabhängig davon, ob es sich um ein statisches oder ein flexibles Marktmodell handelt, müssen den Marktteilnehmern ex ante sowohl die möglichen Ausprägungen als auch die Regeln, unter welchen Bedingungen welche Ausprägungen in Kraft treten, bekannt sein.

3.3.2 Grad der Konsolidierung

Das Strukturmerkmal ***Grad der Konsolidierung*** bezieht sich auf die Existenz bzw. Koexistenz zentraler und dezentraler Börsenstrukturen. Es existiert ein Trade-Off zwischen den Liquiditäts- und Effizienzvorteilen einer zentralen Lösung und den Vorteilen aus dem Wettbewerb einer Vielzahl dezentraler Börsenplätze bzw. -systeme und der hieraus resultierenden Flexibilität und Innovationsbereitschaft bei einer dezentralen Lösung [vgl. Schm77; Schm92]. Dezentrale Märkte treten sowohl als regional fragmentierte Märkte als auch in Form einer Fragmentierung nach Emittenten- oder Investorengruppen auf [vgl. GeRa94]. Gerke und Rapp stellen das *„Primat der anlegerspezifischen Segmentierung“* heraus und geben parallel existierenden Teilmärkten nur dann eine Überlebenschance, wenn *„zielgruppenkonforme Spezialisierungsvorteile“* [GeRa94, 18] vorliegen.

Liegt eine zentrale Struktur vor, so konzentriert sich das gesamte Transaktionsinteresse auf einen Markt, Orders treffen auf das komplette Angebot bzw. die komplette Nachfrage, Preise repräsentieren den Informationsgehalt des gesamten Orderflusses und die Handelsüberwachung ist einfacher bzw. kostengünstiger [Lüde96, 37]. Dezentrale Strukturen führen zu einer Zersplitterung des gesamten Marktvolumens und damit zu einer Reduzierung der Liquidität jedes einzelnen

---

36 Der Preiskorridor ist die maximale prozentuale Abweichung vom Referenzpreis und wird für jedes Wertpapier individuell festgelegt.

37 SEAQ wurde 1986 von der London Stock Exchange als computergestütztes Kursverbreitungssystem eingeführt. Sowohl SEAQ als auch SEAQ-INTERNATIONAL, das System für das internationale Aktiensegment der London Stock Exchange, dienen zugelassenen Market-Makern zur Verbreitung von Geld- und Briefkursen. Der Geschäftsabschluß selbst erfolgt telefonisch (vgl. [Aver98]).

Teilmarktes, der Wettbewerb der Teilmärkte kann jedoch die Nachteile der Marktfragmentierung kompensieren oder sogar überkompensieren.

Eine Vielzahl von Börsensystemen impliziert darüber hinaus auch eine Vielzahl unterschiedlicher Marktmodelle, so daß die Marktteilnehmer durch die Wahl des Börsensystems auch den für ihre Transaktionsinteressen vorteilhaften Mechanismus auswählen können [BuGo99].

3.3.3 Grad der Automatisierung

Der ***Grad der Automatisierung*** hat sich aktuell zu dem am häufigsten diskutierten Strukturmerkmal entwickelt. Durch die hohe Standardisierung der Produkte, ihre hohe Informationsintensität und beinahe Immaterialität sind Finanzmärkte für eine Elektronisierung prädestiniert. Trotz weitreichender Erfolge des automatisierten Wertpapierhandels (EUREX, XETRA, SEAQ, ...) ist die Diskussion der relativen Vorteilhaftigkeit von Computer- und Parketthandel heute so aktuell wie vor 28 Jahren[38] [Blac71]; in der Realität ist noch immer eine Koexistenz von Parkett- und Computerhandel beobachtbar.

Die prinzipielle Frage, ob eine Computerisierung des Wertpapierhandels eine grundlegende Änderung der börslichen Strukturen und Prozesse herbeiführt und damit auch völlig andere Anforderungen an das Marktdesign einhergehen oder, ob es sich lediglich um eine Verlagerung auf ein anderes Medium handelt, wird in der Literatur ausgiebig diskutiert:

Schmidt argumentiert: „... *Automatisierung des Handels ändert nur die traditionelle Form, nicht aber die Grundprinzipien börslicher Organisation des Handels"* [Schm88, 1]. Dies stützen Hertle und Schenk, indem sie die These aufstellen, daß „... *sich schon aus der Definition des Begriffs* [Computerbörse[39]] *das Medium als ein einziger - gleichwohl gravierender - Unterschied ergibt. Jeder Versuch, darüber hinaus grundlegende Unterschiede zu konstruieren, ist daher schon zum Scheitern verurteilt*" [HeSc95, 416].

---

[38] Das erste bildschirmgestützte Handelssystem wurde 1971 mit dem System NASDAQ (National Association of Securities Dealers Automated Quotations) von der National Association of Securities Dealers (NASD), einer Selbstverwaltungseinrichtung amerikanischer Händler, die unter Aufsicht der SEC steht, eingeführt [Schm88, 27]. NASDAQ stellt ein Market-Maker-System dar. Market-Maker stellen Geld- und Briefkurse, die über den Bildschirm verbreitet werden. Der eigentliche Abschluß findet jedoch telefonisch statt. Darüber hinaus bietet NASDAQ mit SELECTNET ein System zum Abschluß nach einem bilateralen elektronischen Nachrichtenaustausch und ein Small Order Execution System (SOES), das Kleinorders direkt elektronisch zusammenführt, an. Heute ist NASDAQ der zweitgrößte und am schnellsten wachsende Aktienmarkt der Welt.

[39] Anmerkung des Verfassers.

Schwartz sieht den wesentlichen Grund für eine mangelnde Nutzung computergestützter Matching- und Preisfindungssysteme im „... *lack of awareness of how a computerized environment differs from a floor based or telephone based trading system, and that it should, accordingly, be structured differently*“ [Schw98, 139]. Lüdecke stimmt Schwartz zu: „*Die größten Vorteile sind dann zu erwarten, wenn im Rahmen der Automatisierung die Chancen genutzt werden, neue und effizientere Strukturen zu verwirklichen*“ [Lüde96, 40].

Der Grad der Automatisierung des Wertpapierhandels läßt sich anhand der Anzahl computerisierter Teilprozesse messen. Schenk [Sche97] entwickelt ein Klassifikationsmodell, in dem er - abhängig von der Elektronisierung verschiedener Teilprozesse - vier Evolutionsstufen unterscheidet:

- Der *computerunterstützte Parketthandel,* die erste Evolutionsstufe im Klassifikationsmodell von Schenk, bezeichnet eine grundsätzliche Organisation des Marktes als Parketthandel, wobei eine oder mehrere Transaktionsphasen elektronisch unterstützt werden können. Als Beispiel läßt sich das Frankfurter Parkett mit dem Börsen Order Service System (BOSS-CUBE) nennen.

- Die zweite Evolutionsstufe, der *computerunterstützte Handel* liegt vor, wenn alle Transaktionsphasen außer der Verhandlung der Kontraktspezifikationen und des Handelsabschlusses elektronisch durchgeführt werden. In dieser Evolutionsstufe ist das Parkett entweder völlig abgeschafft (Beispiel: NASDAQ, SEAQ), oder es liegt ein duales System, d. h. paralleler elektronischer und physischer Handel, vor (Beispiel: PROJECT A des Chigago Board of Trade [ScOe97]).

- Ist auch die Preisbildung innerhalb eines geschlossenen technischen Systems für bestimmte Marktsegmente ohne Medienbrüche vollständig computerisiert, handelt es sich um ein *Computerhandelssystem.*

- Ein *Computerbörsensystem* ist schließlich der letzte Evolutionsschritt und integriert sowohl Clearing- und Settlementfunktionalitäten als auch die Handelsüberwachung für mehrere - potentiell beliebig viele - Marktsegmente.

Gerke und Rapp [GeRa94] sehen die elektronische Preisfindung als das zentrales Element einer Computerbörse an (vgl. Abbildung 3.2):

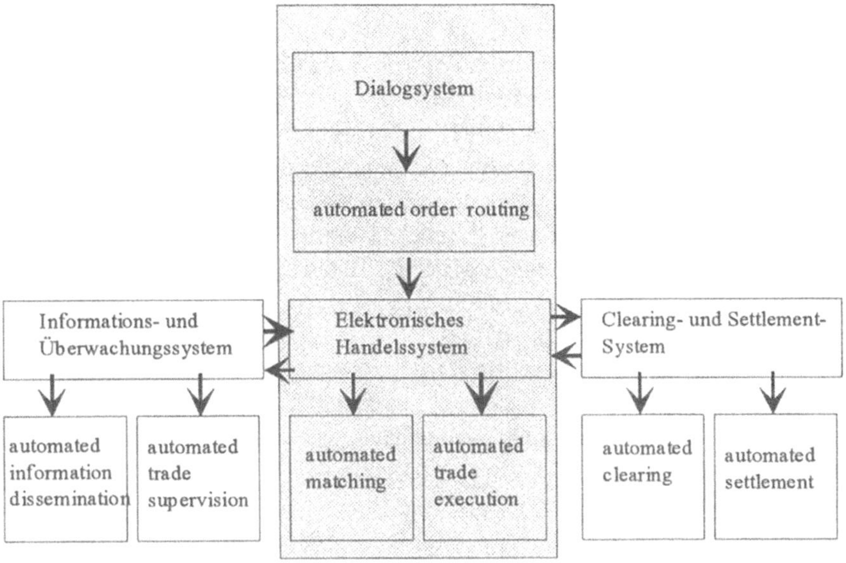

Abbildung 3.2: Strukturdarstellung einer vollintegrierten Computerbörse (in Anlehnung an [GeRa94, 15]).

„*Das computerisierte Kursermittlungsmodul ist das wichtigste, aber gleichzeitig auch das technisch anspruchsvollste Subsystem einer Computerbörse und wird als Elektronisches Handelssystem im engeren Sinne bezeichnet*" [GeRa94, 14]. Auch Domowitz stellt die Bedeutung der automatisierten Orderausführung („*electronic handshake*" [Domo93, 33]) heraus: „*Computerized trade execution is the final step in the automation of financial trading market operations*" [Domo92, 5].

Die vorliegende Arbeit fokussiert Fragen der IT-basierten Spezifikation und Zusammenführung von Orders (grau unterlegter Bereich der Abbildung 3.2) und analysiert wie diese Prozesse für die Anforderungen spezieller Investorengruppen zu gestalten sind. Zu diesem Zweck wird ein Elektronisches Handelssystem definiert als

Definition 3 (Elektronisches Handelssystem):

> *Computersystem, das eine elektronische Orderspezifikation und -weiterleitung sowie die elektronische Zusammenführung kompatibler Orders ermöglicht.*

Aspekte der Informationsverbreitung und der Handelsüberwachung (Informations- und Überwachungssystem) sowie der Auftragsabwicklung (Clearing- und Settlementsystem) spielen im folgenden eine untergeordnete Rolle. Auch die relative Vorteilhaftigkeit von Parkett- versus Computerhandel wird nicht diskutiert. In der Literatur findet sich eine Vielzahl von Arbeiten, die den Einfluß der Informationstechnologie auf Börsen darstellen, und den elektronischen Handel mit dem traditionellen, physischen Parketthandel sowohl empirisch hinsichtlich der Marktqualität [z. B. ScIv92; GrLo94; Thei98b] als auch experimentell im Hinblick auf das Verhalten der Marktteilnehmer in unterschiedlichen Marktorganisationsformen vergleichen [z. B. GeBi91]. Vielfältige Argumente in der Diskussion um die relative Vorteilhaftigkeit von Computer- versus Parketthandel finden sich beispielsweise bei [Gerk93; ScIv93; MaPh94; Thei98b] und der dort angegebenen Literatur.

Die Darstellung des Elektronischen Handelssystems XETRA der Deutsche Börse AG im folgenden Abschnitt dient der Verdeutlichung des oben entwickelten Bezugsrahmens (vgl. Abbildung 3.1) anhand eines konkreten Elektronischen Handelssystems.

3.4 Das Elektronische Handelssystem XETRA

Am 12. Oktober 1998 wurde durch die Einführung des XETRA Release 3 der elektronische Handel in den an der Frankfurter Wertpapierbörse notierten Aktienwerten (ca. 2000 deutsche und ausländische Werte), 370 Rentenwerten (in XETRA werden ausschließlich Bundeswertpapiere und Jumbo-Pfandbriefe gehandelt) und 28 Aktienoptionsscheinen ermöglicht [Börs98]. Nach der Einführung des XETRA-Front-Ends am 12. Juni 1997 (Release 1) und dem Start des Handels in 150 deutschen Aktien mit dem neuen XETRA-Marktmodell am 28. November 1997 (Release 2) wurde damit auch Retail-Investoren der Handel über das System ermöglicht.

Auf der Rentenseite erfolgte durch die Einführung von Release 3 die Ablösung des am 5. Dezember 1995 gestarteten Systems IBIS-R (Integriertes Börsenhandels- und Informationssystem - Renten, vgl. hierzu auch Abschnitt 7.2.3). Grundlage der folgenden Ausführungen sind die Publikationen der Deutschen Börse AG [DeBö98a, DeBö98b] sowie die Arbeit von Braue und Hille [BrHi97].

3.4.1 Phasenspezifische Strukturmerkmale

(i) Informationsphase

In XETRA werden in einem offenen Orderbuch pro Titel alle vorhandenen Transaktionswünsche für gleiche Limite kumuliert gezeigt *(Grad der Markttransparenz)*. Das Orderbuch ist nach Preis-/Zeitpriorität geordnet. Die Person des

Händlers, der die Order eingestellt hat, bleibt anonym. In der Vor- und Nachhandelsphase[40] ist das Orderbuch geschlossen, gleiches gilt für die Aufrufphase der Auktionen[41] im Aktien- und Optionsscheinhandel. Als Orientierungspunkt wird den Marktteilnehmern in der Aufrufphase ein indikativer Auktionspreis angezeigt. Im Rentenhandel dagegen ist das Orderbuch auch in der Aufrufphase offen[42] (*pre-trade Markttransparenz*).

Die im jeweiligen Wertpapier zuletzt durchgeführte Transaktion wird den Marktteilnehmern unter Bekanntgabe von Abschlußzeitpunkt, Preis und gehandeltem Volumen bei Anonymität der Marktpartner angezeigt. Weiterhin werden der Eröffnungs-, der Tageshöchst- und Tagestiefstkurs sowie die Anzahl und der Gesamtumsatz pro Aktien angezeigt (*post-trade Markttransparenz*).

(ii) Orderroutingphase

XETRA ermöglicht die Erteilung von Limit-Orders und Market-Orders. Darüber hinaus können verschiedene Ausführungsauflagen, z. B. Fill-or-Kill (FOC) Orders[43], Immediate-or-Cancel (IOC) Orders[44] oder Stop Orders[45], erteilt werden. Auch die zeitliche Gültigkeit[46] einer Order kann begrenzt werden, und Orders können entweder allen oder ausgewählten Auktionen[47] zugeordnet werden. Sämt-

---

40 In XETRA liegen drei Handelsphasen vor: die *Vorhandelsphase*, die der Vorbereitung des Handels und der Orientierung der Markteilnehmer dient, die *Haupthandelsphase*, in der der eigentliche Handel stattfindet, und die *Nachhandelsphase*, in der eigene Orders eingegeben, geändert und gelöscht werden können. Weder in der Vor- noch in der Nachhandelsphase können Transaktionen abgeschlossen werden.

41 Die Auktionen gliedern sich in drei Phasen: In der *Aufrufphase* können Orders eingegeben, gelöscht und/oder geändert werden. Nach einem - für die Handelsteilnehmer - ex ante unbekannten Ende der Aufrufphase erfolgt die *Preisermittlungsphase* mit der Fixierung des Auktionspreises nach dem Meistausführungsprinzip. In der dritten Phase, der *Marktausgleichsphase*, werden die Orders, die zum ermittelten Gesamtkurs nicht oder nur teilweise ausgeführt wurden, zum Gesamtkurs angeboten.

42 Aufgrund des geringen Anteils des börslichen Handels am gesamten Rentenhandel (vgl. Abschnitt 7.2.2) wird versucht, durch ein offenes Orderbuch, das den Marktteilnehmer bereits existierende Transaktionsinteressen anzeigt, weitere Liquidität anzuziehen.

43 Sofortige vollständige oder keine Ausführung.

44 Sofortige Ausführung, wobei Teilausführung zugelassen wird, oder keine Ausführung.

45 Ab einem spezifizierten Preis (Stop Limit) verwandeln sich die Orders in Market-Orders (Stop Market Order) oder werden als Limit-Orders (Stop Limit Order) in das Orderbuch eingestellt.

46 Die Gültigkeit einer Order kann auf den aktuellen Börsentag (Good-for-day), bis zu einem bestimmten Termin (Good-till-date) oder bis zur Löschung durch den Auftraggeber (Good-till-cancelled) begrenzt werden.

47 Hier sind Zuordnungen ausschließlich zu Eröffnungs- (Opening auction only), Schluß- (Closing auction only) oder planmäßigen Auktionen (Auction only) sowie die Be-

liche in das System eingestellten Orders sind verbindlich, eine Löschung ist - außer in der Preisermittlungsphase der Auktionen - jederzeit möglich. Zusätzlich besteht die Möglichkeit, außerbörslich vereinbarte Geschäfte (Direktgeschäfte) in XETRA einzugeben und so - nach der Bestätigung der Geschäftseingabe durch den Kontrahenten - die Abwicklungssysteme der Deutsche Börse Clearing AG zu nutzen.

(iii) Abschlußphase

In XETRA liegt eine hybride Marktstruktur mit einer Kombination aus fortlaufendem Handel und periodischen Auktionen vor. Nach einer Eröffnungsauktion beginnt in den liquiden Aktien, Renten und Optionsscheinen ein fortlaufender Handel in Round-Lot-Orders[48], der durch eine Schlußauktion am Ende der Haupthandelsphase beendet wird. Für jede im fortlaufenden Handel neu eintreffende Order wird geprüft, ob kompatible Orders der Marktgegenseite existieren und ein Matching unter Berücksichtigung der Preis-/Zeitpriorität erfolgen kann. Orders, die nicht sofort ausführbar sind, werden in anonymisierter Form in das Orderbuch eingestellt.

Ist die Preisabweichung zwischen dem potentiellen Matchingpreis und dem letzten Preis (Referenzpreis) entweder innerhalb einer Auktion oder während des fortlaufenden Handels größer als der geltende Preiskorridor, erfolgt eine sogenannte Volatilitätsunterbrechung (eine detaillierte Diskussion zum Thema Volatilitätsunterbrechung (Circuit Breaker) findet sich in der Arbeit von Nabben [Nabb96]).

Für jedes Wertpapier findet mindestens eine Auktion pro Tag statt. Die Anzahl der zusätzlichen, untertägigen Auktionen hängt von dem jeweiligen Wertpapiersegment ab. Über eine Kopplung des fortlaufenden Handels mit der Aufrufphase der Auktionen wird eine Bündelung der Liquidität erreicht. Durch eine Unterbrechung des fortlaufenden Handels in der Preisermittlungsphase der Auktionen wird gewährleistet, daß zu jedem Zeitpunkt nur ein Preis pro Wertpapier existiert.

Für weniger liquide Werte werden als „Designated Sponsors" bezeichnete Market-Maker eingesetzt, die dem Markt Zusatzliquidität zur Verfügung stellen, indem sie auf Anfrage Quotes in das Orderbuch einstellen. Dabei sind mehrere kon-

---

schränkung der Order auf die Ausgleichsphase einer Auktion (Accept Surplus Order) möglich.

48 Round-Lot-Orders sind Aufträge mit einem Mindestvolumen von 100 Stück bei fortlaufend notierten Aktien, im Neuen Markt und bei Auslandsaktien von jeweils einem Stück. Im Rentenhandel beträgt die kleinste Einheit im variablen Handel 1 Million Euro.

kurrierende Designated Sponsors pro Wertpapier zugelassen. Ein Designated Sponsor kann für mehrere Wertpapiere Liquidität bereitstellen.

(iv) Abwicklungsphase

Die Abwicklung in XETRA erfolgt über die als Zentralverwalter agierende Deutsche Börse Clearing AG (vormals Deutscher Kassenverein). Die Zug-um-Zug Abwicklung erfolgt mit einer Settlementfrist von 2 Tagen nach der Geschäftsvereinbarung.

3.4.2 Phasenübergreifende Strukturmerkmale

Grad der Variabilität

Obige Ausführungen verdeutlichen, daß im System XETRA sowohl marktendogene als auch marktexogene Faktoren die Ausprägungen von Strukturmerkmalen determinieren. Die Regeln für den Eintritt der jeweiligen Ausprägungen sind den Marktteilnehmern bekannt und - für das jeweils gewählte Marktsegment - für alle Marktteilnehmer gültig. Nach der Definition in Abschnitt 3.3.1 liegt in XETRA somit ein flexibles Marktmodell vor.

Grad der Konsolidierung

Da nach Einführung von XETRA Release 3 auch Retail-Investoren Aufträge über die Routingsysteme der Banken direkt an XETRA weiterleiten können, wird eine Zusammenführung von professionellem und Retail-Geschäft erreicht. Alle Wertpapieraufträge werden in einem zentralen Orderbuch pro Wertpapier zusammengefaßt. Damit wird eine Bündelung der Liquidität ermöglicht.

Grad der Automatisierung

Im Gegensatz zum Vorgängersystem IBIS, das als Hit&Take-System[49] realisiert war, werden in XETRA kompatible Orders automatisch gematcht und an die Abwicklung weitergeleitet. Damit liegt ein Elektronisches Handelssystem[50] im Sinne der Definition 3 vor.

---

[49] Bei einem Hit&Take-System erfolgt das Matching nicht elektronisch, sondern durch explizite Auswahl einer Offerte (in Hit&Take-Systemen werden Transaktionsinteressen als Offerten bezeichnet) per Tastendruck.

[50] Während das System IBIS als Host-Anwendung unter Nutzung von IBM-3270-Terminals realisiert war, liegt mit XETRA eine Client-Server-Architektur in einem privaten - von der Deutsche Börse AG betriebenen - Netz vor. Eine offene, frei programmierbare Schnittstelle (Values API) dient der Integration eigener Anwendungen der Nutzer.

3.4.3 Einordnung in den Bezugsrahmen für Marktmodelle

Abbildung 3.3 faßt die Strukturmerkmale des Systems XETRA zusammen und ordnet das System in den Bezugsrahmen für Marktmodelle ein.

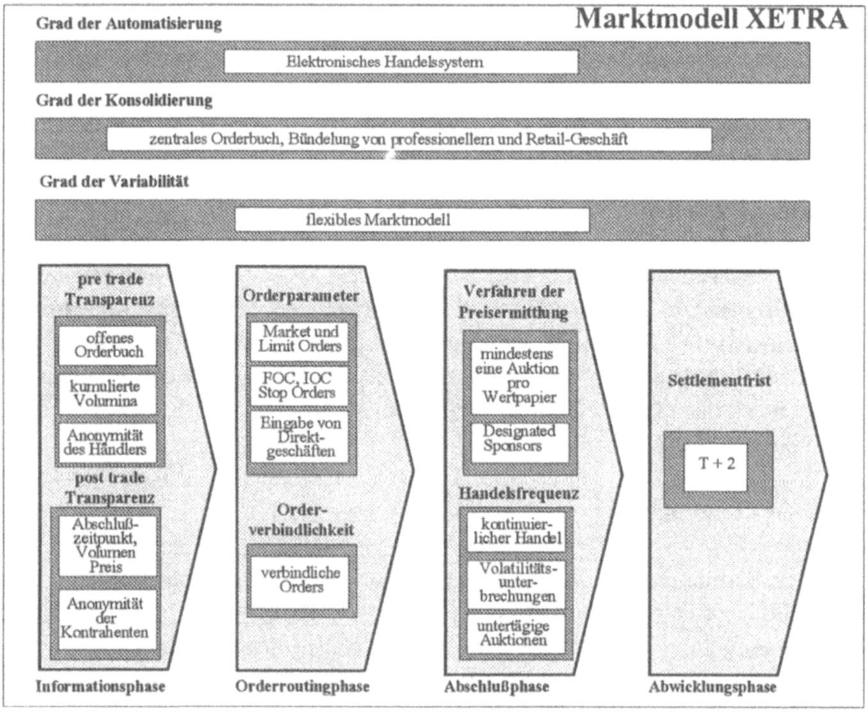

Abbildung 3.3: Strukturmerkmale des Systems XETRA.

4 Marktmikrostruktur und Informationstechnologie im außerbörslichen Wertpapierhandel

Eine Vielzahl von Wertpapiertransaktionen erfolgt nicht im börslichen Handel, sondern wird über den außerbörslichen Handel, auf dem OTC-Markt (außerbörslicher Zirkulationsmarkt [Schm88]), getätigt. In diesem Kapitel wird der OTC-Markt zunächst allgemein charakterisiert, die gehandelten Produkte sowie die Marktteilnehmer werden identifiziert (Abschnitt 4.1.1). Darauf aufbauend werden der Handelsprozeß und die Strukturmerkmale im außerbörslichen Handel erläutert (Abschnitt 4.1.2). Abschnitt 4.1.3 diskutiert die Gründe für den außerbörslichen Handel und fokussiert dabei den Handel in großen Volumina (Blockhandel).

Diese Betrachtungen leiten zu einer Analyse der Intermediation im OTC-Markt über. Nach einer grundsätzlichen Diskussion des Begriffs Intermediation erörtert Abschnitt 4.2.1 zunächst die Intermediationsrolle der Broker. Im Grenzbereich zwischen börslichem und außerbörslichem Handel gewinnen Proprietary Trading Systems (PTS) als Intermediationsform zunehmend an Bedeutung. Auf der Basis einer Abgrenzung des Begriffs PTS werden in Abschnitt 4.2.2 die Motive für deren Einsatz aus Anbieter- und Nachfragersicht, die mit ihrer Nutzung verbundenen Problemfelder sowie die aktuellen staatlichen Regulierungsbestrebungen in den USA und in Deutschland dargestellt. Eine Klassifikation von PTS, eine Beschreibung eines konkreten Systems aus jeder identifizierten Klasse und eine kurze Zusammenfassung schließen Kapitel 4 ab.

4.1 Außerbörslicher Wertpapierhandel

Die Bedeutung und das rasche Wachstum des OTC-Marktes wird vor allem bei Betrachtung der gehandelten Volumina deutlich.

So wurde z. B. 1996 in börsengehandelten derivativen Finanzinstrumenten (vgl. Tabelle 4.1) ein weltweites Nominalvolumen von ca. 9,8 Billionen US-$ erreicht und damit ein Wachstum gegenüber 1995 um 7,5 % erzielt. Im Gegensatz dazu erreichte der OTC-Markt in derivativen Finanzinstrumenten ein Volumen von 25,4 Billionen US-$ bei einer Steigerungsrate von 44 % gegenüber 1995, womit er den Börsenhandel sowohl bezüglich des Volumens als auch bezüglich der Wachstumsrate deutlich übertrifft[51].

[51] Aufgrund der mangelnden Vergleichbarkeit der Zahlen aus dem Jahr 1997 (siehe Fußnote 52) werden hier die Zahlen von 1996 gegenübergestellt.

Märkte für ausgewählte derivative Instrumente						
Instrumente	ausstehendes Nominalvolumen zum Jahresende					
	1992	1993	1994	1995	1996	1997[52]
Börsengehandelte Instrumente	4.634,5	7.771,2	8.862,9	9.188,6	9.879,6	12.207,3
Zins-Futures	2.913,1	4.958,8	5.863,4	5.863,4	5.931,2	7.489,2
Zins-Optionen	1.385,4	2.362,4	2.623,6	2.741,8	3.277,8	3.639,9
Währungs-Futures	26,5	34,7	40,1	38,3	50,3	51,9
Währungs-Optionen	71,1	75,6	55,6	43,5	46,5	33,2
Aktien-Index-Futures	79,8	110,0	127,7	172,4	195,9	216,6
Aktien-Index-Optionen	158,6	229,7	238,4	329,3	378,0	776,5
OTC-Instrumente	5.345,7	8.474,6	11.303,2	17.712,6	25.453,1	28.733,4
Zins-Swaps[53]	3.850,8	6.177,3	8.815,6	12.810,7	19.170,9	22.115,5
Währungs-Swaps	860,4	899,6	914,8	1.197,4	1.559,6	1.548,8
Zins-Optionen	634,5	1.397,6	1.572,8	3.704,5	4.722,6	5.033,1

in Mrd. US-$

Tabelle 4.1: OTC versus Börsenhandel in derivativen Instrumenten [BIS98, 155].

Im deutschen Aktienhandel lag im Jahr 1998 der außerbörsliche Anteil mit 1.500 Mrd. DM - gemessen als Anteil am gesamten Abwicklungsvolumen in Aktien von 3.252 Mrd. DM - bei ca. 54% [DeBö99a, 45]. Stenzel beziffert in seiner Untersuchung zum außerbörslichen Aktienhandel den außerbörslichen Umsatzanteil für Deutschland auf 45-55%, für die EU-Staaten auf 47% und weltweit auf 19%[54] des börslichen Umsatzes [Sten95, 100][55].

Im deutschen Rentenhandel betrug der Anteil des außerbörslichen Geschäftes im Jahr 1998 (Abwicklungsvolumen: 19.710 Mrd. DM) sogar ca. 93%. Das gesamte Abwicklungsvolumen im Rentenhandel lag 1998 bei 21.165 Mrd. DM [DeBö99a, 46] (vgl. hierzu auch Abschnitt 7.2).

---

52 Für OTC-Instrumente gelten die Zahlen mit Stand Ende Juni 1997.

53 Hierbei ist zu beachten, daß Zins- und Währungs-Swaps oftmals nur außerbörslich gehandelt werden.

54 Die relativ geringen außerbörslichen Anteile im amerikanischen und japanischen Aktienmarkt (jeweils 10%) führen zum niedrigeren Durchschnittsanteil des weltweiten außerbörslichen Handels.

55 Hierbei ist zu beachten, daß Stenzel auch den Handel börsennotierter Aktien inländischer Gesellschaften an ausländischen, staatlich genehmigten Börsen als außerbörslichen Handel begreift. Damit ist bspw. der Handel eines deutschen Investors in deutschen Aktien an der SEAQ-International (Auslandssegment der London Stock Exchange) dem außerbörslichen Handel zuzuordnen. Die Untersuchung bezieht sich auf das Jahr 1992.

4.1.1 Charakteristika

Der OTC-Markt setzt sich aus einer Vielzahl sehr heterogener Teilmärkte zusammen, die sich jeweils über die gehandelten Produkte und/oder die Marktteilnehmer voneinander abgrenzen lassen. Es existieren weder festgelegte Handelszeiten (der außerbörsliche Handel erfolgt sowohl parallel zum Börsenhandel als auch außerhalb der börslichen Handelszeiten) noch besitzt der Markt eine räumliche Lokalisierung. Zwischen Banken, Wertpapierhandelshäusern und institutionellen Investoren werden Transaktionen im Kunden- und/oder Eigenhandel durchgeführt. Wertpapiergeschäfte im OTC-Markt werden in der Regel individuell zwischen zwei Kontrahenten vereinbart. Die hieraus resultierende Flexibilität ist ein wesentlicher Vorteil gegenüber dem Börsenhandel.

Der Handel findet meist per Telefon und/oder über Broker statt. Die Preisbildung ist wenig transparent. Die Geschäfte im außerbörslichen Handel unterliegen nicht dem Börsenrecht, vielmehr handelt es sich um bilaterale Geschäfte des privaten Rechts, die in Deutschland über das allgemeine Vertragsrecht und das Recht der Effektengeschäfte geregelt werden [Schw94].

Es erfolgt weder eine staatliche Marktaufsicht noch sind Zulassungsverfahren für die gehandelten Produkte vorgeschrieben. Ein nicht ausreichender Anlegerschutz und die Höhe der gehandelten Volumina führen dazu, daß private Anleger in der Regel nicht am außerbörslichen Handel teilnehmen [Bart96].

Der OTC-Markt stellt sich damit dar als

Definition 4 (OTC-Markt):

> *Gesamtheit von unter professionellen* ***Marktteilnehmern*** *organisierten, nicht-börslichen Märkten für* ***Finanzprodukte***[56] *auf der Basis heterogener Kommunikationsnetzwerke.*

Marktteilnehmer im OTC-Markt sind die Wertpapierhändler international agierender *Banken*, die im Auftrag interner (Organisationseinheiten der Bank) oder externer Kunden (institutioneller Investoren[57]) sowie für die eigene Positionsführung handeln. Auch andere *institutionelle Investoren,* z. B. Pensionsfonds, Versicherungen oder Investmentgesellschaften, agieren in diesem Markt direkt als Marktteilnehmer, wenn sie über eine eigene Infrastruktur für den Wertpapier-

---

56 Im Rahmen dieser Arbeit werden Finanzprodukte fokussiert. Auf außerbörslichen Märkten werden jedoch auch eine Vielzahl von Commodities gehandelt.

57 Institutionelle Investoren sind nach Schiereck [Schi95] „... *juristische Personen, die zumindest einige entsprechend ausgebildete Mitarbeiter speziell für Aufgaben der Kapitalanlage beschäftigen und Portfeuilles von entsprechender Größenordnung verwalten*" [Schi95, 7].

handel verfügen und deshalb keine Dienstleistungen der Banken in diesem Bereich nachfragen.

Die Aufgabe der Partnersuche und Geschäftsvermittlung wird meist von *Brokern* in der Rolle von Intermediären (zum Begriff des Intermediärs vgl. Abschnitt 4.2) übernommen. Diese handeln in fremdem Namen und auf fremde Rechnung und erzielen Erträge aus dieser Vermittlungstätigkeit. Im Bereich börsennotierter OTC-Produkte sind auch die *Börsen* selbst als Marktteilnehmer zu sehen, da sie neben verschiedenen Wertpapierdienstleistungen auch die Infrastruktur für die Abwicklung (siehe Abschnitt 3.4) außerbörslich verhandelter Geschäfte in börsennotierten Produkten bereitstellen. Nicht zuletzt haben die Börseninstitutionen auch ein hohes Interesse daran, Order-Flow vom außerbörslichen Markt an die Börsen zu ziehen, um so höhere Erträge zu erzielen.

Die außerbörslich gehandelten ***Finanzprodukte*** weisen hinsichtlich des Standardisierungsgrades und der Liquidität des jeweiligen Marktsegments ein außerordentlich breites Spektrum auf. Während sich z. B. bei den gehandelten einfachen Zins-Swaps (sogenannte Plain-Vanilla-Swaps) oftmals feste Handelsusancen - d. h. spezifizierte Laufzeiten, feste Zinstermine und definierte Referenzzinssätze- in einem sehr *liquiden* Markt etabliert haben [Elle96], weisen z. B. Optionen auf Swaps (Swaptions) [Haus96] oder exotische Optionen [Pech96], bei denen einzelne oder mehrere Vertragsbestandteile frei verhandelt werden, kaum standardisierte Elemente auf (siehe Abschnitt 4.1.3.1). Dies ist ein wesentlicher Grund für die deutlich *geringere Liquidität* dieses Marktsegmentes.

Neben diesen *nicht-börsennotierten* Finanzinstrumenten werden auch *börsennotierte* Produkte außerhalb der Börsen gehandelt. Analog zum Bereich nicht-börsennotierter Produkte kann man auch hier eine weitere Untergliederung nach der Liquidität vornehmen. Neben den Blocktransaktionen (siehe Abschnitt 4.1.3.2) in Aktien- oder Rentenwerten, bei denen große Volumina in oftmals sehr *liquiden* Werten außerbörslich gehandelt werden, findet auch ein außerbörslicher Handel in *illiquiden* Produkten (siehe Abschnitt 4.1.3.3) statt, die zwar börsennotiert sind, aber börslich nur selten gehandelt werden. Deshalb sind hier Käufer bzw. Verkäufer gezwungen, außerhalb der Börsen selbständig oder über Broker nach Kontrahenten zu suchen.

Auf Basis dieser Überlegungen kann der außerbörsliche Handel bzgl. der gehandelten Produkte und der Marktteilnehmer gemäß Abbildung 4.1 charakterisiert werden.

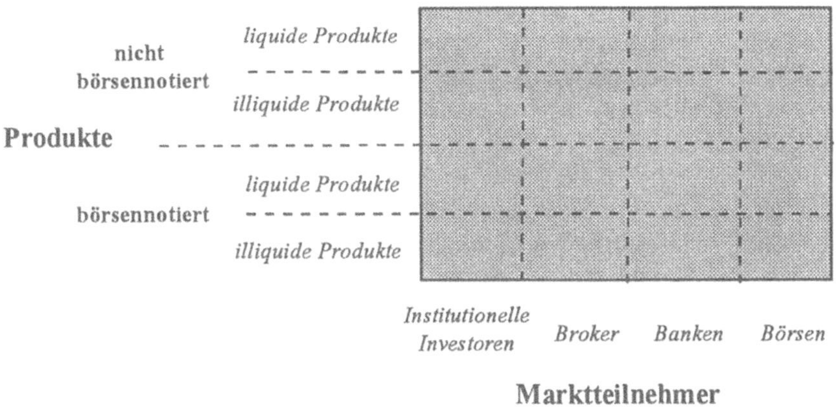

Abbildung 4.1: Segmente des OTC-Marktes [WeGo99a].

4.1.2 Handelsprozeß und Strukturmerkmale im außerbörslichen Wertpapierhandel

Im vorliegenden Abschnitt werden die zentralen Strukturmerkmale des außerbörslichen Wertpapierhandels dargestellt. Aufgrund der Vielschichtigkeit dieses Marktes soll hier kein Anspruch auf Vollständigkeit geltend gemacht werden. Daher werden solche Ausprägungen der Strukturmerkmale herausgearbeitet, die charakteristisch für den außerbörslichen Handel und für das Verständnis der weiteren Schritte der Arbeit erforderlich sind. Dabei wird der Handel über PTS explizit ausgeklammert. Dieser wird separat in Abschnitt 4.2.2 dargestellt. Grundlage dieser Ausführungen sind neben der angeführten Literatur auch Interviews mit Marktteilnehmern (vgl. Kapitel 5.2 bzw. den Interviewleitfaden im Anhang der Arbeit).

4.1.2.1 Phasenspezifische Strukturmerkmale

4.1.2.1.1 Informationsphase

Nachrichtenagenturen, wie z. B. Reuters, Bloomberg oder Telerate, ermöglichen es Banken und Brokerhäusern, über ihre Informationssysteme indikative Geld- und Briefkurse als Ausgangspunkt für telefonische Verhandlungen bekannt zu geben. Bilaterale Telefongespräche, um die Einschätzung des Marktes durch andere Händler in Erfahrung zu bringen, sind eine weitere zentrale Informationsquelle. *„Ein stetiges Telefonieren, um informiert zu sein, prägt das Erscheinungsbild des*

Telefonhandels" [PiBo96, 41]. Handelsinteresse wird auch über die Versendung von Faxlisten mit Angabe von Wertpapieren, Geld- und Briefkursen und gewünschten Volumina angezeigt. Dabei erhält nur der angesprochene Kontrahent pre-trade Informationen, der Gesamtmarkt hat hiervon keine Kenntnis (*pre-trade Markttransparenz*).

Eine Intransparenz besteht sogar zwischen verschiedenen Organisationseinheiten *einer* Bank, sogar innerhalb der bankeigenen Handelsabteilungen. Dies führt häufig dazu, daß Händler ihre Vertragspartner auf dem externen Markt suchen, obwohl innerhalb der eigenen Bank potentielle Vertragspartner für interne Geschäfte existieren[58]. Daraus resultieren zwar marktgerechte Preise, aber sowohl Adressausfallrisiken als auch Kosten in Form von Provisionen.

Preise und Volumina der bilateral über den OTC-Markt vollzogenen Transaktionen sind lediglich den jeweiligen Kontrahenten bekannt [PiBo96]. Bartetzky verdeutlicht dies: „*Das Umsatzvolumen ist wahrscheinlich sehr hoch, die genauen Zahlen sind jedoch nicht bekannt. Auch andere Informationen über den außerbörslichen Handel, beispielsweise die Kurse, sind nicht erhältlich. Als Grundlage für eine wissenschaftliche Untersuchung ist der außerbörsliche Handel aus diesen Gründen eher ungeeignet*" [Bart96, 34]. Diese Intransparenz kommt insbesondere dem Wunsch institutioneller Investoren nach Anonymität und einer Nichtbekanntgabe ihrer Orderströme und Handelsstrategien entgegen[59] (*post-trade Markttransparenz*).

4.1.2.1.2 Orderroutingphase

Das Orderrouting im außerbörslichen Handel erfolgt zumeist per Telefon. Dabei werden die Orderdaten entweder durch eine sequentielle und direkte Ansprache mehrerer Marktteilnehmer oder über einen Broker übermittelt. Dieser verfügt über Standleitungen zu seinen Kunden und kann diese entweder einzeln oder auch parallel über die Nutzung einer Sprechanlage (Box) adressieren. Im außerbörslichen Handel wird oftmals nicht offenbart, ob ein Kauf- oder Verkaufsinteresse vorliegt, d. h. es werden den potentiellen Kontrahenten gleichzeitig sowohl Geld- als auch Briefkurse genannt.

Die über das Telefon übermittelten Preise sind in der Regel unverbindlich. Die Art und Anzahl der Orderparameter hängt stark vom betrachteten Marktsegment ab: Während z. B. im Handel mit Plain-Vanilla-Swaps oder im Handel mit Bundes-

---

58 Dies wurde in Gesprächen mit Händlern deutscher Großbanken bestätigt.

59 von Rosen betont: „*Das ausschlaggebende Motiv für den außerbörslichen Handel ist vielmehr in der nicht gewünschten Transparenz zu finden*" [voRo95, 334].

wertpapieren die Parameter aufgrund der Marktusancen festgelegt sind und lediglich Geld-/Briefkurse ausgetauscht werden, müssen für die Konfiguration individueller Produkte oder die Realisierung komplexer Hedgingstrategien eine weitaus größere Anzahl von Parametern ausgetauscht werden.

4.1.2.1.3 Abschlußphase

Im außerbörslichen Handel gibt es in der Regel keine periodischen Auktionen[60]. Es findet ein kontinuierlicher Handel statt. Dabei übernehmen Banken, die fortwährend Quotes für bestimmte Wertpapiere stellen und/oder auf Anfrage quotieren, die Rolle von (freiwilligen) Market-Makern (continuous dealer (quote-driven) market). Preise sind Einzelpreise und basieren auf den Ergebnissen bilateraler Verhandlungen der jeweiligen Kontrahenten. Es sind keine Börsenpreise im Sinne des §11 Börsengesetz.

4.1.2.1.4 Abwicklungsphase

Nach der telefonischen Vereinbarung werden die Handelsdaten entweder über spezielle Handzettel, sogenannte Tickets, manuell dokumentiert und an die Erfassung im Back-Office geleitet oder sofort am Handelstisch elektronisch erfaßt. Die fehlende integrierte Prozeßkette von Handel und Abwicklung und eine Vielzahl von Medienbrüchen führen nicht nur zu hohen Kosten, sondern erhöhen auch erheblich das Fehlerrisiko (sogenannte Outtrades). Die Abwicklung des OTC-Handels erfolgt durch wechselseitige Benachrichtigung der Handelspartner und bilaterale Abrechnung [PiBo96]. Bei börsennotierten Wertpapieren wird die Transaktion nach Abschluß oftmals in die Börsensysteme eingestellt (OTC-Entry, Eingabe von Direktgeschäften). Die Settlementfrist wird entweder frei verhandelt oder bei Nutzung der OTC-Entries börslicher Systeme durch das jeweils korrespondierende börsliche Marktsegment bestimmt.

4.1.2.2 Phasenübergreifende Strukturmerkmale

Grad der Variabilität

Im Rahmen des außerbörslichen Wertpapierhandels sind die Ausprägungen der Strukturmerkmale einer Transaktion durch den bzw. die an der Transaktion teilnehmenden Händler weitgehend frei wählbar. Ein Händler kann selbständig ent-

---

60 Ausnahmen stellen die in Kapitel 4.2.2.4 skizzierten Crossing- und Single-Price-Auktionssysteme dar.

scheiden, ob er für eine Transaktion einen Broker hinzuzieht oder potentielle Kontraktpartner eigenständig, z. B. per Telefon, kontaktiert. Auch die Form, Dauer und Gestaltung des Preisbildungsprozesses in bilateralen Verhandlungen wird von den Händlern selbst bestimmt.

Neben den Produktparametern sind auch die Orderparameter frei durch den jeweiligen Händler einstellbar. So kann er z. B. selbst entscheiden, wie lange seine Order gültig ist, und dies dem jeweiligen Verhandlungspartner mitteilen. Der außerbörsliche Handel ist nicht an bestimmte Ausprägungen der Strukturmerkmale gebunden, da kein institutionalisiertes Marktmodell vorgegeben ist. Der Marktprozeß ergibt sich dynamisch aus den Einzelentscheidungen der Händler. Trotzdem existieren hier eine Vielzahl von gewohnheitsrechtlichen Handelsregeln und Usancen. Die jederzeitige Einhaltung der (auch mündlich) getroffenen Vereinbarungen („*my word is my bond*" [MaSe97, 49]) ist für die wechselseitige Akzeptanz der Marktteilnehmer und die Funktionsfähigkeit dieses Marktes eine unerläßliche Voraussetzung.

Grad der Konsolidierung

Der OTC-Markt ist ein Markt mit vielen und gleichzeitig sehr heterogenen Teilmärkten. Jede bilaterale Transaktion kann ein eigenes Marktfragment darstellen. Eine Konsoldierung des Order-Flows in einem zentralen Orderbuch existiert nicht. Lediglich die Bündelung von Transaktionsinteressen bei den verschiedenen Brokern stellt eine gemeinsame Informationsbasis für die Marktteilnehmer dar.

Grad der Automatisierung

Der außerbörsliche Wertpapierhandel kann im Sinne der Definiton von Schenk [Sche97] (vgl. auch Kapitel 3.3.3) als computerunterstützter Wertpapierhandel charakterisiert werden. Die eigentliche Preisfeststellung erfolgt i. d. R. nicht über eine automatische Zusammenführung kompatibler Orders, sondern über bilaterale telefonische Verhandlungen.

4.1.2.3 Einordnung des OTC-Handels in den Bezugsrahmen für Marktmodelle

Damit lassen sich die Strukturmerkmale des OTC-Handels in den Bezugsrahmen der Abbildung 3.1 einordnen. Auf dieser Grundlage zeigt Abbildung 4.2 die phasenspezifischen und phasenübergreifenden Strukturmerkmale und ihre Ausprägungen im OTC-Markt auf[61].

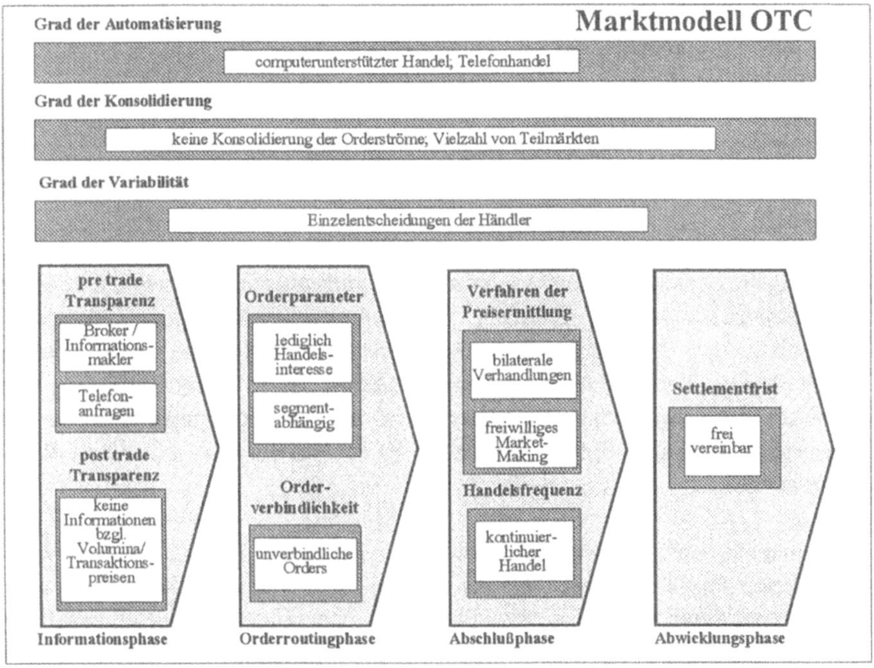

Abbildung 4.2: Marktmodell OTC-Markt.

4.1.3 Gründe für den außerbörslichen Wertpapierhandel

Im folgenden werden die zentralen Gründe für einen außerbörslichen Handel erläutert: die mangelnde Standardisierung der Produkte, der Handel in großen Volumina (Blockhandel) sowie die mangelnde Liquidität der Produkte.

---

61 Hierbei gilt es zu berücksichtigen, daß dieser Markt sehr viele Facetten aufweist und einzelne Segmente zum Teil von den angeführten Ausprägungen abweichen können. Die Bestandsaufnahme der außerbörslichen Handelsverfahren und ihre Erfassung in dieser Systematik ist trotzdem eine wichtige Grundlage für die weitere Analyse.

4.1.3.1 Nicht-standardisierte Produkte

Nicht-standardisierte Produkte sind Finanzprodukte, die entweder bezüglich bestimmter Produktparameter keine ex ante definierten Ausprägungen aufweisen, oder bei denen die Produktparameter als solche für jede Transaktion aufgrund der Anforderungen der Investoren spezifiziert werden.

Während bei börsengehandelten Produkten bspw. Laufzeiten, Nominalbeträge und Kontraktvolumina standardisiert sind, ermöglicht der OTC-Markt den Händlern, individuelle, maßgeschneiderte Finanzinstrumente (z. B. Swaps, Forwards, Währungsoptionen) in bi- oder multilateralen Geschäften zu handeln, da die relevanten Vertragsbestandteile bei OTC-Geschäften frei vereinbart werden können. Darüber hinaus können auch neue Finanzprodukte aus bestehenden Produkten bzw. deren Bausteinen im Sinne des Financial Engineering [Wein95] konfiguriert werden.

Die fehlende Standardisierung erschwert einen Börsenhandel, da eine hinreichende Produktspezifikation die Grundlage eines funktionierenden und effizienten Sekundärhandels ist, nicht zuletzt, um auch eine rasche und kostengünstige Geschäftsabwicklung erzielen zu können. Gerade in der Standardisierung von Kaufverträgen und einer damit einhergehenden Homogenisierung von Angebot und Nachfrage [Schm88, 9] liegen die zentralen Vorteile eines börslichen Wertpapierhandels.

Aufgrund der hohen Volumina, die im außerbörslichen Handel mit nicht-standardisierten Produkten erzielt werden, versuchen die Börsen, durch innovative Produktkonfigurationen Handelsvolumina von den OTC-Märkten auf börsliche Märkte zu verlagern, indem sie teil-standardisierte Produkte anbieten, wie z. B. die sogenannten FLEX-Options, die von der Chicago Board Options Exchange (CBOE) eingeführt wurden. FLEX-Options stellen Optionen auf Aktien oder Indizes dar, bei denen bestimmte Parameter (z. B. Basispreis oder Fälligkeitsdatum) individuell zwischen Kontrahenten vereinbart werden können. Da diese Kontrakte über das Clearinghaus der CBOE abgewickelt werden, ist das Ausfallrisiko im Vergleich zum traditionellen Handel in OTC-Optionen reduziert [Lee98, 59]. Das Konzept der FLEX-Options wurde auch von der London Securities and Derivatives Exchange und der London International Financial Futures Exchange übernommen [Sche97, 55].

4.1.3.2 Blockhandel

„In the long run, automated trading systems probably offer a richer mixture of the market information and the anonymity necessary for block trading than either the crowd or the telephone" [CoMa86, 66].

4.1.3.2.1 Definition und Effekte

Generell wird unter Blockhandel die Durchführung von Wertpapiertransaktionen großer Volumina verstanden [GeRa92]. Dabei existiert keine einheitliche Meßgröße, die eine Order als Blockorder identifiziert. Die NYSE klassifiziert Transaktionen mit einem Volumen von mehr als 10.000 Aktien als Blockorders. Diese absolute Stückzahl wurde zwar in verschiedenen Arbeiten als Untersuchungsgegenstand herangezogen [KrSt72; BuO'H87], jedoch bezieht sich eine Vielzahl von Untersuchungen auf relative Größen, z. B. das Verhältnis zum durchschnittlichen Tagesumsatz [z. B. BaFi89] oder der Anteil des Blocks an den insgesamt ausstehenden Aktien [z. B. HoLe87]. Übernahmen von Aktiengesellschaften im Rahmen von M&A (Mergers and Acquisitions) stellen eine weitere Erscheinungsform des Blockhandels dar [vgl. Sten95] [62].

Aus Blockorders können adverse Preiseffekte resultieren, die für die Umsetzung des Transaktionswunsches in eine Order und die Bekanntgabe der Order gegenüber dem Markt zu berücksichtigen sind. Auf der Grundlage der frühen Arbeiten von Demsetz [Dems68], Scholes [Scho72] sowie von Kraus und Stoll [KrSt72] haben sich zahlreiche marktmikrostrukturtheoretische Arbeiten zum Thema Blockhandel [MiPa85; HoLe87; BaFi89] auf die Identifikation und Messung des temporären und permanenten Preiseffektes einer Blockorder konzentriert. Im Gegensatz zu temporären Preiseffekten, die transitorische Preisbewegungen beschreiben und durch Marktbewegungen schnell ausgeglichen werden, stellt ein permanenter Preiseffekt einen Übergang zu einem neuen Gleichgewichtspreis dar.

Im Blockhandel kann es aus verschiedenen Gründen zu adversen Preiseffekten kommen[63]:

- Eine Ursache liegt in der asymmetrischen Informationsverteilung zwischen den Marktteilnehmern. Bei Bekanntgabe einer Blockorder wird vermutet,

---

62 Aufgrund der speziellen rechtlichen Regulierung von Übernahmeaktivitäten wird diese Form des Handels hier nicht weiter diskutiert. Für eine vertiefende Diskussion vgl. z. B. Jensen und Ruback [JeRu83] sowie speziell für den deutschen Markt die Arbeit von Kress [Kres96].

63 Die nachfolgenden Argumente wurden bereits von Kraus und Stoll [KrSt72] sowie von Scholes [Scho72] aufgeworfen.

daß dem Blockhändler bei einer Kauforder (Verkaufsorder) private Informationen über die zukünftige positive (negative) Kursentwicklung des Wertpapiers vorliegen [BuO'H87]. Dies veranlaßt die übrigen Marktteilnehmer dazu, gleichgerichtete Orders zu erteilen, die eine entsprechende Preisbewegung bis zu einem neuen Gleichgewicht (permanenter Preiseffekt) implizieren.

- Preisveränderungen können auch aus Liquiditätseffekten resultieren. Der Preis des Papiers kann durch eine Blockorder transitorisch vom Gleichgewichtspreis abweichen, wenn eine Prämie für die Bereitstellung von Liquidität verlangt wird. Dies gilt insbesondere beim Handel mit Intermediären, die Sofortigkeit anbieten und eine Kompensation für ihre Lagerhaltungs- und Suchkosten verlangen [HoLe87].

- Darüber hinaus wird die mangelnde Substituierbarkeit zwischen Wertpapieren als Erklärungsansatz herangezogen [BaFi89]. Daraus resultieren nicht vollkommen elastische Nachfrage- und Angebotskurven, deren Existenz dazu führen kann, daß sich Preisbewegungen alleine durch den Umfang des gehandelten Volumens einstellen.

Adverse Preiseffekte stellen sich insbesondere für solche Marktteilnehmer als Problem dar, die große Transaktionen mit dem Ziel einer Portfolioumschichtung betreiben oder kurzfristig Liquiditätsengpässe oder -überhänge ausgleichen wollen, da die übrigen Marktteilnehmer bei Vorliegen einer Blockorder nicht zwischen informations- und liquiditätsinduziertem Handel unterscheiden können. Liquiditätsmotiviertes Blocktrading kann daher nur für Blockverkäufe erklärt werden, denn es ist ökonomisch nicht sinnvoll, Liquiditätsüberschüsse durch Kauf großer Volmina eines Wertpapiers abzubauen[64]. Solche Orders werden von den Marktteilnehmern als informationsinduziert interpretiert und können zu einem permanenten Preiseffekt führen.

Mit dem Einstellen einer limitierten Order ins offene Orderbuch wird der Händler zum Stillhalter einer Option, denn er verkauft an die restlichen Marktteilnehmer das Recht, Wertpapiere zum Limitpreis zu kaufen (Kaufoption) oder zu verkaufen (Verkaufsoption) [Gros92; GeRa92]. Der Limitpreis der Order stellt den Basispreis der Option dar. Auf die - aus optionspreistheoretischer Sicht - positive Optionsprämie muß der Händler, der die Limit-Order einstellt, verzichten (free trading option). Steigt (fällt) der Kurs des Underlyings wird die Kauf- (Verkaufs-) Option ausgeübt, wenn es dem Händler nicht gelingt, die Order vorher aus dem

[64] Kraus und Stoll [KrSt72] ermitteln in ihrem Datensatz auf Basis der „tick-rule" (ist der Blockpreis < (>) als der Preis vor Blocktransaktion wird dies als verkäufer-initiierte (käufer-initiierte) Transaktion interpretiert) 1199 verkäufer-initiierte Blocktransaktionen bei 366 käufer-initiierten Blocktransaktionen („*blocks are sold, not bought*" [KrSt72, 573]).

Markt zu nehmen. Zwar gilt dieser Effekt für jede Limit-Order, jedoch steigt mit der Größe der Order die Anzahl „verschenkter“ Optionskontrakte linear an und damit stellt der Effekt der free trading option im Blockhandel ein besonderes Problem dar.

4.1.3.2.2 Transparenz im Blockhandel

Um die negativen Effekte der Offenlegung einer Blockorder zu umgehen, versucht ein Blockhändler, die Transaktionsabsicht vor den restlichen Marktteilnehmern zu verbergen. Er wird vermeiden, eine Order ins offene Buch der Börse einzugeben, da die restlichen Marktteilnehmer davon sofort Kenntnis nehmen, d. h. er bevorzugt einen gewissen Grad an Intransparenz[65]. Dies kann dazu führen, daß weniger transparente Märkte verstärkt Orders anziehen und Intransparenz per se einen Wettbewerbsvorteil darstellt, was zu einer Verdrängung hochtransparenter Märkte führen kann.

Den Wettbewerb zwischen Märkten mit unterschiedlichen Transparenzgraden haben Bloomfield und O'Hara [BlO'H98] experimentell untersucht. Sie kommen zum Ergebnis, daß Market-Maker auf weniger transparenten Märkten einen höheren Profit im Vergleich zu hochtransparenten Märkten erzielen können. Trotzdem verschwinden im experimentellen Umfeld die hochtransparenten Märkte nicht gänzlich. Vielmehr koexistieren Märkte mit unterschiedlichen Graden der Transparenz, wobei jede überlebende Marktform die spezifischen Bedürfnisse bestimmter Händler widerspiegelt.

Eine Blockorder impliziert jedoch keinesfalls zwangsläufig einen Wunsch nach Intransparenz. Aus Sicht eines Händlers, der zwar eine Order mit großen Volumina durchführen will, aber über keine zusätzlichen Informationen gegenüber den restlichen Marktteilnehmern verfügt, ist es eine sinnvolle Strategie, nicht nur die Order, sondern auch seine Identität dem Markt zu offenbaren, um damit explizit zu dokumentieren, daß er über keinerlei privaten Informationen bezüglich eines Wertpapiers verfügt (vgl. z. B. das sogenannte sunshine trading im System POSIT; vgl. Abschnitt 4.2.2.4.2).

Die Information, daß institutionelle Investoren große Volumina kaufen oder verkaufen, hat - unabhängig davon, ob die Identität des Blockhändlers bekannt ist oder nicht - als solche einen ökonomischen Wert[66] und ermöglicht es anderen

---

65 „*... the key to reducing price pressure is maintaining anonymity*“ [CoMa86, 70, Endnote 33].

66 „*Knowledge of unfilled trading interest is a most valuable commodity on Wall Street*“ [WaEd93, 66].

Marktteilnehmern eine „free-rider"-Position einzunehmen[67], da sie nicht an den Kosten von Informationsbeschaffung und Research des Investors partizipieren müssen [BuO'H87].

Blockhändler spalten daher ihre Orders in kleinere Teilorders auf[68] und plazieren diese Teilorders entweder parallel in mehreren Märkten oder sequentiell in einem Markt. Dies kann jedoch zu sehr hohen Transaktionskosten führen (vgl. den folgenden Abschnitt 4.1.3.2.3). Blockhändler präferieren daher gesonderte Marktsegmente (etwa den sog. *Upstairs-Markt*[69] [MaCh97] der NYSE), nutzen proprietäre Handelssysteme (vgl. Abschnitt 4.2.2), oder kontaktieren im außerbörslichen Handel ihre Kontraktpartner direkt bzw. schalten Intermediäre (vgl. Abschnitt 4.2.1) ein, die - unter Wahrung der Anonymität des Blockhändlers - die Order im Markt plazieren.

4.1.3.2.3 Transaktionskosten beim Handel großer Volumina

Die Transaktionskosten von Retail-Orders setzen sich aus den expliziten Transaktionskosten und der Hälfte der Geld-/Briefspanne[70] zusammen (implizite Transaktionskosten). Transaktionskosten im Rahmen des Blockhandels müssen jedoch differenzierter betrachtet werden:

---

67 *„It is difficult to get information for trading a block without becoming information"* (Richard Schenkmann, Instinet, zitiert nach [ClWe98, 303]).

68 Chan und Lakonishok [ChLa95] untersuchen das Ordersplitting auf der Basis von 1,2 Mio. Transaktionen von 37 Investmentunternehmen im Zeitraum von 1986-88 und zeigen, daß lediglich 20 % des Marktwertes dieser Transaktionen innerhalb eines Tages und mehr als 53 % über einen Zeitraum von mindestens 4 Tagen durchgeführt wurden.

69 In diesem Marktsegment der NYSE können größere Orders per Telefon unter spezialisierten Blockhandelsabteilungen von Börsenmitgliedern gehandelt werden. Die über den Upstairs-Markt (nicht anonym) verhandelten Transaktionen werden für beide Seiten über einen Floor-Broker auf dem Parkett der NYSE ausgeführt. Dabei werden auch die zum Blockhandelspreis vorliegenden Aufträge des „regulären" Downstairs-Handels ausgeführt [GeRa92]. Empirische Untersuchungen zum Upstairs-Trading finden sich in den Arbeiten von Keim und Madhavan [KeMa96] sowie von Madhavan und Cheng [MaCh97]. Seppi [Sepp90] erklärt über einen modelltheoretischen Ansatz die Koexistenz von Upstairs- und Downstairs-Handel und zeigt, daß der Upstairs-Markt von solchen Händlern präferiert wird, die glaubhaft signalisieren können, daß sie aus Liquiditätsmotiven handeln.

70 Hierbei ist zu beachten, daß - abhängig vom zugrundeliegenden Marktmodell - die effektiven Spannen von den quotierten Spannen z. T. deutlich abweichen können. Während z. B. an der NYSE, der NASDAQ oder im Frankfurter Parketthandel innerhalb der quotierten Spannen gehandelt werden kann und sich eine sinnvolle Messung der impliziten Transaktionskosten an der effektiven Spanne orientieren sollte, ist in Systemen wie z. B. XETRA kein Handel innerhalb der quotierten Spannen möglich. Zur vertiefenden Diskussion vgl. [Roll84; MaCh97] sowie für den deutschen Markt [Thei98b].

Der Einfluß des Trades auf die Marktbewertung des jeweiligen Wertpapiers stellt eine wesentliche Transaktionskostenkomponente dar. Die Ausführung großer Orders impliziert Entscheidungen bezüglich der Größe der jeweiligen Teilorders (Ordersplitting) und des Zeitpunktes bzw. Zeitraumes der Orderplazierung (Timing). Darüber hinaus stellt sich für den Blockhändler die Frage, ob er als Liquiditätsanbieter auftritt, indem er eine bzw. mehrere limitierte Orders plaziert (Problem der free trading option) oder eine sofortige Ausführung präferiert und somit Liquidität nachfragt.

Wagner und Edwards [WaEd93] spalten die gesamten Handelskosten in vier Komponenten auf und beziehen in ihre Definition alle Kosten ein, die vom Entschluß zur Durchführung einer Transaktion bis zu ihrer vollständigen Ausführung - evtl. auch Nicht-Ausführung - entstehen:

- Explizite Transaktionskosten stellen die „sichtbare" Komponente[71] der Transaktionskosten dar und beinhalten die Provisions- bzw. Gebührenzahlungen an die Intermediäre sowie anfallende Steuerzahlungen.
- Market-Impact (synonym: Price-Impact) resultiert aus der Nachfrage nach Liquidität und bezeichnet die Preisanpassung, die entsteht, wenn das Volumen der Order das zum aktuell besten Geld- bzw. Briefkurs quotierte Volumen übersteigt[72]. Market-Impact wird als Differenz zwischen dem zum Zeitpunkt der Orderübergabe an den Broker geltenden Preis[73] und dem resultierenden Transaktionspreis definiert und enthält damit auch die Hälfte der Geld-/Briefspanne.
- Timingkosten resultieren aus den Preisveränderungen während eine Order bzw. Teile einer Order zurückgehalten werden. Sie stellen die Differenz zwischen dem Preis zum Zeitpunkt des Entschlusses zur Durchführung der Transaktion und dem Preis bei der Übergabe der (Teil-)Order(s) an den Broker dar. Da dieser sich auch zum Vorteil des Investors verändern kann, können Timingkosten - im Gegensatz zu den anderen Komponenten - auch positiv sein.

71 In diesem Zusammenhang wird das Bild des „*iceberg of transaction costs*" [WaEd93, 67] benutzt und die expliziten Transaktionskosten als sichtbare Spitze dieses Eisberges dargestellt.

72 Bei Vorliegen eines offenen Orderbuches und sofortiger Ausführung kann der Market-Impact ex ante bestimmt werden, bei geschlossenen Orderbüchern ist er jedoch nur abschätzbar.

73 Dieser Referenzpreis ist keinesfalls eindeutig und wird in verschiedenen empirischen Untersuchungen unterschiedlich festgelegt. So wird der letzte Transaktionspreis, der letzte Schlußkurs oder ein mit dem jeweiligen Handelsvolumen gewichteter Durchschnittspreis verwendet. Keim und Madhavan [KeMa96] zeigen, daß die Wahl des Referenzpreises wesentlichen Einfluß auf den gemessenen Market-Impact hat.

- Opportunitätskosten können sich als direkte Folge dieser Verzögerungen ergeben[74]. Sie beschreiben den Verlust an Portfolioperformance der entsteht, wenn - aufgrund negativer Marktbewegungen - die Kosten zur Implementierung einer geplanten Strategie zu hoch werden und daher auf deren Umsetzung verzichtet wird.

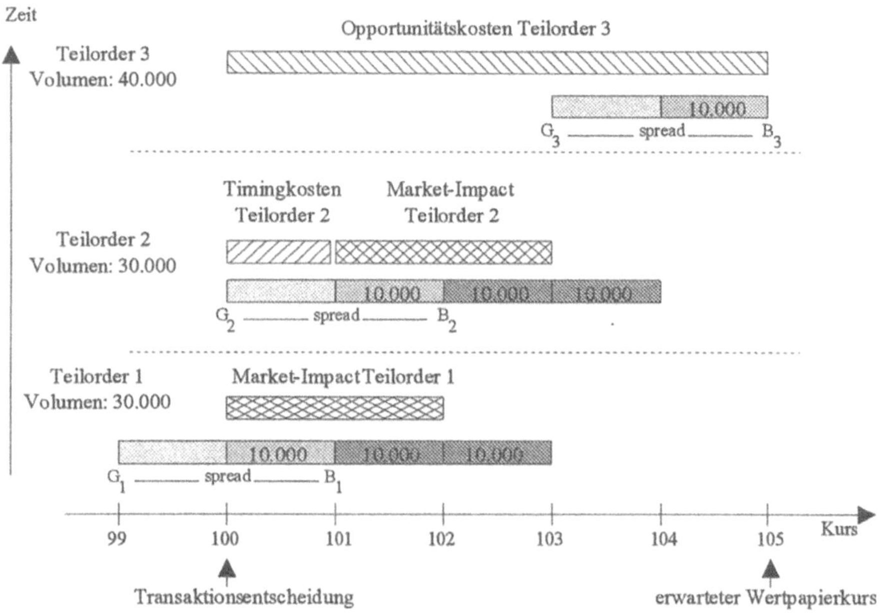

Abbildung 4.3: Komponenten der Handelskosten.

Abbildung 4.3 zeigt anhand eines Blockkaufs von 100.000 Wertpapieren die Zusammensetzung der Handelskosten unter Zuhilfenahme eines Beispiels auf: Die Transaktionsentscheidung wird bei einem Referenzpreis von 100 (Geldkurs: 99; Briefkurs: 101) getroffen, die Transaktion in drei Teilorders (30.000; 30.000; 40.000) aufgesplittet und die erste Teilorder unmittelbar nach der Transaktionsentscheidung im Markt plaziert.

Der Market-Impact der ersten Teilorder (2 Geldeinheiten (GE) pro Wertpapier) ergibt sich als Differenz zwischen dem durchschnittlichen Transaktionspreis[75]

---

[74] Einige Autoren trennen aus diesem Grund nicht explizit zwischen Timing- und Opportunitätskosten.

[75] Zur Vereinfachung wird im Beispiel unterstellt, daß jede Quotierung das gleiche Volumen (hier: 10.000) repräsentiert und damit die Gewichte zur Ermittlung des Durchschnittspreises gleich sind.

(hier: 102) und dem Referenzpreis. Die zweite Teilorder wird annahmegemäß zu einem späteren Zeitpunkt bei einem Referenzpreis von 101 (Geldkurs: 100; Briefkurs: 102) plaziert. Daraus ergeben sich Timingkosten von einer GE pro Wertpapier. Auch bei der zweiten Teilorder resultiert ein Market-Impact von 2 GE pro Wertpapier. Wird die dritte Teilorder aufgrund der neuen Marktsituation nicht mehr plaziert, stellen die entgangenen Erlöse der 40.000 Wertpapiere Opportunitätskosten dar (5 GE pro Wertpapier) und müssen in die Handelskosten einbezogen werden. Zur Ermittlung der gesamten Handelskosten sind schließlich noch die expliziten Transaktionskosten der beiden ausgeführten Teilorders zu addieren.

Obwohl das Konzept der Aufspaltung von Handelskosten leicht nachvollziehbar ist, erweist sich die empirische Messung der einzelnen Kostenkomponenten als problematisch: Zur exakten Messung der gesamten Handelskosten müßten sowohl die genauen Zeitpunkte der Investmententscheidung bzw. die Investmententscheidung selbst als auch Daten über geplante, aber nicht ausgeführte Transaktionswünsche vorliegen. Diese Daten können nicht aus Transaktionsdaten ex post gewonnen werden, sondern müssen direkt in den Handelsabteilungen der institutionellen Investoren erhoben werden[76].

Die in verschiedenen empirischen Untersuchungen [WaEd93; ChLa95; KeMa96; KeMa97; MaCh97; KeMa98; Plex98] gemessenen gesamten Handelskosten differieren - abhängig von der Datengrundlage und dem genauen Meßkonzept - zum Teil erheblich. Es herrscht jedoch Übereinstimmung, daß die gesamten Handelskosten

(i) eine steigende Funktion der Ordergröße darstellen[77],

(ii) mit geringer Marktkapitalisierung und Liquidität des gehandelten Wertpapiers deutlich ansteigen[78],

---

76 Zur Diskussion dieser Problematik vgl. [KeMa98].

77 Zur Illustration soll hier die aktuelle Studie von Keim und Madhavan [KeMa98] angeführt werden: Die Autoren beziffern die gesamten durchschnittlichen Handelskosten von an der NYSE und der AMEX gehandelten Werten bei kleinen Ordergrößen auf 0,31 % (käufer-initiierte Transaktionen) bzw. 0,33 % (verkäufer-initiierte Transaktionen) des Handelsvolumens und bei großen Orders auf 0,90 % bzw. 1.42 %. Bei an der NASDAQ gehandelten Werten liegen die Handelskosten z. T. deutlich höher: 0,76 % bzw. 0,29 % bei kleinen Orders und 1,8 % bzw. 2,63 % bei großen Orders. In ihrer Studie, die auf Handelsdaten von 21 Institutionen von Januar 1991 bis März 1993 basiert, gruppieren die Autoren die Ordergrößen in vier Klassen. Obige Zahlen beziehen sich auf die jeweils kleinste und größte Ordergrößenklasse.

78 In der gleichen Studie klassifizieren Keim und Madhavan [KeMa98] die Werte nach der Marktkapitalisierung in fünf Klassen und ermitteln für NYSE- und AMEX-Werte Handelskosten von 0,31 % (käufer-initiierte Transaktionen) bzw. 0,26 % (verkäufer-initiierte Transaktionen) bei den Werten mit der höchsten Marktkapitalisierung sowie 1,78 % bzw. 2,03 % bei Werten der niedrigsten Marktkapitalisierung. Bei

(iii) signifikante Auswirkungen auf die Gesamtperformance[79] eines Portfolios haben und bei der Implementierung von Handelsstrategien berücksichtigt werden müssen.

Die Preiseffekte und Handelskosten wurden auf etablierten Märkten (z. B. der NYSE oder NASDAQ) intensiv untersucht und im Hinblick auf den Einfluß des jeweiligen Marktmodells verglichen [vgl. z. B. HuSt96; LaMu97; ChLa97; KeMa97][80]. Es finden sich jedoch in der Literatur keine Arbeiten, die Handelskosten auf proprietären Handelsplattformen messen. Dies überrascht umso mehr, da solche Handelsplattformen, wie z. B. INSTINET oder POSIT (vgl. Abschnitt 4.2.2.4.1 bzw. 4.2.2.4.2), sich gerade die Reduktion der Handelskosten für institutionelle Investoren zum Ziel gesetzt haben.

4.1.3.3 Illiquide Produkte

Illiquide Wertpapiere sind durch große Geld-/Briefspannen und eine geringe Markttiefe gekennzeichnet. Sie können nur mit einem großen Preisab- bzw. -aufschlag gehandelt werden und führen damit zu hohen Handelskosten. Um die Attraktivität eines börslichen Handels in diesen Wertpapieren zu gewährleisten, werden als Lösungsansätze die Preisfeststellung über eine Gesamtkursermittlung [Thei98a] sowie ein Betreuerkonzept (Designated Sponsors) vorgeschlagen. Über eine Gesamtkursermittlung werden alle Kauf- und Verkaufsaufträge zu einem Zeitpunkt ausgeführt und damit eine höhere Preisqualität erzielt. Betreuer sind verpflichtet, auf Anfrage An- und Verkaufskurse zu quotieren und dabei definierte Spannen nicht zu überschreiten.

Neben den börsennotierten Aktien kleiner und mittlerer Unternehmen (small- und midcaps) werden unter dem Begriff „illiquide Produkte" auch solche Wertpapiere subsumiert, die zwar über die für einen Börsenhandel notwendigen Standardisierungsmerkmale verfügen, jedoch nicht für den Handel zugelassen sind. Im Jahr 1997 waren in Deutschland von insgesamt 4.548 Aktiengesellschaften und Kommanditgesellschaften auf Aktien lediglich 817 Gesellschaften börsennotiert [DAI98]. Alle anderen Aktien können daher ausschließlich außerbörslich gehandelt werden. Weiterhin können hier Pfandbriefe und Kommunalobligationen mit

---

NASDAQ-Werten liegen die Handelskosten bei 0,24 % bzw. 0,16 % für die höchste Marktkapitalisierung und bei 2,85 % bzw. 2,91 % bei der geringsten Marktkapitalisierung.

79 Dies wird deutlich wenn man berücksichtigt, daß die durchschnittliche Aktienrendite in den USA bei ca. 12,2% nominal (8,9% real) liegt [BrMy96, 146] und die oben angegeben Handelskosten sowohl beim Kauf als beim Verkauf zu zahlen sind.

80 Für den deutschen Aktien- oder Rentenmarkt wurden Untersuchungen dieser Art bisher nicht durchgeführt.

geringen Emissionsvolumina und einer geringen Standardisierung der Ausstattungsmerkmale angeführt werden. Für eine vertiefende Diskussion der Illiquidität deutscher Rentenpapiere sei hier auf Kapitel 7 verwiesen.

In diesen Bereichen liegt die Aufgabe des Brokers primär in der Aktivierung von Kauf- bzw. Verkaufsbereitschaft. Er kann den Kunden bei der Suche nach potentiellen Kontrahenten unterstützen, da er über Kenntnisse bezüglich vergangener Orderströme sowie bezüglich der Präferenzen und Investmentstrategien seiner Kunden verfügt.

4.1.3.4 Weitere Gründe für einen außerbörslichen Handel

Als weitere Gründe für den außerbörslichen Wertpapierhandel können angeführt werden:

- Explizite Transaktionskosten

  Liegen in außerbörslichen Märkten - unter sonst gleichen Bedingungen - relative Kostenvorteile bei Auftragsannahme, Orderrouting, Geschäftsabschluß und/oder Abwicklung vor, begründet dies einen Anreiz zum Handel in außerbörslichen Märkten [vgl. HiSt96, 527].

- Abwicklungseffizienz

  Existieren auf den jeweiligen börslichen Märkten überteuerte und unzuverlässige Abwicklungssysteme kann dies zu einem Ausweichen auf außerbörsliche Systeme führen. Dabei spielt die Länge der Abwicklungsperioden aufgrund des damit verbundenen Kontrahentenrisikos eine zentrale Rolle [HiSt96, 531].

Nach der Darstellung der Charakteristika und der Gründe für einen außerbörslichen Handel soll nun auf die Rolle von Brokern und PTS eingegangen werden.

4.2 Intermediation im außerbörslichen Wertpapierhandel

Die Begriffe Intermediation und Finanzintermediation werden in der Literatur intensiv diskutiert, jedoch keinesfalls einheitlich verwendet. Ziel der folgenden Ausführungen ist es, die für die Diskussion von Brokern bzw. PTS wesentlichen Aspekte der Theorie der Finanzintermediation vorzustellen und zu erörtern.

Aus einer allgemeinen Sicht stellen Intermediäre Organisationseinheiten bzw. Personen dar, die als Dritte in ein Tauschgeschäft mindestens zweier Wirtschaftssubjekte eingeschaltet sind [Breu93, 8] bzw. in einem Markt Angebot und Nachfrage aneinander anpassen [PiRe96, 320].

Um diese Begrifflichkeit für den Tausch von Finanzierungstiteln[81] zu konkretisieren, bietet sich in Anlehnung an Bitz [Bitz89] eine Unterscheidung in Finanzintermediäre im engeren Sinne und Finanzintermediäre im weiteren Sinne an. Im Unterschied zu Finanzintermediären im engeren Sinne, die die direkte vertragliche Beziehung von Geldgeber und -nehmer ersetzen, indem sie jeweils ein eigenständiges Vertragsverhältnis mit beiden Parteien begründen, vermitteln Finanzintermediäre im weiteren Sinn Vertragsabschlußmöglichkeiten zwischen Geldgebern und -nehmern ohne selbst Partner eines solchen Vertrages zu werden.

Schmidt [Schm79] und Bessler [Bess89; Bess99] betrachten Intermediationsleistungen im Kontext direkter und indirekter Finanzierung: Bei der direkten Finanzierung (z. B. Wertpapieremissionen und -handel) erfolgt ein unmittelbarer Transfer von Zahlungsströmen zwischen den Vertragsparteien. Durch die Transformationsleistung von Finanzintermediären im Rahmen der indirekten Finanzierung (z. B. Bankkredit) wird den Wirtschaftssubjekten die Möglichkeit geboten, *„qualitativ andersartige Titel“* [Bess89, 30] nachzufragen, die sich durch eine geänderte und den speziellen Präferenzen angepaßte Risiko[82]-, Fristen- und Losgrößenstruktur auszeichnen [Thak95]. Aufgrund dieser grundsätzlich unterschiedlichen Qualität der angebotenen Leistungen wird die Zwischenschaltung Dritter im Rahmen der indirekten Finanzierung als Intermediation und im Rahmen der direkten Finanzierung als Intermediations-Substitution [Schm79, 716] bezeichnet.

Breuer [Breu93] identifiziert vier Grundtypen der Intermediation, den Finanz-Gutachter, den Finanz-Auktionator, den Finanz-Market-Maker und den Finanz-Produzenten. Finanz-Gutachter beschränken ihre Leistungen auf die Produkt-/Kontrahentensuche und Begutachtung, d. h. auf eine reine Informationsproduk-

---

81 Nach Breuer soll unter einem Finanzierungstitel ein Rechtstitel verstanden werden *„... der vor allem eine Anwartschaft auf eine zukünftige, unsichere Zahlung verbrieft“* [Breu93, 14].

82 Zur Risikentransformation vgl. insbesondere die Arbeit [Arno76].

tion. Während ein Finanz-Auktionator lediglich bei der Ermittlung von Preisen und der Vermittlung von Abschlußmöglichkeiten mitwirkt, treten Finanz-Market-Maker selbst als Kontrahenten ein. Dabei führen sie jedoch keine Transformation der Zahlungsströme bzw. Finanztitel durch. Dies ist in der Systematisierung nach Breuer die Aufgabe der Finanzproduzenten.

Vergleicht man die vorgestellten Definitionen, wird deutlich, daß - trotz der unterschiedlichen Begriffsbildung - Einigkeit bezüglich der verschiedenen Grade der Intermediation herrscht. Eine eindeutige Trennlinie ist dort zu ziehen, wo ein Übergang vom Transfer zur Transformation von Finanztiteln erfolgt. Abbildung 4.4 stellt den Zusammenhang zwischen den Intermediationstypen dar und führt die mit dem jeweiligen Typ verbundenen Intermediationsleistungen[83] sowie Institutionen als Ausprägungen der Intermediationstypen[84] auf.

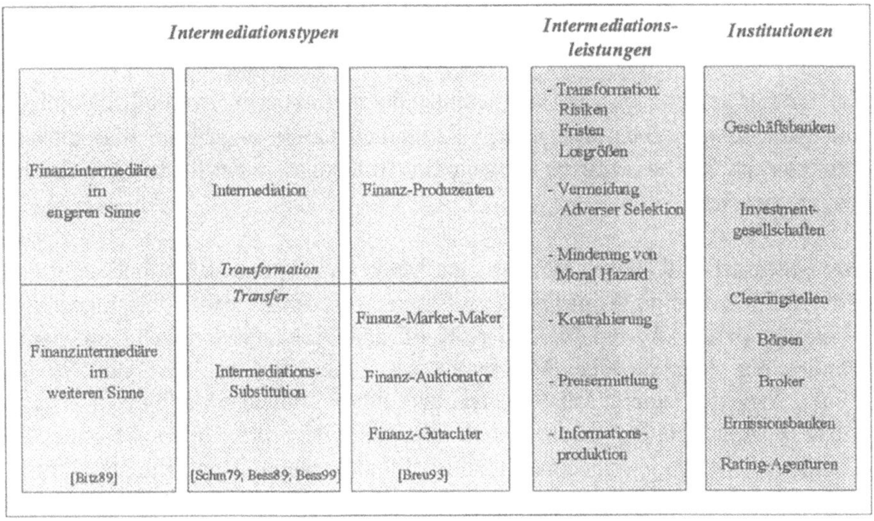

Abbildung 4.4: Intermediationstypen.

---

83 Neben den Intermediationsleistungen, die im Kontext der traditionellen Intermediationstheorie diskutiert werden, sind in Abbildung 4.4 auch Intermediationsleistungen aufgeführt, die auf der Sichtweise der Informationsökonomie [Haye45] basieren. Dabei sind insbesondere die Aufgaben von Intermediären zur Vermeidung der Qualitätsunsicherheit vor Vertragsabschluß (Adverse-Selection) [Aker70] und bei der Gestaltung anreizkompatibler Vertragsstrukturen zur Reduktion des Verhaltensrisikos (Moral-Hazard) [StWe81] zu nennen.

84 Bei der Zuordnung von Intermediationsleistungen zu Institutionen ist zu berücksichtigen, daß bestimmte Institutionen - insbesondere Geschäftsbanken - sowohl Transfer- als auch Transformationsleistungen erbringen.

Auf dieser Grundlage wird im folgenden Abschnitt die Rolle des Broker im OTC-Markt erläutert und dessen Einordnung in obiges Schema begründet.

4.2.1 Der Broker - traditionelle Intermediation im OTC-Markt

Die US-Wertpapier- und Börsenaufsichtsbehörde (Securities and Exchange Commission (SEC)) definiert Broker als „*... any person engaged in the business of effecting transactions in securities for the account of others*" [SEC34, Section 3(a)(5)][85]. Stigum erweitert diese Definition und sieht die wesentliche Funktion des Brokers darin, ein Netzwerk zwischen den Marktteilnehmern zu knüpfen: „*Brokers bring buyers and sellers together for a commission. By definition, brokers never position securities. Their function is to provide a communications network that links market participants who are often numerous and geographically dispersed*" [Stig83, 30]. Dieses Verständnis des Begriffs „Broker" liegt den folgenden Ausführungen zugrunde.

Broker sind privatrechtliche Unternehmen, deren Markterfolg wesentlich durch die Fähigkeit zum Aufbau einer hohen Reputation durch langjährige Marktpräsenz bestimmt ist. Die wesentliche Aufgabe des Brokers ist in der Suche nach Kontrahenten zu sehen.

Im Gegensatz dazu dienen Händler dem Markt aus ökonomischer Sicht als Liquiditätsanbieter und als Arbitrageure, indem sie - aus ihrer Sicht - falsch bewertete Wertpapiere handeln und durch diese Kauf- und Verkaufsaktivitäten dem Markt - ähnlich der Funktion eines Market-Makers - Liquidität zur Verfügung stellen. Broker dagegen agieren als Agenten und führen Handelsaktivitäten alleine im Auftrag ihrer Kunden durch. Durch die Sammlung der Orders verschiedener Kunden stellen sie jeweils einen (lokalen) Liquiditätspool bereit. Ein wesentliches Kriterium für die Beurteilung der Qualität eines Brokers ist seine Fähigkeit, eine möglichst hohe Liquidität in seinem Teilmarkt zu generieren.

Über die reine Partnersuche hinaus stellen Broker *Added-Values* - wie beispielsweise die Orderpflege, die Durchführung von Plausibilitätsprüfungen, die Sicherstellung der Anonymität und/oder Research - zur Verfügung. Insbesondere haben sie die Aufgabe, durch gezielte Anfragen Kauf- bzw. Verkaufsinteressen auf der jeweiligen Marktgegenseite zu mobilisieren. Durch eine Verbreitung der Informationen über Telefon oder Bildschirm stellen sie eine gewisse Markttransparenz im OTC-Markt zur Verfügung. Dabei ist es unerheblich, ob Broker in börsennotierten

---

85 Im Gegensatz dazu wird ein Dealer als "*... any person engaged in the business of buying or selling securities for his own account, through a broker or otherwise*" [SEC34, Section 3(a)(5)] bezeichnet.

oder nicht-börsennotierten Werten aktiv sind [WeGo99a]. Darüber hinaus bestehen die Aufgaben des Brokers darin, komplexe Strategien wie z. B. Baskettrading[86] oder größere Orders, die ungewünschte Kursveränderungen verursachen können, so auszuführen, daß die Kunden möglichst geringen negativen Preiseffekten ausgesetzt werden [MaCh97; GeRa92].

Das Einschalten von Brokern verlängert die Intermediationskette zwischen Käufer und Verkäufer des Wertpapiers (vgl. Abbildung 4.5) - und erhöht somit die expliziten Transaktionskosten z. B. durch die anfallende Brokercourtage. Trotzdem werden Dienstleistungen der Broker seitens der Händler in Anspruch genommen, da die Suche nach Verhandlungspartnern, insbesondere bei komplexen Strategien, äußerst zeitintensiv ist.

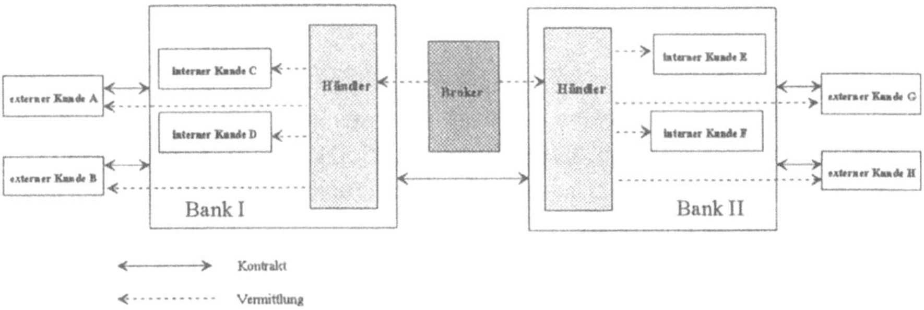

Abbildung 4.5: Intermediationskette im OTC-Markt [WeGo99a].

Aus Sicht der Intermediationstheorie handelt es sich bei Brokern um Finanzintermediäre im weiteren Sinne [Bitz89]. Da Broker keine Transformation von Finanztiteln im Rahmen der indirekten Finanzierung durchführen, sondern - über die Vermittlung von Kontrahenten - einen Transfer im Rahmen der direkten Finanzierung unterstützen, sind ihre Kernleistungen der Intermediations-Substitution zuzuordnen [Schm79; Bess89]. Legt man die Systematisierung von Breuer [Breu93] zur Einordnung von Brokern zugrunde, wird deutlich, daß Broker sowohl als Finanz-Gutachter (Produktion und Bereitstellung von Informationen bezüglich möglicher Vertragsabschlüsse) als auch als Finanz-Auktionator (Unterstützung der Preisfindung) tätig werden.

Obwohl Broker oftmals selbst Mitglied einer Börse sind, treten sie als direkte Konkurrenten um den Order-Flow auf. Dies gilt insbesondere dann, wenn sie in den gleichen Wertpapieren und/oder mit einem ähnlichen Transaktionsservice bzw. „Marktmodell“ arbeiten. Broker „internalisieren“ Order-Flow, indem sie

[86] Baskettrading bezeichnet den simultanen Handel einer Vielzahl verschiedener Wertpapiere [FaMo92].

Kundenorders gegeneinander ausführen ohne die Order über börsliche Märkte zu leiten [Lee98]. Dazu bieten sie ihren Kunden verstärkt auch die Nutzung Elektronischer Handelssysteme an. Die Darstellung dieser Systeme ist Inhalt des folgenden Abschnittes.

4.2.2 Proprietary Trading Systems - Disintermediation durch Informationstechnologie

Die erhöhte Leistungsfähigkeit der Informationstechnologie und eine deutliche Kostenreduktion, insbesondere hinsichtlich der erforderlichen Hardware und Netzinfrastruktur, haben es nicht-börslichen Institutionen ermöglicht, eigene Handelssysteme zu konzipieren und ihren Kunden kostengünstig bereitzustellen. Solche Systeme werden als Proprietary Trading Systems (PTS) bezeichnet.

Nach einer Klärung und Abgrenzung des Begriffs PTS im folgenden Abschnitt 4.2.2.1 wird aufgezeigt, welche Ziele aus Anbieter- und Nachfragersicht mit dem Angebot bzw. der Nutzung dieser Systeme verfolgt werden, welche Gründe zu ihrer Entstehung beigetragen haben und welche Probleme aus ihrer Existenz resultieren (vgl. Abschnitt 4.2.2.2).

Im Anschluß daran werden die aktuellen Regulierungsbestrebungen der staatlichen Aufsichtsbehörden für die USA und Deutschland erläutert (Abschnitt 4.2.2.3). In Abschnitt 4.2.2.4 werden schließlich anhand eines Klassifikationsschemas konkrete Systeme beispielhaft skizziert. Eine kurze Diskussion von Entwicklungsperspektiven in diesem Bereich (Abschnitt 4.2.3) schließt die Analyse von PTS ab.

4.2.2.1 Begriffsabgrenzung

Provider von PTS treten als Anbieter auf dem Markt für Elektronische Handelssysteme, d. h. auf dem „*market for markets*“ [Schw96, 67] auf. Betreiber von PTS sind neben Brokern (z. B. Instinet oder Cantor Fitzgerald), Nachrichtenagenturen (z. B. Bloomberg) und Banken (z. B. Citibank), auch Unternehmen, deren Unternehmenszweck primär in der Entwicklung und Bereitstellung von PTS besteht (z. B. Investment Technology Group, Inc. (ITG) oder OptiMark Technologies, Inc.).

Nutzer dieser Systeme sind heute im wesentlichen institutionelle Investoren. Ist jedoch über das Internet eine ausreichende Transaktionssicherheit gewährleistet, wird eine Ausweitung des Angebots von PTS auf private Investoren der nächste Schritt sein [RuRö97; Börs99].

PTS stellen eine neue Dimension im Wertpapierhandel dar, ihre Zuordnung zu bzw. Regulierung als Börseninstitutionen oder Broker bzw. Broker-Dealer erweist sich als problematisch: „*The statutory distinction between exchanges and brokers has operated for over sixty years in the USA, ... the distinction is no longer viable in the face of the development of automated trading systems*“ [Lee98, 279] [87].

Bei PTS[88] handelt es sich um

Definition 5 (Proprietary Trading Systems, synonym: „alternative trading systems“):

> *Privat organisierte, nicht-regulierte[89] Elektronische Handelssysteme[90], die sich bezüglich der gehandelten Produkte, der Marktteilnehmer, des Marktmodells und/oder der zugrundeliegenden Technologie von börslichen Institutionen abgrenzen und spezielle Serviceleistungen für ihre Teilnehmer erbringen.*

Obwohl das Orderaufkommen in diesen Systemen im Vergleich zu traditionellen Börsenplattformen noch relativ gering ist, nimmt die Bedeutung von PTS deutlich zu:

Nach Schätzungen der SEC im Jahr 1997 beträgt der Anteil der in PTS eingestellten Orders bezüglich an der NASDAQ gehandelten Aktien 20% (4% der Orders bei an der NYSE gelisteten Aktien) gegenüber 13% (1,4%) im Jahr 1994.

---

87 Auch von Rosen betont diese Problematik: „... *Systeme, die einerseits zwar keine Wertpapierbörse sind, aber andererseits sich auch nicht in die Kategorie Broker-Dealer einordnen lassen*“ [voRo94, 1213].

88 Lee bezeichnet PTS mit dem Akronym „MONSTER“ (a **M**arket-**O**riented **N**ew **S**ystem for **T**errifying **E**xchanges and **R**egulators) [Lee98, 1]. Hielscher und Stenzel ordnen PTS unter dem Begriff Parallelmärkte ein, wenn „... *solche Einrichtungen Transaktionen in Aktien* [Hielscher und Stenzel betrachten in ihrer Untersuchung ausschließlich Aktien; Anmerkung des Verfassers] *ermöglichen, die bereits an einer staatlich genehmigten Börse notiert sind und zusätzlich eine gewisse Organisationsstruktur (z. B. Regelwerke, Informationseinrichtungen und/oder Marktaufsicht) aufweisen*“ [HiSt96, 525].

89 Für die SEC steht die Nicht-Regulierung als Börse im Vordergrund ihrer Definition: „*The term 'alternative trading systems' refers generally to automated systems that centralize, display, match, cross, or otherwise execute trading interest, but that are not currently registered with the Commission as national securities exchanges or operated by a registered securities association*“ [SEC97, 8, Fußnote 1].

90 Im folgenden werden nur solche Systeme Berücksichtigung finden, die auch ein automatisiertes Order-Matching bereitstellen. Elektronische Bulletin-Boards, die nur dem Sammeln und Anzeigen von Informationen und Handelsinteressen dienen und bei denen keine Zusammenführung der Orders erfolgt, werden hier nicht unter dem Begriff PTS subsumiert.

In den USA haben insgesamt 140 Broker-Dealer die Nutzung von proprietären Handelssystemen angezeigt, wobei diese Systeme reine Inhouse-Systeme und Systeme mit Kunden-Front-Ends darstellen [SEC97, Fußnote 14].

4.2.2.2 Motive für die Einführung und das Betreiben von Proprietary Trading Systems

Die Interessen verschiedener Marktteilnehmer bzw. Marktteilnehmergruppen divergieren oftmals ganz erheblich. Die Existenz von PTS zeigt, daß es den Börsen unmöglich ist, sich den Anforderungen aller Investorengruppen anzupassen[91].

Die Möglichkeit über PTS maßgeschneiderte und bedarfsgerechte Transaktionsdienstleistungen für spezielle Investorengruppen anbieten zu können und hieraus Gewinne zu erzielen, ist sicherlich der zentrale Grund für die Entstehung und rasche Verbreitung dieser Systeme. Trotzdem sind die Ziele, die aus Anbieter- und Nachfragersicht mit PTS verfolgt werden, mindestens so vielschichtig wie die Systeme selbst.

Abbildung 4.6 stellt die Motive des Angebots und der Nutzung von PTS aus Sicht der Anbieter und Nachfrager zusammenfassend dar und dient als Grundlage der weiteren Erläuterungen:

[91] Schenk [Sche97, 98] stellt fest, daß sich PTS fast ausschließlich im Bereich des Aktien- und des Rentenhandels finden und leitet daraus ab, daß die Defizite der traditionellen Börsen in diesen Marktsegmenten - im Gegensatz zu den Terminmärkten - besonders ausgeprägt sind.

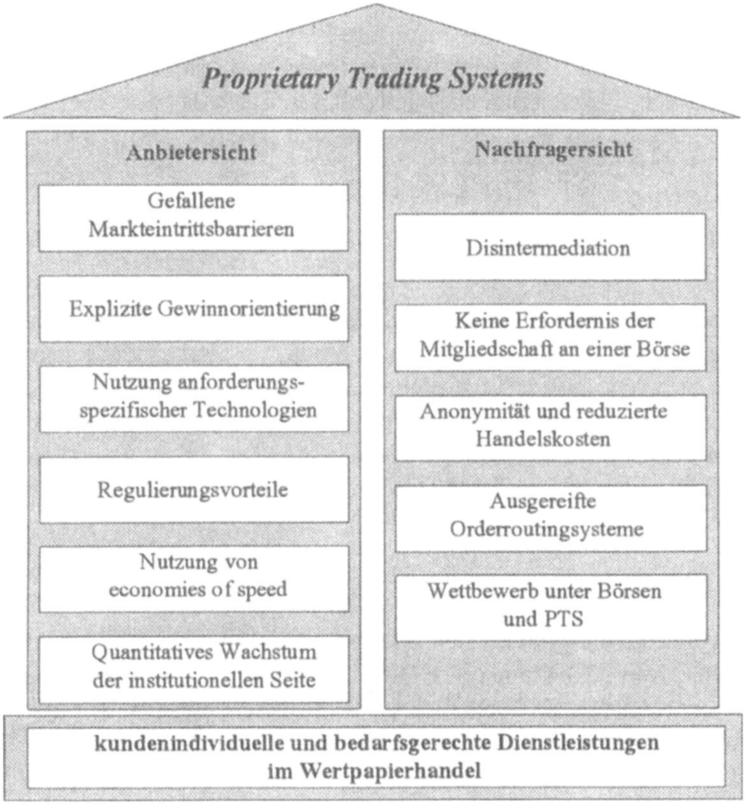

Abbildung 4.6: Motive für PTS.

Argumente aus Sicht der Anbieter von PTS

- Drastisch gefallene Markteintrittsbarrieren im Wertpapierhandel

  Die moderne Informationstechnologie hat die Kosten der Bereitstellung eines Elektronischen Handelssystems deutlich reduziert. Während die Markteintrittskosten vor der Etablierung Elektronischer Handelssysteme prohibitiv hoch waren, wird nun die Bereitstellung eines Marktes auf einem Computernetzwerk und die Substitution börslicher Kernprozesse zu relativ geringen Kosten ermöglicht. Analog dazu reduzieren sich auch die Marktaustrittsbarrieren deutlich. Beides erhöht den Anreiz, in diesen Markt als Anbieter einzudringen.

- Explizite Gewinnorientierung

  Bei Börseninstitutionen sind die Anteilseigner oftmals identisch mit den Marktteilnehmern[92]. Dagegen handelt es sich bei den Eigentümern und den Kunden von PTS meist um disjunkte Gruppen. Damit können sich PTS als „for profit"-Organisationen[93] ausweisen und eine explizit gewinnorientierte Geschäftspolitik betreiben.

- Nutzung anforderungsspezifischer Technologien zur Realisierung neuer Marktstrukturen

  Die Nutzung von Spezialisierungsvorteilen ist ein wesentlicher Grund für die Existenz von PTS. Die von ihnen angebotenen Marktmodelle müssen sich nicht an einem großen Teilnehmerkreis orientieren und damit den kleinsten gemeinsamen Nenner der Anforderungen darstellen, sondern können sich mit ihrem Marktmodell den Anforderungen bestimmter Teilnehmergruppen gezielt anpassen und dazu jeweils auf die speziellen Anforderungen zugeschnittene, moderne Technologien nutzen.

- Regulierungsvorteile

  Aus Anlegerschutzgründen sind Börseninstitutionen traditionell hochreguliert. Betreiber von PTS können ihre Dienstleistungen, z. B. in Deutschland, ohne eine Genehmigung als Börse nach § 1 Börsengesetz anbieten. Ihre Regulierung erfolgt analog der Regulierung sonstiger Börsenmitglieder. Instinet z. B., der Anbieter des umsatzstärksten PTS in Deutschland, ist an der Frankfurter Wertpapierbörse als Freimakler zugelassen. Dies impliziert, daß keine Aufwendungen für die Zulassung der Wertpapiere zum Handel[94], die Etablierung einer Börsenordnung oder die Handelsüberwachung zu tätigen sind; ein klarer Wettbewerbsvorteil gegenüber den registrierten Börsen.

---

92 Zur Diskussion der Governancestrukturen von Börsen vgl. die Arbeit von Lee [Lee98].

93 Lee ordnet alternative Governancestrukturen von Börsen in drei Klassen ein: a) „non-profit-organizations", die kostendeckend arbeiten und von ihren Mitgliedern, d. h. den Marktteilnehmern, kontrolliert werden, b) „consumer-cooperative-organizations", die ebenso von ihren Mitgliedern kontrolliert werden, jedoch Gewinne an diese ausschütten und c) „for-profit-organizations", die das Ziel der Gewinnmaximierung verfolgen und Stimm- und Kontrollrechte sowohl Marktteilnehmern als auch Nicht-Marktteilnehmern gewähren [Lee98, 12 ff.].

94 Aus ökonomischer Sicht stellt die Zulassung eines Wertpapiers zu einem Börsenmarkt ein öffentliches Gut dar. PTS nehmen eine „free-rider"-Position ein und profitieren von den Aufwendungen ihrer direkten Konkurrenten, den Börsen, die mit der Zulassung von Wertpapieren eine wichtige Grundlage für einen Sekundärhandel schaffen [voRo94, 1216].

- Nutzung von Economies of speed

  Anbieter von PTS sind im Vergleich zu traditionellen Börseninstitutionen bezüglich veränderter Marktsituationen flexibler und können schneller auf neue Marktanforderungen reagieren. Ihre Systeme unterliegen zum einen geringeren regulatorischen Vorgaben, zum anderen ermöglicht der kleine und professionelle Teilnehmerkreis die schnelle Implementierung neuer Produkte, Handelsverfahren und Technologien.

- Quantitatives Wachstum der institutionellen Seite

  Die Bedeutung der Handelsaktivitäten institutioneller Investoren, wie z. B. Versicherungen, Investment- oder Pensionsfonds, hat in den wichtigsten Märkten deutlich zugenommen.

  Folgende Tabelle 4.2 verdeutlicht dies, indem die Kapitalanlagen verschiedener Gruppen von institutionellen Investoren aus den USA, Deutschland, Großbritannien, Frankreich und Japan von 1990 und 1995 gegenüberstellt werden.

	Versicherungen 1995 (1990)	Investmentfonds 1995 (1990)	Pensionsfonds 1995 (1990)
USA	2.828,6 (1.900,9)	2.726,8 (1.154,6)	4.155,7 (2.531,0)
Deutschland	678,8 (400,3)	369,1 (147,2)	65,3 (51,5)
Großbritannien	791,5 (454,4)	238,7 (125,8)	758,5 (536,6)
Frankreich	581,9 (238,9)	576,9 (393,1)	k. A. (k. A.)
Japan	1.957,5 (1.074,3)	500,0 (390,0)	k. A. (k. A.)

in Mrd. US-$

Tabelle 4.2: Kapitalanlagen institutioneller Investoren[95] [basierend auf: DAI98, Tabellen 08.8].

Auch die erhöhte Anzahl der Blocktransaktionen an der NYSE verdeutlicht die steigende Relevanz institutioneller Handelsaktivitäten: Von 1980 bis 1997 ist die Anzahl der Blocktransaktionen von jährlich 133.597 auf 2.831.321, die Anzahl der

[95] Börsenumsatzzahlen der verschiedenen Gruppen institutioneller Investoren liegen dem Verfasser nicht vor. Die in Tabelle 4.2 aufgeführten, deutlich ansteigenden Bestände lassen jedoch auch auf deutlich erhöhte Handelsaktivitäten dieser Gruppen schließen.

hierbei gehandelten Aktien von 3,3 auf 67,8 Milliarden und der Blockanteil am gesamten Aktienumsatz der NYSE von 29,2% auf 57% gestiegen [NYSE98, 95].

Argumente aus Sicht der Nachfrager von PTS

- Disintermediation

  Disintermediation, d. h. die direkte Interaktion zwischen Investoren ohne Einschaltung von Intermediären, ist aus Nachfragersicht ein sehr wesentliches Argument für die Nutzung von PTS[96]. Dies resultiert nicht alleine aus den geringeren Transaktionskosten, sondern ist vielmehr in einem Principal-Agent-Problem[97] zwischen Investor und Intermediär begründet. Dies tritt insbesondere dann auf, wenn es sich um einen Intermediär handelt, der gleichzeitig als Broker und Dealer am Markt aktiv ist[98] (sogenanntes dual capacity trading [Roel90]). Aus intermediationstheoretischer Sicht [Breu93] ist der Broker-Dealer gleichzeitig Finanz-Gutachter, Finanz-Auktionator und, da er nun zusätzlich als Kontrahent eintritt, gleichzeitig auch Finanz-Market-Maker.

  Bei dem hier vorliegenden Interessenkonflikt handelt es sich um ein typisches Moral-Hazard-Problem vom Typ Hidden-Action[99]: Nach Übergabe der Order (Vertragsabschluß) vom Investor (Principal) an den Broker-Dealer (Agent) kann der Broker-Dealer die Information über diese Order nutzen (diskretionärer Handlungsspielraum), um Front-Running zu betreiben. Front-Running (Mitlaufen) liegt vor, wenn der Intermediär die Information über Kundenaufträge, die zu einer relevanten Preiswirkung führen (Blockorders), nutzt, um vor der Ausführung der Kundenorder eigene, vorteilhafte Geschäfte zu täti-

96 Pagano und Steil bezeichnen PTS auch als „*non-intermediated systems*" [PaSt96, 43].

97 Die Principal-Agent-Theorie (synonym: Agency-Theorie) befaßt sich mit der Analyse und Gestaltung vertraglicher Regelungen bei asymmetrischer Informationsverteilung. Dabei werden Delegationsbeziehungen zwischen eigennützig handelnden Individuen - z. B. zwischen dem Unternehmensmanager als Agent und dem Eigentümer als Principal - betrachtet und Anreiz- und Kontrollsysteme entwickelt, die das Verhalten des Agenten im Sinne des (schlechter informierten) Principals steuern. Zur Principal-Agent-Theorie vgl. u. v. a. die grundlegenden Arbeiten von Jensen und Meckling [JeMe76] sowie Stiglitz und Weiss [StWe81].

98 Bob Kirby, Portfolio Manager der Capital Guardin Trust Company, beschreibt das Problem folgendermaßen: „*The fundamental problem in markets today is that the people responsible for executing your order frequently take advantage of it to implement trading programs for their own account*" [zitiert nach Orfo96]. Noch deutlicher veranschaulicht dies ein leitender Mitarbeiter eines Pensionsfonds: „*Trading as principal is a profit for broker-dealers; the dual role gives them a license to steal*" [zitiert nach Winn93, 56].

99 Zur Klassifikation der unterschiedlichen Typen asymmetrischer Informationsverteilung vgl. z. B. [Brei95].

gen[100]. Diese Aktivität des Broker-Dealers kann der Investor nicht beobachten. Er erfährt zwar den resultierenden Transaktionspreis, kann aber nicht beurteilen, inwieweit dieses Ergebnis auf das Verhalten des Agenten zurückzuführen ist.

Über die Nutzung von PTS und die hiermit verbundene funktionale Disintermediation [RuRö97] kann der Interessenkonflikt zwischen Investor und Broker-Dealer aufgelöst werden.

- Keine Erfordernis der Mitgliedschaft an einer Börse

  Während es vor der Existenz von PTS nur möglich war, über die Einschaltung von Intermediären am Wertpapierhandel teilzunehmen, ermöglichen PTS den Zugang zu einem direkten Handel, ohne zugelassenes Mitglied einer Börse zu sein. Damit können die mit einer Börsenmitgliedschaft verbundenen Kosten eingespart werden.

- Anonymität und reduzierte Handelskosten

  Nutzer von PTS sind typischerweise institutionelle Investoren, die Handel in großen Volumina durchführen. Anonymität ist dabei kein Selbstzweck, sondern schützt die Eigentumsrechte (property rigths[101]) der Händler am Gut Information, bietet die Möglichkeit der profitablen Nutzung dieses Gutes und stellt einen Anreiz zur weiteren Investition in dieses Gut dar. PTS schützen die Anonymität der Händler und damit ihr Eigentumsrecht an Informationen über einen vollständig anonymen Handel und - z. B. im System INSTINET (vgl. Abschnitt 4.2.2.4.1) - über die Möglichkeit zur direkten Ansprache von und Verhandlungen mit Marktteilnehmern, ohne daß der Gesamtmarkt hiervon Kenntnis nehmen kann.

  Darüber hinaus werden durch die Nichtoffenbarung der Transaktionsabsichten adverse Informations- und Preiseffekte (vgl. Abschnitt 4.1.3.2) vermieden. Ein anonymer Handel über PTS kann so die Handelskosten institutioneller Investoren reduzieren[102].

---

[100] Die Gefahr des Front-Running besteht nicht nur bei Blockorders, sondern auch dann, wenn ein Broker Informationen über viele kleine Kundenaufträge in einem Wertpapier hat; vgl. dazu [Thei98a, 70].

[101] Die Property-Rights-Theorie findet ihre Wurzeln bereits in der frühen Arbeit von Coase [Coas60]. Sie betrachtet Verfügungs-, Eigentums- und Handlungsrechte die an physischen, aber auch an abstrakten Gütern bestehen können.

[102] Die empirische Beobachtung, daß die Handelskosten an der NASDAQ deutlich höher als an der NYSE sind [vgl. KeMa98] und der Orderanteil von PTS am NASDAQ-Volumen fünf mal so groß ist wie der Anteil am NYSE-Volumen (vgl. Abschnitt 3.4.1), untermauert dies.

- Ausgereifte Orderroutingsysteme

  Betreiber verschiedener PTS, z. B. INSTINET und ITG mit dem Routingsystem QUANTEX, stellen ausgereifte Orderroutingsysteme zur Verfügung, die es ermöglichen, eine Order parallel in mehreren Märkte zu plazieren und stellen dabei sicher, daß bei Ausführung der Order auf einem Markt die restlichen Orders gelöscht werden.

- Wettbewerb unter Börsen und PTS

  Die angestammten Börsen laufen Gefahr, Marktanteile zu verlieren, da neben den traditionellen Konkurrenten verstärkt PTS als Konkurrenten auftreten. Die Existenz privater Handelssysteme fördert den Wettbewerb zwischen verschieden Anbietern für Transaktionsdienstleistungen - insbesondere dann, wenn auf den verschiedenen Plattformen gleiche Wertpapiere gehandelt werden (horizontaler Interbörsenwettbewerb)[103]. Ein Gebühren- und Leistungswettbewerb kommt sowohl den Anlegern als auch den Emittenten zugute [voRo94]. Vielfältige Argumente, die in der Diskussion um die relative Vorteilhaftigkeit zentraler versus dezentraler Börsenstrukturen und damit letztlich bezüglich der Vorteilhaftigkeit kompetitiver Effektenmarktstrukturen geführt werden[104], lassen sich unmittelbar auf die Thematik des Wettbewerbs zwischen traditionellen Börsen und PTS übertragen.

Neben den angeführten Vorteilen ergeben sich aus der Bereitstellung von PTS folgende ***Problemfelder***:

- Marktfragmentierung und Intransparenz

  Mit dem verstärkten Einsatz von PTS nimmt die Marktfragmentierung (vgl. Abschnitt 3.3.2.) weiter zu. Daraus resultiert unmittelbar ein Splitting des Order-Flows und eine Reduzierung der Liquidität auf den jeweiligen Teilmärkten. Die Nutzer von PTS sehen sich dabei einem Trade-Off gegenüber: Sie nehmen den Liquiditätsnachteil durch Verzicht auf börslichen Handel in Kauf, wenn der Nutzen, der durch die Wahrung der Anonymität und einem damit verbundenen kleineren Market-Impact entsteht, größer ist als die Kosten aus der entgangenen Liquidität.

  Darüber hinaus schränkt die Nicht-Offenbarung von Orders und damit auch die mangelnde Transparenz bezüglich bester Geld- bzw. Briefpreise die Informationsbasis der Investoren ein. Auch wird die fehlende Koordination mit den Börsenmärkten, z. B. bei einer Aussetzung des Handels, kritisiert [SEC97, 36].

---

103 Zu den verschiedenen Wettbewerbsbeziehungen zwischen Börsen vgl. [PiBo96].

104 Vgl. stellvertretend für die zahlreiche Literatur im Rahmen dieser Diskussion [GeHa91; Schm92; GeRa94; Stie94; Röhr96].

- Kapazitätsprobleme

  Als weiteres Problemfeld werden evtl. auftretende Kapazitätsprobleme von PTS bei extrem volatilen Märkten mit hohem Orderaufkommen[105] angeführt [SEC97]. Dieses Problem stellt sich jedoch bei allen Elektronischen Handelssystem; eine Garantie, jedes Ordervolumen bewältigen zu können, wird kein Systembetreiber - ob börslich oder PTS - geben. Hier werden die Selbstreinigungskräfte des Marktes dazu führen, daß die Transaktionsleistungen solcher Systeme nachgefragt werden, die im bisherigen Betrieb ausreichende Kapazitäten aufweisen konnten und auch über die Reputation verfügen, dies bei einer zukünftig signifikanten Vergrößerung des Ordervolumens leisten zu können. Skalierbare Informationssysteme lassen bereits heute dynamische Erweiterungen zu.

- Gefahr eines drastischen Preiswettbewerbs

  Im Vergleich zu neuen Anbietern besitzen die Betreiber bereits etablierter Märkte den Vorteil der Existenz positiver Netzwerkexternalitäten [Econ93; Lee98, 56]. Diese resultieren aus der Tatsache, daß die Ausführungswahrscheinlichkeit einer Order mit der Anzahl bereits im Markt vorhandener Orders steigt. Clemons und Weber [ClWe96] zeigen auf der Basis von Laborexperimenten, daß - selbst bei Übereinstimmung aller Händler bezüglich der relativen Vorteilhaftigkeit eines PTS - der Wechsel von einem etablierten Markt zu einem alternativen System aufgrund von Koordinationsversagen[106] scheitern kann[107]: Ein simultaner Wechsel wäre für alle Marktteilnehmer vorteilhaft, aber es ist für den einzelnen Händler individuell rational, seine Orders solange in das etablierte System einzustellen, bis genügend andere Händler den Wechsel vollzogen haben.

  Um den zu Beginn des Markteintritts vorliegenden Nachteil einer geringen Liquidität im System aufzufangen und in ein Segment börslicher Märkte oder anderer, bereits etablierter PTS eindringen zu können, bieten PTS in einer Einführungsphase ihre Transaktionsdienstleistungen und/oder die notwendige Systeminfrastruktur daher zu sehr niedrigeren Gebühren an[108].

---

105 *„The Commission is aware of several occasions on which significant alternative trading systems had to stop disseminating market maker quotations in order to keep from closing altogether due to insufficient system capacity“* [SEC97, Fußnote 65].

106 Zur Theorie des Koordinationsversagen vgl. z. B. [CoJo88].

107 Aus den Experimenten von Clemons und Weber ergibt sich, daß ab einem kritischen Schwellwert des relativen Kostenvorteils des neuen gegenüber dem etablierten System ein Wechsel auf das neue System vollzogen wird.

108 Im Extremfall werden sogar Zahlungen an die Nutzer der Systeme geleistet: Im Madoff Securities System (Market-Maker-System) wird für jede gehandelte Aktie ein Cent ge-

4.2.2.3 Die Regulierung proprietärer Handelssysteme

4.2.2.3.1 Stand der Regulierung in den USA

Nach einer mehrjährigen Diskussion[109] hat die SEC die Regulierung von PTS mit der Final Rule Release No. 34-40760 vom 08. Dezember 1998 [SEC98] umfassend adressiert und neu geregelt. Ziel dieses Regelwerkes ist es, die Integration von PTS in das National Market System (NMS)[110] zu verbessern, die Registrierungspflichten von PTS zu klären und die Wettbewerbsnachteile der traditionellen Börsen gegenüber PTS zu mindern (level playing field). Die Final Rule Release No. 34-40760 stellt eine grundlegende und umfassende Modernisierung des Börsenrechtes in den USA dar und enthält die folgenden zentralen Punkte:

1. Der Begriff Börse wird neu interpretiert: Jede Organisation, die a) Orders einer Vielzahl von Käufern und Verkäufern zusammenführt und b) definierte und allen Teilnehmern bekannte Regeln des Order-Matching anwendet, stellt nach diesem Verständnis eine Börse dar[111] [SEC98, Chapter III].
2. Grundsätzlich wird es PTS freigestellt, ob sie sich als Börse oder als Broker-Dealer registrieren und regulieren lassen wollen. Für PTS mit hohem Handelsvolumen kann die SEC eine Registrierung als Börse fordern [SEC98, Chapter IV. A].
3. Für PTS, die sich als Broker-Dealer registrieren, gilt eine neue Richtlinie, die sogenannte „Regulation ATS" [SEC98, Chapter IV. A]:

---

zahlt [vgl. HiSt96, 528]. Zur vertiefenden Diskussion des „purchased order flow" vgl. [MaO'H97].

109 Mit dem SEC Concept Release No. 34-38672 „Regulation of Exchanges" [SEC97] wurde die Problematik der Abgrenzung von Börsen und Broker-Dealern vor dem Hintergrund des steigenden Aufkommens von PTS zur Diskussion gestellt. Dabei wurden als grundsätzliche Gestaltungsmöglichkeiten entweder die Ausweitung der bisherigen Broker-Dealer-Regulierung [SEC97, Chapter IV. A] oder die Neuinterpretation der Definition einer Börse [SEC97, Chapter IV. B] vorgeschlagen und sowohl Wissenschaftler als auch Betreiber von Börsen und PTS zur Abgabe von Kommentaren und Verbesserungsvorschlägen aufgerufen.

110 Die Grundidee des NMS ist es, eine transparente und marktübergreifende Informationsstruktur zu schaffen, die es Händlern u. a. ermöglicht beste Kauf- und Verkaufspreise über Marktgrenzen hinweg zu ermitteln. Zu den Zielen, dem zugrundeliegenden Regelwerk und zur Institutionalisierung des NMS vgl. [FaMo92].

111 Systeme, die lediglich das Orderrouting durchführen und Systeme, die nur *einem* Dealer oder Market-Maker zur Bekanntgabe seiner Kurse bzw. Quotes dienen, werden explizit von der Definition ausgeschlossen.

- PTS, die in keinem Wertpapier einen Anteil am gesamten Handelsvolumen des betreffenden Papiers (im folgenden kurz: Anteil) von mehr als 5% besitzen, müssen bestimmte Berichtspflichten erfüllen und dürfen in ihrem Namen nicht das Wort „exchange" o. ä. nutzen.
- Darüber hinaus müssen PTS mit einem Anteil > 5% in mindestens einem Wert über eine Kopplung an eine registrierte Börse, die Integration der eigenen Orders in die öffentlichen Quotierungen im Rahmen des NMS ermöglichen und sich den gleichen Marktregeln wie die Mitglieder dieser Börseninstitution unterwerfen.
- Besitzt ein PTS in einem Wert einen Anteil > 20%, muß - zusätzlich zum zuletzt genannten Punkt - die Zulassung zum Handel im System auf objektiven und nachvollziehbaren Kriterien beruhen. Des weiteren muß eine ausreichende Kapazität des Systems für die Bewältigung eines hohen Orderaufkommens sichergestellt sein.

4. Für PTS, die sich als Börsen registrieren lassen, ist eine Anpassung der Governancestruktur nicht erforderlich, da es nun allen Börseninstitutionen gestattet wird, sich als „for profit"-Organisation zu strukturieren [SEC98, Chapter IV. B].
5. Um Investitionen in innovative Handelssysteme zu fördern und Wettbewerbsnachteile zu vermeiden, wird es registrierten Börsen gestattet, neue Handelssysteme mit geringen Handelsvolumina ohne explizite Genehmigung der SEC einzuführen [SEC98, Chapter IV].

Diese Bestimmungen treten ab April 1999 [SEC98] in Kraft.

4.2.2.3.2 Stand der Regulierung in Deutschland

In Deutschland ist bisher ungeklärt, wer eine Börse betreiben darf und wer nicht. Die Prüfung von PTS mußte bisher „*... anhand der Begriffsmerkmale durchgeführt werden, die sich hierfür herausgebildet haben sowie einer Reihe von weiteren Auslegungskriterien, die sich im Rahmen der Verwaltungspraxis der Börsenaufsichtsbehörden bilden*" [HeMi98].

Dies beruht auf der fehlenden Legaldefinition des Begriffs „Börse" im deutschen Börsenrecht: Im Gegensatz zum US-amerikanischen Recht wird nicht geklärt, was eine Börse ist, sondern die Existenz einer Börse von ihrer Genehmigung durch die jeweilige Landesregierung abhängig gemacht (vgl. auch Abschnitt 3.1). Steinhübl interpretiert dies als ein „*(präventives) Verbot mit Erlaubnisvorbehalt*" [Stein98, 200], sieht jedoch eine rechtliche Grundlage für eine Genehmigung von Privatbörsen ohne Übertragung hoheitlicher Regelungsbefugnisse und argumentiert für die Einrichtung privatautonomer Börsenmärkte in Deutschland[112].

Die Erfordernis einer Börsenrechtsreform wurde von der Bundesregierung erkannt und war Anlaß eines umfassenden Gutachtens, das im April 1996 in Auftrag gegeben wurde. Bezüglich der in dieser Arbeit angesprochenen Fragestellungen gibt das Gutachten [HoRu97] folgende Empfehlungen:

1. Der Begriff der Börse sollte im Börsenrecht explizit definiert werden. Dabei wird eine Begriffsprägung aus funktionaler Sicht bevorzugt, die die ökonomischen Leistungsmerkmale einer Börse in den Vordergrund rückt.
2. Ein horizontaler Interbörsenwettbewerb senkt die Handelskosten institutioneller Investoren. Daher sollte ein reformiertes Börsenrecht einen Wettbewerb zwischen PTS und Börsen ermöglichen [RuRö97, 284]. Dazu ist eine Regelung von PTS in das Börsenrecht aufzunehmen.
3. Die Organisationsformen der Börsen sollten *„flexibel den Marktentwicklungen anpaßbar gehalten werden"* [HoBa97, 400] und es sollte den Börsen ein Wahlrecht zwischen öffentlich- und privatrechtlicher Governancestruktur gewährt werden.

Zieht man auf dieser Grundlage einen Vergleich zwischen den Regulierungsbestrebungen in den USA und in Deutschland, zeigt sich, daß eine weitgehende Übereinstimmung hinsichtlich der Rolle von PTS im Börsenwettbewerb sowie den hieraus abzuleitenden regulatorischen Maßnahmen besteht: Die Potentiale innovativer Computertechnologien und die damit verbundenen Möglichkeiten der Bereitstellung von PTS mit speziellen Marktstrukturen erfordern einen neuen Börsenbegriff und eine klare Rechtssicherheit in einem effizienten Wettbewerbsumfeld.

In den USA wurden diese Einsichten durch die Final Rule Release No. 34-40760 vom 08. Dezember 1998 [SEC98] bereits umgesetzt. In Deutschland dagegen ist es zum heutigen Stand[113] offen, ob, wann und wie und die Empfehlungen des Börsenreformgutachtens verwirklicht werden.

---

[112] Hierbei ist zu beachten, daß bisher nur eine Überführung der Börse von einer öffentlich-rechtlichen auf eine privatrechtliche Trägerschaft, konkret die Deutsche Börse AG, erfolgte. Die öffentlich-rechtliche Institution Börse bleibt trotzdem unverändert erhalten [Merk97].

[113] Die Ausführungen zu den Regulierungsbestrebungen in den USA und in Deutschland befinden sich auf dem Stand vom 01. März 1999.

4.2.2.4 PTS-Klassifikation und Systembeispiele

Für eine Klassifikation von PTS bietet sich eine funktionale Sicht an, bei der die Art und Weise der Orderzusammenführung und Preisfindung im System als Klassifikationskriterium dient und auf dieser Basis Kategorien gebildet werden. Danach ergeben sich drei grundlegende Klassen (siehe Abbildung 4.7): Matchingsysteme, Crossing Networks und Single-Price-Auktionssysteme.

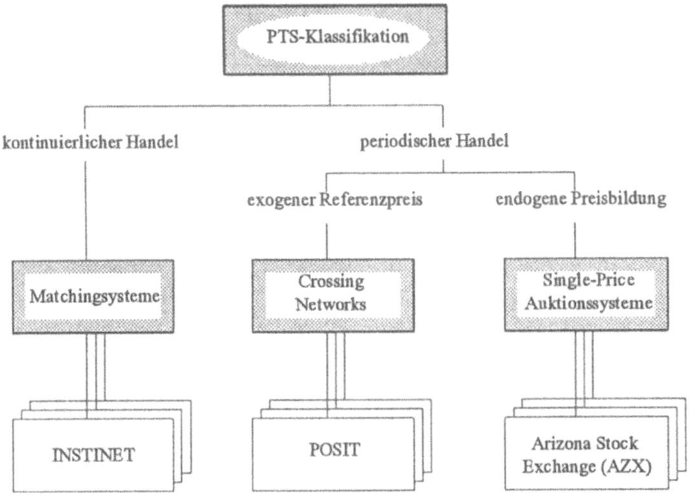

Abbildung 4.7: Klassifikation von Proprietary Trading Systems.

Während Matchingsysteme einen kontinuierlichen Handel ermöglichen, findet bei Crossing Networks und Auktionssystemen eine periodische Orderzusammenführung zu definierten Zeitpunkten statt. Der zentrale Unterschied eines Auktionssystems zu einem Crossing Network besteht darin, daß sich der Preis im Auktionssystem *endogen* aus der Orderbuchlage ergibt, bei Crossing Networks der Preis jedoch *exogen* determiniert wird. Diese Klassen werden im folgenden unter Zuhilfenahme jeweils eines Systembeispiels erläutert.

4.2.2.4.1 Matchingsysteme

Matchingsysteme stellen Übermittlungssysteme für spezielle Orders mit der Möglichkeit, Preisangebote einzustellen, dar. Bei wechselseitig kompatiblen Orders erfolgt ein automatisches Matching. Sie ermöglichen es darüber hinaus, anonyme Verhandlungen via Screen zu tätigen und dann eine automatische Ausführung der verhandelten Kontrakte zu veranlassen.

Beispiel eines Matchingsystems: INSTINET[114]

Das System INSTINET, das von der gleichnamigen Tochter der Reuters Holdings PLC betrieben wird, stellt das - gemessen am Marktanteil - größte [BuLu98] und am längsten im Markt etablierte PTS dar[115].

INSTINET ermöglicht institutionellen Investoren und Broker-Dealern einen kontinuierlichen Handel über 24-Stunden in Aktienwerten, die an einer genehmigten Börse notiert sind [Sten95]. Kauf- und Verkaufsgebote sowie die zugeordneten Volumina können den INSTINET Teilnehmern über ein nach Preis-/Zeitpriorität geordnetes Limit-Orderbuch[116] bekannt gemacht werden. Die Identität der Händler wird nicht offenbart. Das Limit-Orderbuch enthält neben den aktuellen Orders auch solche, deren Gültigkeitsdauer[117] schon abgelaufen ist und auch Orders, die bereits ausgeführt sind.

Wechselseitig kompatible Orders werden in INSTINET automatisch gematcht. Darüber hinaus wird es den Händlern ermöglicht, bilaterale anonyme elektronische Verhandlungen ohne Beachtung von Prioritätsregeln auf der Basis vordefinierter Nachrichten durchzuführen. Diese Verhandlungen sind für andere Marktteilnehmer gänzlich verborgen. Verhandlungen können sowohl mit Händlern geführt werden, die aktuell gültige Orders eingestellt haben, als auch mit den Händlern, deren Order schon ausgeführt ist oder bei deren Orders die Gültigkeitsdauer abgelaufen ist. Im System existieren weder Kursmakler noch Market-Maker.

INSTINET arbeitet als reiner Agency-Broker und agiert nicht selbst als Dealer. INSTINET tritt für Käufer und Verkäufer als Kontraktpartner ein, um die Abwicklung über die Börseninstitutionen, denen INSTINET als Mitglied angeschlossen ist, durchzuführen. In den USA ist INSTINET als Broker-Dealer bei der SEC registriert, eine Pflicht zur Registrierung als Börse wurde INSTINET bisher nicht auferlegt [Lee98, 121]. Auch in Deutschland wird INSTINET seit Januar 1993 lediglich als zugelassener Freimakler an der Frankfurter Wertpapierbörse reguliert [Stein98, 270].

---

114 Akronym für Institutional Networks, Inc.

115 Das System wurde bereits 1969 eingeführt. Instinet ist Mitglied bei insgesamt 17 Börsen und stellt Handelsbildschirme in über 30 Ländern bereit [Inst99].

116 Neben diesem internen Orderbuch werden den INSTINET-Teilnehmern auch die Preise und Volumina anderer Märkte - geordnet nach Preispriorität - anzeigt (Quote Montage) und bei Veränderungen dynamisch angepaßt. Auf diese Preis kann im INSTINET-System nicht gehandelt werden.

117 Erfolgt bei der Ordereinstellung keine explizite Angabe der Gültigkeitsdauer, so wird vom System - als Defaultwert - eine Gültigkeitsdauer von 3 Minuten festgelegt. Zusätzlich zur Gültigkeitsdauer können weitere Ausführungsauflagen erteilt werden [ITG98].

Neben INSTINET stellen die Systeme TRADEBOOK von Bloomberg sowie ISLAND der Datek Online Holdings weitere Beispiele für Matchingsysteme dar [ClWe98].

4.2.2.4.2 Crossing Networks

Bei ***Crossing Networks*** erfolgt nach der Ordereingabe die Ausführung gegen korrespondierende Orders zum herrschenden Marktpreis (oftmals: Schlußkurs) eines anderen Marktes. Diese Preissetzung wird daher auch als „passive pricing" oder „parasite pricing" [Sche97, 56] bezeichnet.

Der wesentliche Vorteil von Crossing Networks liegt darin, daß per Definition kein Market-Impact existiert. Der Transaktionspreis ist im voraus bekannt und unabhängig von der Ordergröße. Im System wird jedoch keine Ausführung garantiert, damit gewinnen die Timing- und Opportunitätskosten im Rahmen der Handelskosten an Gewicht.

Das zentrale Problem von Crossing Networks liegt im Konzept dieser Systeme selbst. Da keine Preisfindung ermöglicht wird, und die Preise lediglich von anderen Märkten übernommen werden, ist das Konzept der Crossing Networks bei einer verstärkten Verbreitung dieser Systemgattung selbstzerstörend: Je höher der Anteil der Transaktionen ist, die über Crossing Networks zusammengeführt werden, um so geringer ist die Liquidität und Preisqualität im Primärmarkt[118].

Da die SEC die Existenz eines zentralen Preisfindungsmechanismus als konstituierendes Element einer Börse ansieht, werden in den USA alle Systeme, die „passive pricing" nutzen, als Broker-Dealer und nicht als Börse reguliert [Lee98, 284].

Beispiel eines Crossing Networks: ITG'S PORTFOLIO SYSTEM FOR INSTITUTIONAL TRADING (POSIT)

POSIT stellt das weltweit größte Crossing-System dar. 1997 wurden im System mehr als 3,6 Mrd. Aktien gehandelt, die durchschnittliche jährliche Wachstumsrate seit der Einführung im Jahr 1988 beträgt 55% [ITG98]. Das System dient dem Abgleich von Handelsinteressen, die als anonyme Kauf- und Verkaufsaufträge oder in Form von Handelslisten bzw. Portfolios für US-Aktien[119] in ein ge-

---

[118] Steve Wunsch, Gründer der Wunsch Auction Systems Inc., unterstreicht diese Problematik: „*Ultimately you have the blind leading the blind, where shocks will magnify due to lack of concentration and no one can trust any of the prices because they are all reference prices*" [Orfo96].

[119] Mit GLOBAL POSIT stellt ITG ein System zum Crossing internationaler Aktien bereit.

schlossenes Orderbuch ohne Preisangabe eingestellt werden. POSIT ermöglicht sogenanntes sunshine-trading, d. h. die Händler können selbst wählen, ob sie neben ihrer Order auch die eigene Identität den Marktteilnehmern anzeigen wollen, um so zu dokumentieren, daß sie rein liquiditätsmotivert handeln [Lee98, 99].

Unter Nutzung eines proprietären Matchingalgorithmus finden täglich fünf Orderzusammenführungen während der NYSE-Handelszeiten statt. Der Matchingpreis ergibt sich zum jeweiligen Startzeitpunkt[120] des POSIT-Algorithmus aus dem Mittelpunkt der Geld-/Briefspanne des Hauptmarktes der jeweiligen Aktie. Kompatible Orders werden zu diesem Preis automatisch ausgeführt. Eine direkte Kommunikation zwischen Händlern ist nicht möglich. POSIT agiert - analog zu INSTINET - als reiner Agency-Broker und ist bei der SEC als Broker-Dealer registriert [Schw98].

Weitere Beispiele für Crossing Networks sind die Systeme der State Street Global Advisors, Boston und der BZW Global Investors, San Francisco [Orfo96]. Auch INSTINET bietet - neben dem oben beschrieben Matchingsystem - die Nutzung eines Crossing Networks an [Inst95].

4.2.2.4.3 Single-Price-Auktionssysteme

Single-Price-Auktionssysteme (im folgenden kurz: Auktionssysteme) führen die eingegebenen Orders nach einem definierten Auktionsplan zusammen und ermitteln *einen* Preis, zu dem Orders ausgeführt werden, deren Limitpreis den Auktionspreis nicht unter- (Kaufaufträge) bzw. überschreiten (Verkaufsaufträge).

Beispiel eines Single-Price-Auktionssystems: Arizona Stock Exchange (AZX)

Die AZX wurde 1990 gegründet[121] und betreibt ihr zentrales Auktionssystem in Phoenix, Arizona. Das System der AZX [AZX97] ermöglicht es den Systemnutzern, d. h. institutionellen Investoren und Broker-Dealern, Limit-Orders über einen definierten Zeitraum einzustellen. Die Identität der Händler wird nicht offenbart.

---

120 Um Manipulationen zu verhindern, wird der Algorithmus zufällig innerhalb von 7 Minuten nach dem offiziell angegebenen Crossingzeitpunkt (10 a.m., 11:30 a.m., 12:30 p.m., 1:30 p.m. und 3:00 p.m. Eastern Time) gestartet.

121 Vor der Umbennung zur AZX wurde das System als Wunsch-System bezeichnet [Stein98, 272].

Grundsätzlich sind zwei Arten von Orders möglich:

1. Sogenannte „open book"-Orders werden in einem offenen Limit-Orderbuch allen AZX-Teilnehmern als Kauf- oder Verkaufsgebote mit den eingestellten Volumina sowohl einzeln als auch aggregiert angezeigt.
2. Auf Wunsch des einstellenden Händlers können Orders auch dem sogenannten „reserve book" zugeordnet werden. „Reserve book"-Orders werden den anderen Marktteilnehmern nicht angezeigt, gehen jedoch trotzdem in die Gesamtkursermittlung ein[122].

Zu jedem Zeitpunkt vor der Preisermittlung werden der indikative Auktionspreis und das zugehörige Volumen angezeigt. Nach Ablauf der Aufrufphase der Auktion ermittelt das System im Rahmen einer Batch-Auktion über alle vorhandenen Orders den Einheitspreis, der das handelbare Volumen maximiert (Gesamtkursermittlung) und führt entsprechende Orders gegen diesen Preis aus. In der Auktion werden die Orders nach Preis-/Zeitpriorität ausgeführt, wobei „open-book"-Orders grundsätzlich Priorität vor „reserve-book"-Orders genießen.

Die AZX wird von der SEC in funktionaler Hinsicht als Börse angesehen, da alle Orders über einen zentralen Preismechanismus zusammengeführt werden, Preispriorität gegeben ist und Kauf- und Verkaufsorders kontinuierlich auf dem Markt auftreffen, so daß Investoren eine Ausführung ihrer Orders erwarten können [Lee98, 281 f.]. Aufgrund des begrenzten Handelsvolumens der AZX befreite die SEC das System von der Registrierungspflicht als Börse nach Section 6 (2) SEA („limited volume exemption") [Stein98, 272].

4.2.3 Entwicklungsperspektiven

„*Der Wettbewerb unter den Börsen um Marktanteile wird in Zukunft verstärkt von den privaten Handelssystemen ausgehen. Solche Handelssysteme werden tendenziell an Gewicht gewinnen. Denn in dem Umfang, in dem die internationale Liberalisierung und Deregulierung der Finanzmärkte voranschreitet, werden sich Staaten, die derzeit eine gesetzliche Zwangskonzentration des Orderstroms auf die staatlich genehmigten Börsen vornehmen, nicht mehr gegen das Auftreten sogenannter Proprietary Trading Systems wehren können.*" [Breu97, 14]

Diese Aussage von Breuer verdeutlicht die wichtige Rolle, die PTS in der Börsenlandschaft der nächsten Jahre spielen werden. Der Wettbewerb zwischen Börsen und PTS wird eine entscheidende innovationsfördernde Wirkung haben. Das

[122] Um „Scheinorders" zu verhindern wird die Löschung von Open-Book-Orders vor der Auktion mit einer Gebühr belegt.

Aufkommen von PTS zeigt aber nicht nur einen hohen Grad technologischen Fortschritts auf der Seite der Intermediäre, sondern ebenso die erhöhten Anforderungen auf der Kundenseite nach maßgeschneiderten und innovativen Handelslösungen.

Analog sonstiger Industrie- oder Dienstleistungsunternehmen muß das Angebot hochwertiger Produkte und Services auch das Ziel von Institutionen sein, die Dienstleistungen auf dem Markt für Wertpapiertransaktionen anbieten. Dabei ist es aus der Kundenperspektive[123] letztlich irrelevant ob,

a) die Transaktionsdienstleistung auf börslichen oder außerbörslichen Märkten angeboten werden und ob,

b) die Transaktionsdienstleistung von Brokern, über PTS oder über eine Börse bereitgestellt werden.

Das zentrale Element einer marktwirtschaftlichen Ordnung, der Wettbewerb, gilt auch für das Angebot von Dienstleistungen im Wertpapierhandel - sowohl zwischen den unter Punkt b) genannten Anbietergruppen als auch innerhalb der einzelnen Gruppen. Der Gesetzgeber sollte die Möglichkeit einer Regulierungsarbitrage vermeiden[124] und es den Investoren ermöglichen, Märkte und die damit verbundenen Technologien zu wählen, die ihren spezifischen Bedürfnissen entsprechen.

In der nahen Zukunft werden PTS die traditionellen Börsen nicht ersetzten können: Börsen werden als zentrale Sammelstelle für Orders und damit als Liquiditätspool weiterhin existieren. Ihr zentraler Wettbewerbsvorteil gegenüber neuen Anbietern liegt in der hohen Reputation und dem Vertrauen - insbesondere der Retailinvestoren - in eine faire und effiziente Preisstellung. Offen bleibt, ob die fortschreitende Automatisierung über PTS einen Beitrag zu einem insgesamt höheren Umsatz in Wertpapieren liefert, d. h. zu einem „größeren Kuchen" führt, oder ob PTS den traditionellen Börsen weiter „Teile des Kuchens" abnehmen werden.

---

[123] Da sich die Betrachtungen hier primär auf institutionellen Kunden beziehen, werden Anlegerschutzaspekte vernachlässigt.

[124] Rudolph und Röhrl bekräftigen dies: „*Unterbleibt die wettbewerbliche Reorganisation der Börsenlandschaft, führen institutionelle Investoren eine Regulierungsarbitrage durch, indem sie 'per Mausklick' ihre Orders auf Handelsplattformen routen, die ihren Anforderungen besser entsprechen*" [RuRö97, 157].

5 Neue Gestaltungskonzepte für das Design von Marktmodellen im Elektronischen Wertpapierhandel

„Aiming a computer system at a telephone market is a tough nut to crack" [CoMa86, 54].

Trotz einer weitgehenden Automatisierung des börslichen Handels und der zunehmenden Verbreitung von PTS sind Telefon und Telefax weiterhin dominierende Medien im OTC-Handel. Die Identifikation adäquater Organisationsformen und Handelssysteme zur Unterstützung einzelner oder mehrerer Segmente des OTC-Handels, die sich bisher dem weitreichenden Einsatz von Informationstechnologie verschlossen haben, gestaltet sich insbesondere aufgrund divergierender (strategischer) Interessen der Marktteilnehmer und der Komplexität der Handelsverfahren als schwierig.

Zielsetzung dieser Arbeit ist es, neue Konzepte und Technologien für eine Elektronisierung solcher Marktsegmente aufzuzeigen und prototypisch umzusetzen. Über elektronisch mediatisierte Transaktionen soll eine Alternative zu menschlichen Intermediationsleistungen - insbesondere die der Broker - bereitgestellt werden, um so zu einer Reduktion der Transaktionskosten beizutragen und Effizienzpotentiale im Sinne der operativen Effizienz in diesen Marktsegmenten freisetzen zu können.

Auf Basis der Analyse des Status quo in den vorherigen Kapiteln wird nun herausgearbeitet, auf welche Art und Weise Marktmodelle bzw. Handelsprozesse ökonomisch erfolgversprechend gestaltet und in konkrete Elektronische Handelssysteme umgesetzt werden können, um den Anforderungen institutioneller Investoren zu genügen.

In diesem Kontext liegt der Beitrag des Forschungsgebietes der Technostructure (vgl. Abschnitt 1.2) - in das sich diese Arbeit einordnet - nicht darin, die Fragestellung zu klären, wie sich Investoren mit möglichst geschicktem Verhalten an die Restriktionen eines gegebenen Marktdesigns anpassen können. Vielmehr ist es die Aufgabe dieses Forschungsgebietes, aufzuzeigen, wie diese Restriktionen durch den Einsatz der Informationstechnologie im Sinne der Investoren reduziert werden können.

Auf der Basis grundsätzlicher Vorüberlegungen (Abschnitt 5.1) erfolgt in den Abschnitten 5.2 und 5.3 die Erörterung vor allem zweier Fragestellungen:

(1) Welche Anforderungen stellen institutionelle Investoren an Elektronische Handelssysteme?

Die Ermittlung der Anforderungen institutioneller Investoren erfolgt über Befragungen und über die Beobachtung des Marktverhaltens bzw. aktueller Marktentwicklungen. Es wird sowohl eine Primärerhebung als auch eine Sekundärerhebung durchgeführt. Die Primärerhebung stellt eine direkte Befragung in Form von Interviews dar. Die Sekundärerhebung erfolgt, indem in der Literatur [EcSc95; Schi95; ScSt96; Bond97; Aver98] aufgeführte Befragungen bezüglich der Präferenzen institutioneller Investoren erörtert werden (Abschnitt 5.2).

(2) Welche zentralen Leistungen erbringen Broker[125] im Handelsprozeß?

Dazu werden in Anlehnung an Abschnitt 4.2.1 die zentralen Intermediationsleistungen der Broker aufgezeigt, um herauszuarbeiten, welchen Mindestanforderungen ein System, das deren Intermediationsleistungen abbilden soll, genügen muß (Abschnitt 5.3).

Über die Beantwortung dieser Fragen werden Gestaltungskonzepte für das Design von Marktmodellen für Elektronische Handelssysteme abgeleitet (Abschnitt 5.4).

Hier und im weiteren Gang der Arbeit wird ausschließlich der außerbörsliche Kassahandel in börsennotierten Produkten, konkret Aktien- und Rentenwerten, betrachtet. Der Umfang des außerbörslichen Handels in diesem Bereich (vgl. Abschnitt 4.1) kann als Maßgröße für Effizienzdefizite börslicher Marktstrukturen gewertet werden.

5.1 Vorüberlegungen

Was sollte das ideale Wertpapierhandelssystem leisten? Stellt man sich diese Frage zunächst quasi aus der Vogelperspektive, d. h. unabhängig von Marktprozessen und -modellen bzw. konkreten elektronischen oder „konventionellen" Handelssystemen, wird die Antwort lauten, daß es den Investor dabei unterstützten soll, kostengünstig und schnell eine Entscheidung bezüglich der Reallokation einer Portfoliostruktur in die hierzu erforderlichen Markttransaktionen umzusetzen.

In der Realität stellt dies ein komplexes Problem dar. Die Reallokationsaufgabe vollzieht sich über eine Vielzahl von Einzelaktivitäten, die sich - betrachtet man

[125] Im folgenden werden unter dem Begriff Broker auch Institutionen subsumiert, die als Broker-Dealer agieren.

den Status quo im Wertpapierhandel - gemäß Abbildung 5.1 zu den folgenden Hauptschritten aggregieren lassen:

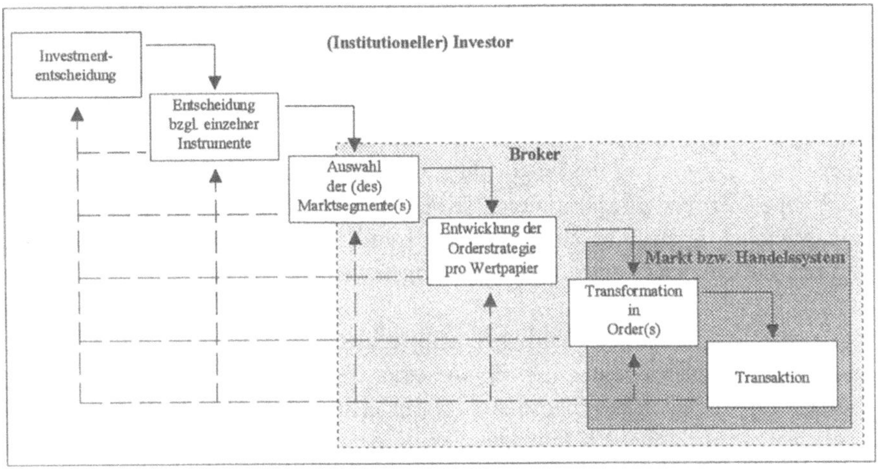

Abbildung 5.1: Umsetzung von Investmentstrategien in Transaktionen.

Erfolgt auf der Basis der individuellen Investmentstrategie[126] die Entscheidung zu einer Reallokation des Portfolios, muß diese zunächst auf konkrete Kauf- bzw. Verkaufsentscheidungen bzgl. einzelner Wertpapiere heruntergebrochen werden. Um diese zu realisieren, sind dann ein oder mehrere Märkte bzw. Marktsegmente auszuwählen, in denen die Order plaziert werden soll. Für die Umsetzung der Kauf- bzw. Verkaufsentscheidungen im ausgewählten Markt müssen nun Orderstrategien[127] [CoMa81; CoMa86, 103; O'Ha97, 90] in den einzelnen Wertpapieren entwickelt werden[128], d. h. es müssen Fragen der Ordergröße(n), des Ordertiming[129] und der jeweiligen Limitierung(en)[130] geklärt werden.

126 Zur Diskussion von Investmentstrategien (synonym: Anlagestrategien) für den Aktienhandel vgl. z. B. die Arbeit von Steiner und Bruns [StBr98] sowie die dort angegebene Literatur. Anlagestrategien im Rentenhandel werden bspw. in der Arbeit von Holzer vorgestellt und empirisch untersucht [Holz90].

127 Cohen at al. bezeichnen diese als „*order placement strategy*" [CoMa81; CoMa86, 103].

128 Bisher verlangen Handelsregeln noch die Plazierung individueller Orders für jedes gehandelte Wertpapier. Es existieren jedoch bereits Forschungsprojekte, die Konzepte für den gleichzeitigen Handel von mehreren Wertpapieren bzw. kompletten Portfolios in Form einer Order entwickeln [SrSt98].

129 Die im jeweiligen Markt geltenden Prioritätsregeln üben einen wesentlichen Einfluß auf diese Entscheidung aus [BoDo93].

130 Hier lassen sich grundsätzlich aktive und passive Strategien unterschieden (vgl. z. B. [KeMa95]). Eine aktive Strategie arbeitet mit unlimitierten Aufträgen, passive Strategien nutzen limitierte Aufträge. Diese grundsätzliche Klassifikation läßt sich weiter untergliedern. So unterscheidet z. B. Oesterhelwig [Oest98, 18f.] vier Arten von Strate-

Diese Orderstrategien sind dann als eine oder mehrere Orders in die „Sprache" des jeweiligen Marktes zu transformieren. Die Handelsregeln, die Existenz von Intermediären und nicht zuletzt der Grad der Automatisierung - also insgesamt das Marktmodell - determinieren die semantische Ausdrucksmächtigkeit bzw. die Ontologie [ChJo99] von Wertpapierorders auf dem jeweiligen Markt. In Elektronischen Handelssystemen ist - nicht zuletzt über das Design des Front-Ends - klar vorgegeben, über welche Parameter eine Spezifikation von Orders erfolgen muß bzw. kann. Dagegen ist die Möglichkeit, eine Order gegenüber einem Intermediär, z. B. einem Broker, zu spezifizieren, lediglich durch die Ausdrucksmächtigkeit der menschlichen Sprache beschränkt. Daher kann[131] der Broker bereits in einer sehr frühen Stufe in den Gesamtprozeß einbezogen werden.

Im letzten Schritt wird, bei Vorliegen kompatibler Orders auf der Marktgegenseite, die Transformation einer Order in eine Transaktion auf der Basis des Marktmodells des entsprechenden Marktes erfolgen. Die aufgeführten Schritte sind bis zur vollständigen Implementierung der Portfolioreallokation zu wiederholen. Die rückwärtsgerichteten Pfeile in Abbildung 5.1 stellen die Interdependenzen und die Notwendigkeit zur Rückkopplung zwischen den einzelnen Teilschritten dar.

Abbildung 5.1 zeigt, daß in diesem Prozeß der konkrete Markt bzw. das Elektronische Handelssystem erst spät in Erscheinung tritt. Der Broker hingegen wird in der Regel in einem früheren Stadium einbezogen. Eine weitere Disintermediation ist offensichtlich über die Ausdehnung des dunkel eingefärbten Kastens (Markt

---

gien: a) unlimitierte Aufträge; b) Aufträge, die das beste aktuelle Gebot einer Marktseite überbieten, jedoch das beste Gebot der anderen Marktseite nicht erreichen; c) Aufträge, die dem Preis des besten Gebotes der gleichen Marktseite entsprechen; d) Aufträge, die das beste aktuelle Gebot der gleichen Markseite nicht verbessern. Weiterhin können einfache und komplexe Strategien gegeneinander abgegrenzt werden [Oest98, 20]. Plaziert ein Investor einen Auftrag in einem Wertpapier oder gleichzeitig jeweils einen Auftrag in mehreren Wertpapieren, liegt eine einfache Strategie vor. Werden von einem Investor gleichzeitig mehrere Aufträge pro Wertpapier - evtl. simultan auf der Geld- und der Briefseite - in einem oder mehreren Wertpapieren eingestellt, handelt es sich um eine komplexe Strategie.
Diese aktiven und passiven Orderstrategien sind nicht mit aktiven bzw. passiven Investmentstrategien zu verwechseln. Passive Investmentstrategien im Aktien- oder Rentenhandel, z. B. Buy-and-Hold-Strategien oder Indextrackingstrategien, basieren auf der Annahme effizienter Märkte und verzichten weitgehend auf transaktionskostenintensive Portfolioumschichtungen. Aktive Investmentstrategien, z. B. Stock-Picking oder Timing-Strategien, zielen auf die Nutzung von (temporären) Ineffizienzen ab und versuchen, durch häufige Portfolioumschichtungen eine höhere risikoangepaßte Rendite als die eines Benchmarkportfolios zu erzielen [Holz90; KeMa98; StBr98].

131 Die gestrichelte Linie um den Kasten „Broker" in der Abbildung 5.1 soll andeuten, daß an dieser Stelle eine Einschaltung eines Brokers erfolgen kann, aber auch frühere oder spätere Zeitpunkte denkbar sind.

bzw. Handelssystem) in nord-westliche Richtung möglich. Dazu ist zunächst zu klären, welche Anforderungen institutionelle Investoren stellen und welche Leistungen der Broker auf Elektronische Handelssysteme transferiert werden können.

5.2 Anforderungen institutioneller Investoren

„Eine sich schneller drehende Spirale der Bedürfnisverfeinerung und eine entsprechende Angebotsdifferenzierung sind für das Börsenwesen wie für den gesamten Finanzbereich typisch geworden. Die Börsen müssen ihre bisherigen Segmente anpassen und neue eröffnen, wenn sie ihr Geschäft nicht an den außerbörslichen Markt oder an andere Börsen verlieren wollen. Dabei sind heute vor allem die Anforderungen der institutionellen Anleger zu berücksichtigen ...“ [ScOe97, 374].

Die zentrale Voraussetzung für das erfolgreiche Design von Märkten und Handelssystemen ist - wie obige Aussage von Schmidt et al. verdeutlicht - die Analyse der Anforderungen der Anwender, hier der institutionellen Investoren. Diese werden nun auf Basis folgender Quellen erörtert:

Im Rahmen des bereits erwähnten Forschungsprojektes „Agentenbasierter Wertpapierhandel“ wurden die Anforderungen institutioneller Investoren im deutschen Rentenmarkt ermittelt (Primärerhebung). Im Zeitraum von Februar bis April 1998 wurden insgesamt neun Händler bzw. Leiter von Handelsabteilungen in deutschen Rentenpapieren unterschiedlicher Wertpapiergattungen in den jeweiligen Handelsräumen[132] bezüglich ihrer Anforderungen befragt. Die Erhebung erfolgte mittels der Methodik des teilstrukturierten Interviews[133] [LeAu91]. Der Interviewleitfaden findet sich im Anhang zu dieser Arbeit. Neben diesen Interviews (im folgenden: OTC-Interviews) erfolgt eine Analyse der in folgender Tabelle 5.1 aufgeführten Befragungen[134] institutioneller Investoren aus der Literatur (Sekundärerhebung):

---

[132] Die Interviews im Rahmen des Forschungsprojektes erfolgten direkt in den Handelsräumen, um neben den Anforderungen der Marktteilnehmer auch Handelsabläufe und -usancen direkt beobachten zu können.

[133] Lehner et al. [LeAu91, 251f.] unterscheiden wenig strukturierte, teilstrukturierte und stark strukturierte Interviews. Während wenig strukturierte Interviews - ähnlich einem Gespräch - in einer freien Form stattfinden, liegt teilstrukturierten Interviews ein Interview- bzw. Gesprächsleitfaden zugrunde. Dieser orientiert sich an bestimmten Zielinhalten, läßt dem Interviewer aber die Möglichkeit, flexibel auf Antworten zu reagieren und Rückfragen stellen zu können. Das strukturierte Interview schließlich ist durch die Vorgabe von Fragebögen mit oder ohne vordefinierten Antwortalternativen gekennzeichnet; die Fragen werden immer in der gleichen Reihenfolge und im gleichen Wortlaut gestellt.

[134] Tabelle 5.1 führt die Quellen in der zeitlichen Reihenfolge der Erhebungen auf.

Autoren	Titel der Befragung	Befragungs-zeitraum	Marktsegment	Rücklauf
Economides und Schwartz [EcSc95]	Equity Trading Practices and Market Structure: Assessing Asset Managers' Demand for Immediacy	Juni 1994	Manager von US-Aktienfonds	150 Antworten (18,2%)
Schiereck [Schi95]	Internationale Börsenplatz-entscheidungen institutioneller Investoren	1994	Institutionelle Händler in deutschen Aktien	59 Antworten (23,1%)
Schwartz und Steil [ScSt96]	Institutional Investor Trading Practices and Preferences	Dezember 1994	Institutionelle Aktienfonds-manager in Europa	59 Antworten (14,8%)
Bond Market Association, New York [Bond97]	Special Survey on the Future of Electronic Bond Trading Systems	Juli 1997	Mitglieder der Bond Market Association (Bank-Dealer, Broker-Dealer und Inter-Dealer-Broker)	59 Antworten (25,5%)
Averdiek-Bolwin [Aver98]	Effizienz von Aktienbörsen: SEAQ versus Tradepoint	Juni bis Oktober 1996	Institutionelle Händler in britischen Aktien	52 Antworten (34%)

Tabelle 5.1: Erhebungen zur Ermittlung der Anforderungen institutioneller Investoren.

In den aufgeführten Befragungen wird ein sehr breites Spektrum von Anforderungen erhoben. So wurden u. a. auch Fragen bzgl. der Produktpalette, des Insiderschutzes, des Image oder auch der Ausgestaltung des Abwicklungsvorgangs gestellt. Eine Erörterungen der kompletten Befragungen ist hier nicht zieltragend, vielmehr wird auf diejenigen Anforderungen fokussiert, die zum einen das Design Elektronischer Handelssysteme (vgl. Definition 3, Abschnitt 3.3.3) und zum anderen die Rolle von Brokern betreffen[135].

Vor diesem Hintergrund lassen sich die Ergebnisse der Befragungen folgendermaßen zusammenfassen:

135 Dabei ist zu beachten, daß Aufbau und Inhalte der aufgeführten Befragungen - mit Ausnahme der Befragungen von [EcSt95] und [ScSt96] - sehr unterschiedlich sind. Daher werden bezüglich der im folgenden diskutierten Anforderungen jeweils nur diejenigen Befragungen referenziert, die Fragen zu der jeweiligen Anforderung gestellt haben.

- *Liquidität*

Zunächst ist festzustellen, daß in allen Erhebungen ein liquider Markt eine bzw. *die* zentrale Anforderung der institutionellen Investoren darstellt. Diese Anforderung ist jedoch wenig operationalisierbar[136], da die Liquidität eines Marktes erst aus der Erfüllung eines breiten Spektrums von Anforderungen resultiert. Auf die Liquidität[137] als primäres Ziel hat das Design bzw. die Organisation des Marktes nur einen indirekten Einfluß, denn erst über die Erfüllung der sonstigen, beeinflußbaren Anforderungen kann Order-Flow und damit Liquidität angezogen werden und über die bereits erwähnten positiven Netzwerkexternalitäten (vgl. Abschnitt 4.2.2) kann schließlich ein sich selbst verstärkender Liquiditätseffekt auftreten.

- *Elektronischer Handel*

Die Ergebnisse der Studien zeigen eine deutliche Präferenz institutioneller Investoren für einen Elektronischen Handel. Dies erscheint für den Aktienhandel zunächst wenig überraschend, da in diesem Marktsegment der Durchdringungsgrad Elektronischer Handelssysteme relativ hoch ist. In der Studie [EcSc95] geben 80% der befragten Manager von US-Aktienfonds an, daß die Nutzeffekte Elektronischer Handelssysteme deren Nachteile überwiegen [EcSc95, 30][138]. Auch die Händler, die in deutschen Aktien handeln, sprechen sich bei [Schi95, 122] deutlich für den Computerhandel aus.

Überraschender (vgl. Abschnitt 7.2.3) hingegen ist die Tatsache, daß dies auch für den Rentenhandel zutrifft. In der Studie [Bond97] betonen 62% der Befragten, daß die Nutzeffekte Elektronischer Handelssysteme im Rentenhandel deren Nachteile überkompensieren. Diese Meinung wurde auch in den OTC-Interviews[139] von einer eindeutigen Mehrheit der Befragten bestätigt.

---

136 Hier sei eine Studie der International Federation of Stock Exchanges zitiert: „*Without any doubt, liquidity is the most important aspect of market quality. A liquid market hardly ever is a bad market; an illiquid one almost always is*“ [Meie98, 12] und „*Often there is a 'chicken and egg' situation: i. e. if you look at liquidity and another quality factors it is hard to define what causes what. Liquidity creates liquidity!*“ [Meie98, 13].

137 An dieser Stelle sei daran erinnert, daß der Begriff der Liquidität keinesfalls eindeutig abgrenzbar ist und eine Vielzahl unterschiedlicher Begriffsdefinitionen existieren (vgl. Abschnitt 2.2).

138 Die Antwortmöglichkeiten „Don't Know“ und „No Answer“ wurden in den Studien [EcSc95] und [ScSt96] bei der Ermittlung der prozentualen Anteile aus der Grundgesamtheit herausgenommen.

139 Aufgrund der im Vergleich zu den sonstigen Studien relativ geringen Grundgesamtheit werden hier statt konkreter Prozentangaben lediglich Tendenzaussagen getroffen.

- *Anonymität*

In den Untersuchungen von [Schi95], [EcSt95] und [ScSt96] sowie in den OTC-Interviews kommt eine klare Präferenz institutioneller Investoren für einen anonymen Handel zum Ausdruck. 62% der Befragten im Sample von [ScSt96] geben an, daß sie es als (sehr wertvoll bzw.) wertvoll erachten, ihre Anonymität beim Handel wahren zu können [ScSt96, 95]. In der Studie [EcSc95] sind 64% der Befragten überzeugt, daß die Anonymität, die Elektronische Handelssysteme bieten, ihre Abschlußmöglichkeiten verbessern. Bei [Schi95] werden den Handelsverfahren, bei denen die Identität der Marktteilnehmer nicht offengelegt wird, die höchsten Präferenzen eingeräumt.

- *Vermeidung von Information-Leakage und Front-Running*

Die Einschaltung von Intermediären sehen institutionelle Investoren als relevante Quelle für potentielle Benachteiligungen an. Bei den Umfragen von [EcSc95] und [ScSt96] antworteten 46% der in den USA Befragten [EcSc95, 21] und 48% der in Europa Befragten [ScSt96, 96], daß sie (sehr besorgt bzw.) besorgt sind, daß Informationen beim Einsatz von Intermediären durchsickern. Im Rahmen der Befragung von [Aver98] wird die Bedeutung des Risikofaktors Front-Running auf einer Skala von 1 bis 9 Punkten mit einem sehr hohen durchschnittlichen Wert von 7,02 eingeschätzt [Aver98, 97].

- *Kontrolle des Verhandlungsprozesses*

Ein Aspekt, der ausschließlich in den Befragungen von [EcSc95] und [ScSt96] angesprochen wurde, soll hier nicht unerwähnt bleiben. Die U.S.-Fondsmanager wurden bezüglich ihrer Motive für die Nutzung von PTS befragt. Dabei wurde - neben weiteren Motiven, die sich in den bereits oben angeführten Anforderungen widerspiegeln - von 33% der Befragten auch die Möglichkeit zur Kontrolle des Verhandlungsprozesses als ein wichtiges Motiv angegeben [EcSc95, 29].

Aufgrund der relativ geringen Verbreitung von PTS in Europa wurde im europäischen Sample von [ScSt96, 99] gefragt, welche Vorteile aus dem Handel über PTS erwartet werden. Auch hier sehen 34% der Befragten in der Möglichkeit eines kontrollierten Verhandlungsprozesses einen Vorteil von PTS gegenüber etablierten Handelssystemen[140].

---

[140] In der Fragestellung wurde als Vergleichssystem das Handelssystem SEAQ genannt [ScSt96, 99].

Im Hinblick auf die bisher angeführten Anforderungen herrscht weitgehende Übereinstimmung unter den Befragten. Bezüglich alternativer Formen der Transparenz und der jeweils präferierten Handelsverfahren decken sich die Aussagen jedoch deutlich weniger:

- *Transparenz*

Generell messen institutionelle Investoren der Markttransparenz eine hohe Bedeutung bei. Dabei wird die pre-trade Transparenz wichtiger als die post-trade Transparenz eingeschätzt. So wird z. B. in der Untersuchung von [Aver98] der pre-trade Transparenz ein deutlich höherer Präferenzwert zugewiesen als der post-trade Transparenz (durchschnittliche Präferenzwerte von 7,60 bzw. 4,88 auf einer Skala von 1 bis 9 Punkten) [Aver98, 97]. Auch im Rahmen der OTC-Interviews wurde von den Händlern die pre-trade Transparenz als wichtiger eingeschätzt.

Wird die Fragestellung nach dem Grad der Transparenz jedoch konkretisiert, ergeben sich deutliche Unterschiede in den Anforderungen. So ermittelt [Schi95], daß die Standardabweichungen bei der Einschätzung von pre-trade bzw. post-trade Markttransparenz[141] im Vergleich zu den anderen Zielkriterien besonders hoch sind [Schi95, 113]. Als mögliche Gründe führt [Schi95] eine generelle Heterogenität in den Anforderungen sowie eine im Zeitablauf wechselnde Transparenz- bzw. Publizitätsvorliebe auf und stellt fest, „*... daß eine einzige Börse mit einem zeitkonstanten Angebot an Publizität und Transparenz diesen Anlegerbedürfnissen nicht vollständig entsprechen kann. Die Folge ist, daß diese Gruppe von Anlegern je nach gewünschtem Publizitäts- und Transparenzgrad bei ansonsten gleicher Ausgestaltung verschiedene Börsen präferieren wird*“ [Schi95, 113]. Sowohl [Schi95] als auch [Aver98] und [EcSc95] sehen einen Zusammenhang zwischen den jeweils gehandelten Ordergrößen und den Transparenzvorlieben der Marktteilnehmer.

In der Befragung von [ScSt96] sprechen sich 52% der institutionellen Investoren auf die Frage: „*Who should determine the minimum post-trade transparency rules for stock exchanges in Europe?*“ [ScSt96, 102] für eine Regelung der post-trade Transparenz durch die jeweilige Börse und gegen nationale bzw. europäische Vorgaben aus. Auch dies unterstreicht den Wunsch der Befragten nach möglichst großer Vielfalt.

---

[141] Der in dieser Arbeit verwendete Begriff der pre-trade Transparenz ist bei [Schi95] mit dem Begriff Transparenz gleichzusetzen, die post-trade Transparenz bezeichnet [Schi95] als Publizität.

Obige Aussagen sind konsistent zu den experimentellen Untersuchungen von Bloomfield und O'Hara [BlO'H98], die als Ergebnis ihrer Experimente eine Koexistenz von Märkten unterschiedlicher Transparenzgrade ermitteln (vgl. Abschnitt 4.1.3.2.2).

- *kontinuierlicher Handel (Sofortigkeit) und implizite Transaktionskosten*

Die Kriterien kontinuierlicher Handel bzw. Sofortigkeit und die Forderung nach möglichst geringen impliziten Transaktionskosten sind gemeinsam zu diskutieren, da diese interdependent sind: Zum einen ist die Gewährleistung von Sofortigkeit direkt an die Existenz eines kontinuierlichen Handelsverfahrens gekoppelt, zum anderen existiert ein Trade-Off zwischen dem Wunsch nach Sofortigkeit und dem Wunsch nach möglichst geringen impliziten Transaktionskosten (vgl. Abschnitt 4.1.3.2.3).

In den Befragungen kommt die hohe Bedeutung der Kontrolle impliziter Transaktionskosten zum Ausdruck. So wird diesem Kriterium in der Studie [Aver98] mit einem durchschnittlichen Präferenzwert von 8,3 (Skala von 1 bis 9) die höchste Bedeutung unter allen Einzelzielen beigemessen [Aver98, 97].

Vor dem Hintergrund des Trade-Off zwischen Sofortigkeit und impliziten Transaktionskosten sind 69% der Befragten bei [EcSc95, 10], und 51% der Befragten bei [ScSt96, 90] gewillt, für eine Reduktion der Handelskosten auf Sofortigkeit[142] zu verzichten. 43% der Befragten bei [EcSc95, 12] bzw. 49% bei [ScSt96, 91] nehmen bei mindestens der Hälfte aller Transaktionen für eine Einsparung der Handelskosten von 0,5% eine einstündige Verzögerung der Transaktionsdurchführung in Kauf. Entsprechend akzeptieren 31% [EcSc95, 13] bzw. 43% [ScSt96, 91] eine dreistündige Verzögerung.

Diese Untersuchungen von [EcSc95] und [ScSt96] lassen auf eine relativ geringe Nachfrage nach Sofortigkeit schließen. Sie widersprechen diesbezüglich jedoch anderen Untersuchungen. Sowohl die von [Schi95] durchgeführten Befragungen [Schi95, 123] als auch die OTC-Interviews zeigen, daß institutionelle Investoren eine deutliche Präferenz für den kontinuierlichen Handel haben. Auch die *empirische* Untersuchung von Keim und

---

[142] Innerhalb dieser Studien wurde auch die Frage gestellt, welche Zeitpanne als sofortige Ausführung aufgefaßt wird: 42% der Befragten bei [ScSt96] sehen eine Zeitspanne von unter 1 Minute und weitere 40% eine Zeitspanne von unter 10 Minuten als Sofortigkeit an [ScSt96, 86]. Für 71,3% der Befragten bei [EcSc95] liegt Sofortigkeit vor, wenn eine Orderausführung innerhalb von 10 Minuten erfolgt (hier wurde nicht nach einer geringeren Zeitdauer gefragt) [EcSc95, 10].

Madhavan [KeMa95] spricht für eine hohe Nachfrage nach Sofortigkeit: In einem Sample[143] von 62.000 Orders institutioneller Investoren - die Untersuchung bezieht sich auf den Zeitraum von Januar 1991 bis März 1993 - wurden 90% der Orders als unlimitierte Orders (Market-Orders) erteilt.

- *alternative Handelsverfahren*

Aus den Befragungen geht sehr deutlich hervor, daß die Koexistenz einer Vielzahl von Handelsverfahren, die sich im wesentlichen durch unterschiedliche Arten der Markttransparenz, des Preisfeststellungsverfahrens und der Handelsfrequenz auszeichnen, von institutionellen Investoren gewünscht wird. Dies wird auch empirisch durch die zunehmende Nachfrage nach PTS mit speziellen Handelsverfahren bestätigt (vgl. Abschnitt 4.2.2).

Schwartz und Steil betonen im Kontext ihrer Befragungen: „*No trading system can be all things to all traders, and investors seem to be indicating that they would welcome more choice*" [ScSt96, 99].

Vor dem Hintergrund der unterschiedlichen Anforderungen institutioneller Investoren spricht sich Schwartz schließlich dafür aus, den Händlern einen möglichst großen Spielraum bei der Entscheidung für das jeweilige Handelsverfahren zu überlassen: „*As with any shopping mall, the trader (customer), when entering the market, would select the specific modality (store) that best suits his or her needs, given the size of the order, the trading characteristics of the stock, and that customer's desire to trade quickly or willingness to be patient*" [Schw98, 149].

Insgesamt zeigen die Untersuchungen aus der Literatur und die OTC-Interviews, daß institutionelle Investoren Elektronische Handelsverfahren präferieren, die eine Durchführung von Transaktionen zu *geringeren Handelskosten* bei *Anonymität* sowohl *gegenüber Intermediären* als auch *gegenüber sonstigen Marktteilnehmern* ermöglichen. Solche Systeme sollten darüber hinaus auch einen *kontrollierten Verhandlungsprozeß* ermöglichen. Die *Koexistenz alternativer Handelsformen* wird explizit gewünscht.

---

[143] Die Daten entstammen einer Datenbank der Plexus Group, einer Beratungsgesellschaft für institutionelle Investoren.

5.3 Analyse der Intermediationsaufgaben der Broker

Folgende Tabelle 5.2 stellt die Intermediationsleistungen der Broker zusammenfassend dar (vgl. Abschnitt 4.1) und trennt dabei in primäre Aufgaben und die sogenannten Added-Values auf.

primäre Aufgaben	***Added-Values***
• Suche (Produkt / Kontrahent) • Sicherstellung der Anonymität • Durchführung von komplexen Transaktionen (Blockorders, Baskettrading) • Unterstützung (multilateraler) Verhandlungen und der Preisfindung (Finanz-Auktionator)	• Mobilisierung von Kauf- bzw. Verkaufsinteresse • Research • Orderpflege • Plausibilitätsprüfungen

Tabelle 5.2: Intermediationsleistungen der Broker.

Die Existenzberechtigung der Broker liegt in ihrer Fähigkeit, Käufer und Verkäufer zusammenzubringen, d. h. eine *Suche* im Auftrag ihrer Kunden durchzuführen. Je nach Marktsegment kann sich diese Aufgabe auf eine reine Kontrahentensuche beschränken oder eine integrierte Produkt- und Kontrahentensuche beinhalten. Während im Aktienhandel das Produkt, d. h. dic jcwciligc Aktic, i. d. R. vorgegeben ist, wird ein Broker im Rentenhandel aufgrund der Vielzahl von Rentenpapieren - z. B. werden im deutschen Rentenmarkt über 20.000 verschiedene Papiere gehandelt - oftmals auch beauftragt, Produkte auf der Basis unscharfer Spezifikationen[144] zu suchen.

OTC-Geschäfte unterliegen aufgrund des bilateralen Charakters der Geschäftsabschlüsse nicht nur einem Wiederbeschaffungsrisiko, sondern auch einem Ausfallrisiko [Bürg95]. Diese Risiken führen dazu, daß der Auswahl des Kontrahenten eine bedeutende Rolle zukommt. Der Broker garantiert über seine Reputation, daß der Kunde nur mit Kontrahenten einer vorab bekannten Risikoklasse handelt und gewährleistet dabei zusätzlich die pre-trade *Anonymität* des Kunden. Der Kunde spezifiziert also über die Auswahl des Brokers implizit auch den Suchraum seiner potentiellen Kontrahenten oder gibt diese dem Broker explizit vor.

Broker setzen *komplexe Transaktionswünsche* des Kunden z. B. im Rahmen des Blocktrading oder des Baskettrading um und berücksichtigen dabei die explizit

[144] Dies gilt insbesondere für den Handel in Pfandbriefen und Kommunalobligationen. Hier werden häufig - statt eines Papiers mit einer konkreten Wertpapierkennummer (WKN) - ein Laufzeitenspektrum, eine Kuponbandbreite und/oder Emittenten einer bestimmten Ratingkategorie angegeben.

oder implizit (z. B. „interessewahrender Auftrag") definierten Strategien ihrer Kunden. Sowohl bei Standardtransaktionen als auch bei komplexen Transaktionswünschen führen Broker in der Preisfindungsphase im Auftrag ihrer Kunden anonyme *bi-* bzw. *multilaterale Verhandlungen* durch und vermitteln als Finanz-Auktionator [Breu93] zwischen Käufer und Verkäufer. Aus der Sicht institutioneller Investoren stehen diesen Leistungen zum einen sehr hohe Brokergebühren und zum anderen - insbesondere bei Blocktransaktionen - die Gefahren des Durchsickerns von Informationen (Information-Leakage) und des Front-Running gegenüber. Um eine Substitution der Intermediationsleistungen der Broker zu ermöglichen, ist es erforderlich, diese Leistungen elektronisch bereitzustellen. Eine Einordnung der aufgeführten primären Aufgaben der Broker in den Handelsprozeß (vgl. Abbildung 5.2) gibt Hinweise für die Gestaltung eines Systems, das elektronisch mediatisierte Transaktionen ermöglicht.

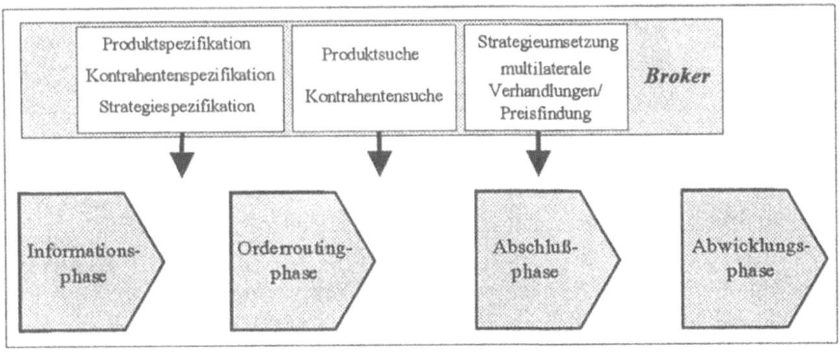

Abbildung 5.2: Intermediationsleistungen der Broker im Handelsprozeß.

Um eine elektronische Alternative zum Brokerhandel designen zu können, ist es auch erforderlich, das Handelsverfahren der Broker zu identifizieren. Dazu stellt Tabelle 5.3 einen morphologischen Kasten bezüglich der Dimensionen Anonymität, Orderbuchtransparenz sowie Handelsfrequenz dar und ordnet beispielhaft verschiedene existierende börsliche Handelsverfahren und den Brokerhandel ein. Dabei zeigt sich, daß Broker einen speziellen Bereich abdecken, nämlich den anonymen, kontinuierlichen Handel bei geschlossenem Orderbuch.

Im fortlaufenden Handel in Elektronischen Handelssystemen wie XETRA oder SETS[145] erfolgen die Verhandlungen über sukzessive Einträge von Käufern und Verkäufern ins offene Orderbuch[146]. Im periodischen Auktionshandel, z. B. in den Auktionen im System XETRA, wird über den Algorithmus, der den Auktionspreis

[145] SETS ist das Elektronische Aktienhandelssystem der London Stock Exchange.

[146] Damit kann das offene Orderbuch mit dem Blackboard-Ansatz (vgl. [BoGa88, Chapter 7]) der Verteilten Künstlichen Intelligenz (VKI) verglichen werden.

im Rahmen der Gesamtkursermittlung berechnet, das Ergebnis einer Verhandlung von Käufern und Verkäufern ermittelt. Die Existenz der Broker ermöglicht schließlich auch anonyme, multilaterale Verhandlungen im Rahmen eines kontinuierlichen Handels bei geschlossenem Orderbuch.

	geschlossenes Orderbuch		offenes Orderbuch	
	periodischer Handel	kontinuierlicher Handel	periodischer Handel	kontinuierlicher Handel
anonymer Handel	XETRA Auktion im Aktienhandel	Broker	XETRA Auktion im Rentenhandel	XETRA SETS
nicht-anonymer Handel	-	-	Pre-Opening Börse Paris	Börse Tokio

Tabelle 5.3: Morphologie alternativer Handelsverfahren[147].

Die Ergebnisse dieses Abschnittes lassen sich wie folgt zusammenfassen:

Der Broker führt eine *Suche* nach potentiellen Kontrahenten und - abhängig vom Marktsegment - nach Produkten durch. Er agiert als Vermittler bei der Preisfindung. Es werden *Verhandlungen* über Wertpapiere *anonym* und trotz *geschlossenem Orderbuch* im Rahmen eines *kontinuierlichen Handels* ermöglicht. Dabei setzt der Broker die evtl. *komplexen Transaktionswünsche* der Kunden um.

5.4 Gestaltungskonzepte für Marktmodelle

Aus den Ausführungen und Ergebnissen der vorangegangenen Abschnitte werden im folgenden Gestaltungskonzepte für Marktmodelle Elektronischer Handelssysteme abgeleitet. Dazu wird im ersten Schritt ein Konzept zur Abbildung der Such- und Verhandlungsprozesse der Marktteilnehmer erläutert und im zweiten Schritt ein Konzept vorgestellt, das es ermöglicht, die Anforderung institutioneller Investoren nach alternativen Handelsformen umzusetzen.

147 Zum Pre-Opening-Verfahren der Pariser Börse vgl. [Thei98a]. Zum Handelsverfahren der Börse in Tokio (Tokyo Stock Exchange) vgl. [CoMa86, 20].

5.4.1 Integration von Such- und Handelsstrategien

Für eine Realisierung elektronischer Such- und Verhandlungsprozesse ist es erforderlich,

a) eine Ontologie, d. h. eine Semantik bzw. eine Repräsentationsform, für die Darstellung der Such- und Verhandlungsstrategien der Marktteilnehmer zu entwickeln,

b) ein Medium bereitzustellen, das eine Spezifikation von Such- und Handelsstrategien bei der Erteilung von Wertpapieraufträgen ermöglicht,

c) Mechanismen zu entwickeln, die eine Zusammenführung solcher Wertpapieraufträge umsetzen, und

d) die Teilaufgaben a) bis c) softwaretechnisch für ein Elektronisches Handelssystem abzubilden.

Zunächst sind die Begriffe Suchstrategie und Handelsstrategie zu definieren:

Eine Suchstrategie kann sich sowohl auf das Produkt als auch auf den bzw. die Kontrahenten beziehen. Sie gibt an, welche Produkte ein Marktteilnehmer handeln und mit welchen Kontrahenten er abschließen will. Eine Suchstrategie ermöglicht dem Händler, den Suchraum individuell und flexibel zu gestalten und je nach Dringlichkeit des Transaktionswunsches zu vergrößern bzw. zu verkleinern. Demzufolge wird eine Suchstrategie definiert als:

Definition 6 (Suchstrategie):

> *Repräsentationsform einer Wertpapierorder, die eine Spezifikation einer Teilmenge von Wertpapieren oder konkreter Wertpapiere eines Marktsegments sowie einer Teilmenge potentieller Kontrahenten aus der Gesamtheit der Marktteilnehmer in einem Elektronischen Handelssystem ermöglicht.*

Die Ontologie existierender Handelssysteme beschränkt die Marktteilnehmer auf die Möglichkeit zur Erteilung zweidimensionaler Orders. Im Rahmen einer Order kann für ein (maximales) Ordervolumen v_{max} ein Höchstpreis p_{max} (für Kauforders) bzw. ein Mindestpreis p_{min} (für Verkaufsorders) angeben oder eine unlimitierte Order erteilt werden. Darüber hinaus können, je nach Ausgestaltung des Handelssystems, Ausführungsauflagen und Gültigkeitszusätze spezifiziert werden (vgl. für das System XETRA Abschnitt 3.4.1). Abbildung 5.3 stellt eine

Kauforder[148] mit einem maximalen Volumen von 9.000 und einem Limitpreis von 129 dar.

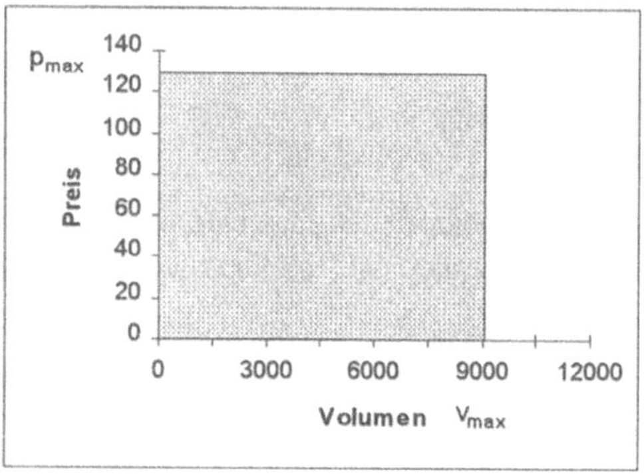

Abbildung 5.3: Konventionelle Limitorder (Kauf).

Eine Erweiterung der Ausdrucksmächtigkeit für Orders, d. h. der Menge zulässiger Auftragsformen eines Handelssystems, stellt die Voraussetzung für eine Spezifikation komplexer Orders in einem Elektronischen Handelssystem dar. Eine solche Erweiterung wird hier als Handelsstrategie[149] charakterisiert:

Definition 7 (Handelsstrategie):

> *Repräsentationsform einer Wertpapierorder in einem Elektronischen Handelssystem, die die Ausdrucksmächigkeit konventioneller Orders erweitert, indem neben dem Preis und dem Volumen zusätzliche Orderdimensionen spezifiziert werden können.*

Eine Handelsstrategie grenzt sich gegen eine Orderstrategie (vgl. Abschnitt 5.1) wie folgt ab: Ein Marktteilnehmer nutzt eine Orderstrategie als Instrument, um bei einer vorgegebenen Repräsentationsform von Orders und gegebenem Marktmodell den eigenen Handelswunsch optimal im jeweiligen Markt bzw. Handelssystem umzusetzen. Handelsstrategien stellen eine Erweiterung dieser Repräsentationsformen dar.

---

[148] Im folgenden werden zur Vereinfachung der Darstellung lediglich Kauforders betrachtet. Eine Übertragung auf Verkaufsorders ist unmittelbar möglich.

[149] Der hier verwendete Begriff der Handelsstrategie bezieht sich auf eine erweiterte Repräsentationsform von Orders und ist nicht mit dem Strategiebegriff in der Spieltheorie gleichzusetzen. In der Spieltheorie bezeichnet eine Strategie einen Verhaltensplan eines Spielers, der vor dem Start des Spiels festgelegt wird. Eine Strategie im Sinne der Spieltheorie stellt eine Folge von Handlungen dar, die abhängig von den Handlungen der anderen Spieler und der eigenen Handlungen den jeweils nächsten Schritt (Zug) im Spiel festlegt [HoI196].

Auch der sogenannte Programmhandel ist gegen eine Handelsstrategie abzugrenzen: Im Programmhandel werden Orders zwar automatisch generiert, aber nicht zwangsläufig in einem Elektronischen Handelssystem zusammengeführt[150]. Es handelt sich um Programme, die der automatischen Ausführung von Arbitrage- und Kurssicherungsoperationen (z. B. zur Indexarbitrage oder Portfolioinsurance) dienen und in der Anwendungssoftware der Marktteilnehmer programmiert sind. Sie generieren bei Eintreten vorprogrammierter Marktkonstellationen auf Basis definierter Regeln Orders, die über entsprechende Schnittstellen bzw. Routingsysteme (z. B. das Orderroutingsystem SUPERDOT der NYSE) in die Orderbücher des jeweiligen Marktes gelangen. Diese sind jedoch nicht im Elektronischen Handelssystem verankert und von der technischen Ausgestaltung des Börsensystems weitgehend unabhängig [GeRa94, 14].

Programmhandel ist damit nicht an die Existenz eines Elektronischen Handelssystems gebunden, sondern auch über den Parketthandel durchführbar. Insbesondere im Parketthandel der NYSE kommt dem Programmhandel eine hohe und wachsende Bedeutung zu. 16,8% des Handelsvolumens der NYSE im Jahr 1997 (10,7% im Jahr 1990) wurde in der Form des Programmhandels durchgeführt [NYSE98, 21].

Eine Erweiterung konventioneller Orders zu Handelsstrategien ist folgendermaßen umsetzbar:

(Typ 1) *Handelsstrategie in Form einer Nutzenfunktion* (Abbildung 5.4)

Bei einer konventionellen Limit-Order ist ein Preis für ein (Maximal-)Volumen einstellbar. Bei einer Nutzenfunktion[151] können alternative Preis/Volumen-Kombinationen $p(v)$ spezifiziert und jeder Preis/Volumen-Kombination ein kardinaler Nutzenwert $u(p(v))$ zugeordnet werden (vgl. Abbildung 5.4).

[150] Domowitz unterscheidet in diesem Zusammenhang „*automated trading*" (Programmhandel) und „*automated trade execution*" (Elektronische Handelssysteme) [Domo93, 30].

[151] Es handelt es sich hier um diskrete Funktionen. Die diskreten Punkte bezüglich des Volumens werden durch die Mindestordergrößen des jeweiligen Marktes determiniert.

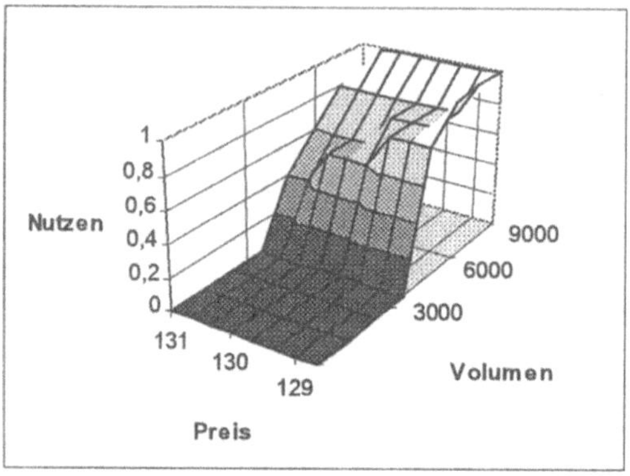

Abbildung 5.4: Handelsstrategie (Kauf) in Form einer Nutzenfunktion.

Nachfrage- bzw. Angebotsfunktionen (Abbildung 5.5[152]) können als Spezialfall dieser Nutzenfunktionen angesehen werden[153].

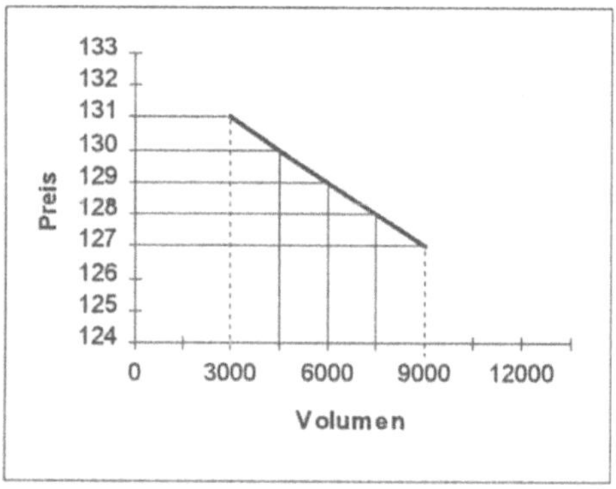

Abbildung 5.5: Handelsstrategie in Form einer Nachfragefunktion.

152 Die Funktion *p(v)* wird in Abbildung 5.5 exemplarisch als streng monoton fallend dargestellt. Es sind aber auch andere Strategien möglich. Insbesondere im Rahmen des Blockhandels ist ein (streng) monoton steigender Verlauf denkbar, der die Bereitschaft ausdrückt, für ein höheres Transaktionsvolumen einen höheren Preis (Blockkauf) zu zahlen.

153 Nach [CoMa86, 27] wird an der Börse Tel Aviv ein prinzipiell ähnliches Verfahren für Blockorders durchgeführt. Händler erteilen ihre Orders in Form von Angebots- bzw. Nachfragefunktionen an die Banken. Diese übermitteln ihren Floor-Traders die aggregierten Volumina pro Limitpreis, die diese in die Gesamtkursermittlung einbringen. Abhängig vom resultierenden Einheitskurs ergibt sich dadurch für den jeweiligen Blockinvestor eine Kauf- bzw. Verkaufsmenge gemäß seiner Angebots- bzw. Nachfragefunktion. Im Unterschied zu dem hier verfolgten Ansatz kann diese Art der Orderspezifikation nicht unmittelbar im Markt bzw. Handelssystem plaziert werden.

In diesem Fall wird allen Preis/Volumen-Kombinationen auf der Nachfrage- bzw. Angebotsfunktion der gleiche Nutzen im Sinne einer Indifferenzkurve zugeordnet. Diese Art der Orderspezifikation kann über eine Vielzahl konventioneller Limit-Orders repliziert werden[154].

Über eine Nutzenfunktion kann darüber hinaus jeder Preis/Volumen-Kombination auf bzw. unterhalb der Nachfrage- bzw. Angebotsfunktion ein kardinaler Nutzenwert $u(p(v))$ zugeordnet werden. Im Beispiel der Abbildung 5.4 weist ein Investor Preis/Volumen-Kombinationen mit einem Volumen zwischen 3000 und 9000 und Preisen bis maximal 131 positive Nutzenwerte zu und mißt einem Volumen von 9000 bei einem Preis kleiner gleich 129 den höchsten Nutzen bei.

Für die Zusammenführung von Orders, die in Form von Nutzenfunktionen spezifiziert werden, ist ein Optimierungsproblem zu lösen, daß darin besteht, eine Allokation von Preis/Volumen-Kombinationen auf die verschiedenen Käufer und Verkäufer zu finden, die - unter Berücksichtigung der eingegebenen Nutzenfunktionen - zu einem maximalen aggregierten Nutzen über alle Marktteilnehmer führt. Dieses Optimierungsproblem läßt sich über folgende Modellformulierung darstellen:

Jeder der $i = 1,..,I$ Käufer spezifiziert eine Nutzenfunktion der Form

$u_i(p_i(v))$ für verschiedene Preis-/Volumenkombinationen

wobei

$v \in Z_0^+$	Volumen v in einem Bereich $[v_i^{min}; v_i^{max}]$,
$p_i(v)$	die Funktion $p_i(\cdot): Z_0^+ \to R_0^+$ der gewünschten Preise pro Wertpapier für ein Volumen v und
$u_i(p_i(v))$	die Funktion $u_i(\cdot): R_0^+ \to [0;1]$ der Nutzen über den angegebenen Preis/Volumen-Kombinationen (u wird o. b. d. A. auf das Intervall $[0;1]$ normiert)

repräsentieren.

[154] Will man die Nachfragefunktion der Abbildung 5.5 - beispielsweise bezüglich der Volumina 3000, 4500, 6000, 7500 und 9000 - als Treppenfunktion replizieren, ist zu beachten, daß jeweils nur die zusätzlichen Volumina als Ordervolumen angegeben werden. Hier müßten also 5 Orders mit Limitpreisen bzw. Volumina von (131, 3000); (130, 1500); (129, 1500); (128, 1500); (127, 1500) spezifiziert werden.

Entsprechend[155] spezifiziert jeder der $j = I+1,..,I+J$ Verkäufer eine Nutzenfunktion der Form

$$u_j(p_j(v)) \in [0;1] \text{ mit } v \in [v_j^{\min} ; v_j^{\max}] .$$

Zu bestimmen sind die

$x_{ijk} \in \{0;1\}$ Binärvariablen der Zuordnung eines ganzzahligen Teilvolumens v_{jk} $(k = 1,..,v_j^{\max} - v_j^{\min})$ eines Verkäufers j $(j = I+1,..,I+J)$ auf einen Käufer i $(i = 1,..,I)$ und die

$x_{jim} \in \{0;1\}$ Binärvariablen der Zuordnung eines Teilvolumens v_{im} $(m = 1,..,v_i^{\max} - v_i^{\min})$ von Käufer i $(i = 1,..,I)$ auf Verkäufer j $(j = I+1,..,I+J)$,

die innerhalb eines Matchingprozesses die Zielfunktion

$$\left(\sum_{i=1}^{I} u_i(p_i(v_i)) + \sum_{j=I+1}^{I+J} u_j(p_j(v_j))\right)$$

$$\text{mit } v_i = \sum_{j=I+1}^{I+J} \sum_{k=1}^{v_j^{\max}-v_j^{\min}} v_{jk}\, x_{ijk} \quad (i = 1,..,I)$$

$$\text{bzw. } v_j = \sum_{i=1}^{I} \sum_{m=1}^{v_i^{\max}-v_i^{\min}} v_{im}\, x_{jim} \quad (j = I+1,..,I+J)$$

maximieren.

Bei der Ermittlung der nutzenmaximalen Allokation sind als Nebenbedingungen zu berücksichtigen:

(a) Das gesamte den Käufern zugeordneten Volumen muß dem gesamten den Verkäufern zugeordnete Volumen entsprechen, d. h.

$$\sum_{i=1}^{I} v_i = \sum_{j=I+1}^{I+J} v_j .$$

[155] In der Modellierung erfolgt aus Gründen der Lesbarkeit eine Trennung von Käufer und Verkäufer, obwohl eine Zusammenfassung formal leicht durchführbar ist.

(b) Das einzelnen Käufern und Verkäufern zugeordnete Volumen muß innerhalb der über die jeweiligen Nutzenfunktionen vorgegebenen Volumengrenzen liegen, d. h.

$$v_i^{\min} \le v_i \le v_i^{\max} \; (i = 1,..I) \text{ bzw.}$$

$$v_j^{\min} \le v_j \le v_j^{\max} \; (j = I+1,..,I+J).$$

(c) Der Preis eines Käufer *i* bzw. Verkäufer *j* zugeordneten Volumens darf - die über die Nutzenfunktionen vorgegebenen - Höchst- bzw. Mindestpreise nicht über- bzw. unterschreiten, d. h.

$$p_i(v_i) \le \frac{\sum_{j=I+1}^{I+J} \sum_{k=1}^{v_j^{\max}-v_j^{\min}} p_j(v_{jk})\, v_{jk}\, x_{ijk}}{\sum_{j=I+1}^{I+J} \sum_{k=1}^{v_j^{\max}-v_j^{\min}} v_{jk}\, x_{ijk}} \qquad (i = 1,..I) \text{ bzw.}$$

$$p_j(v_j) \ge \frac{\sum_{i=1}^{I} \sum_{m=1}^{v_i^{\max}-v_i^{\min}} p_i(v_{im})\, v_{im}\, x_{jim}}{\sum_{i=1}^{I} \sum_{m=1}^{v_i^{\max}-v_i^{\min}} v_{im}\, x_{jim}} \qquad (j = I+1,..,I+J).$$

(d) Die Nutzen der zugeordneten Volumina müssen echt positiv sein, d. h.

$$u_i\,(p_i\,(v_i\,)) > 0 \text{ bzw. } u_j\,(p_j\,(v_j\,)) > 0.$$

Bei dem vorliegenden Problem handelt es sich um ein NP-schweres[156], nichtlineares, binäres Optimierungsproblem, das in den relevanten Instanzgrößen nicht mit vertretbarem Rechenaufwand exakt lösbar ist. Daher sollten zur Lösung dieses Optimierungsproblems Heuristiken als Näherungsverfahren eingesetzt werden. Ein solches Näherungsverfahren wurde im System OPTIMARK umgesetzt. Dieses wird in Kapitel 6 vorgestellt.

(Typ 2) *Handelsstrategie mit Verhandlungsverhalten* (Abbildung 5.6)

Um einer Wertpapierorder ein Verhandlungsverhalten zuordnen zu können, wird bei dieser Repräsentationsform als weitere Dimension die Verhandlungszeit eingeführt. Ein Verhandlungsverhalten kennzeichnet - ähnlich dem Verhalten eines

[156] Zur Komplexitätstheorie vgl. [GaJo79].

menschlichen Intermediärs - die Möglichkeit, Preis/Volumen-Kombinationen *p(t, v(t))* oder Preise *p(t)* bei konstantem Volumen $\bar{v}$ im Verhandlungsprozeß zu rekalibrieren. Damit kann ein Marktteilnehmer eine Art „Aggressivität" in den Verhandlungen spezifizieren, die als Ausdruck seines Wunsches nach Sofortigkeit interpretiert werden kann. Abbildung 5.6 stellt eine Handelsstrategie dar, bei der für Volumen zwischen 3000 und 4000 die Preise sukzessive in einem Verhandlungsprozeß erhöht werden

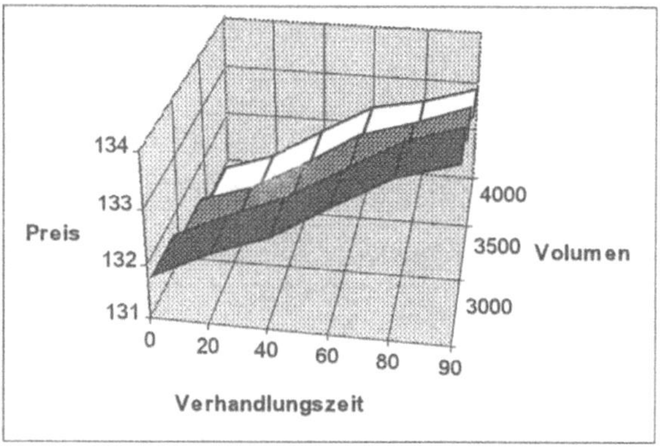

Abbildung 5.6: Handelsstrategie (Kauf) mit Verhandlungsverhalten.

Eine solche Handelsstrategie wird im System AMTRAS umgesetzt. Konzept und Realisierung dieses Systems werden in Kapitel 7 erläutert.

5.4.2 Erweiterung des Bezugsrahmens für Marktmodelle

Über diese Repräsentationsformen werden die Such- und Handelsstrategien der Marktteilnehmer zum integralen Bestandteil des Marktmodells eines Elektronischen Handelssystems und werden direkt über das Front-End spezifiziert - ohne durch konventionelle Orders abgebildet werden zu müssen.

Daher ist der Bezugsrahmen aus Abschnitt 3.1 zu erweitern (vgl. Abbildung 5.7). Als neue Prozeßphasen werden die Phase der Spezifikation von Such- und Handelsstrategien und die Phase der Umsetzung von Suchstrategien eingeführt. Die Phase der Umsetzung von Handelsstrategien wird in die Abschlußphase integriert.

Diese Erweiterung enthält die Strukturmerkmale von Marktmodellen existierender Elektronischer Handelssysteme[157] als Spezialfall.

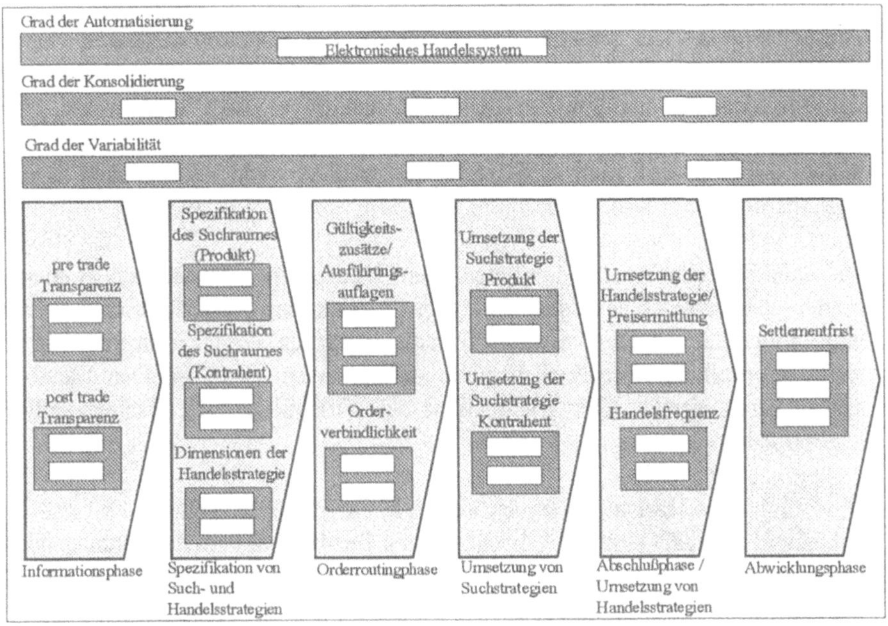

Abbildung 5.7: Erweiterter Bezugsrahmen für Marktmodelle.

5.4.3 Das Konzept dynamischer Marktmodelle

Börseninstitutionen bieten ihre Dienstleistungen i. d. R. über die Bereitstellung mehrerer Handelssegmente an. Diese resultieren zum einen aus der Art der gehandelten Wertpapiere (z. B. in Form spezieller Segmente für Benchmarkwerte, Wachstumswerte oder Auslandswerte) oder den jeweils geltenden Zulassungsanforderungen (z. B. die vertikale Segmentierung des deutschen Marktes in Amtlichen Handel, Geregelten Markt, Neuen Markt und Freiverkehr). Zum anderen erfolgt eine Segmentierung nach Anlegergruppen, die wesentlich durch die gehandelten Ordergrößen determiniert wird (z. B. den Upstairs-Markt der NYSE).

Über die einzelnen Börseninstitutionen hinaus ist die Börsenlandschaft als solche durch ein Nebeneinander einer Vielzahl unterschiedlicher Marktstrukturen ge-

[157] Aufgrund der Tatsache, daß es sich hier und im folgenden ausschließlich um Elektronische Handelssysteme handelt, ist das Strukturmerkmal „Grad der Automatisierung" festgelegt.

kennzeichnet. Trotz dieser Vielfalt börslicher Marktstrukturen gewinnen außerbörsliche Märkte mit wiederum sehr unterschiedlichen Handelsverfahren und insbesondere PTS zunehmend an Bedeutung (vgl. Abschnitt 4.2.2.4).

Dieser Trend läßt sich - wie die Ausführungen des Abschnittes 5.2 zeigen - durch die heterogenen Anforderungen speziell institutioneller Investoren begründen. Bei der Auswahl für einen konkreten Markt handelt es sich letztlich um eine Entscheidung für ein bestimmtes Marktmodell mit bestimmten Strukturmerkmalen. Dabei ist, wie auch Steil betont, die oben erwähnte Vielfalt nicht ausreichend: *„Institutions want more choice in trading vehicles“* [Steil97[158]].

Der außerbörsliche Handel ermöglicht dem Händler eine Vielzahl von Freiheitsgraden - nicht zuletzt durch den bilateralen Charakter der Geschäftsabschlüsse. Für eine erfolgreiche Elektronisierung des außerbörslichen Wertpapierhandels ist es somit erforderlich, diese Freiheitsgrade auch in einem Elektronischen Handelssystem bereitzustellen. Hier ist der Grad der Variabilität (vgl. Abschnitt 3.3.1) angesprochen:

Obwohl flexible Marktmodelle in größerem Maße an die Bedürfnisse der Handelsteilnehmer angepaßt sind als statische, stellen flexible Marktmodelle immer noch einen Kompromiß zwischen den unterschiedlichen Interessen dar. Bisher war es nicht möglich, ein Marktmodell zu konzipieren und umzusetzen, welches den Anforderungen einer Vielzahl von Marktteilnehmern gerecht werden konnte. Dies wird erst dann umsetzbar, wenn ein Modell bereitgestellt wird, welches die einzelnen Handelsteilnehmer individuell an ihre aktuellen Bedürfnisse anpassen können.

Vor diesem Hintergrund wird das Konzept dynamischer Marktmodelle [BuGo99] eingeführt. Dynamische Marktmodelle zeichnen sich dadurch aus, daß den Marktteilnehmern, im Unterschied zu einem flexiblen Marktmodell, die Möglichkeit geboten wird, selbst die konkreten Ausprägungen der Strukturmerkmale festzulegen und so für jede Transaktion aus mehreren Alternativen ein gewünschtes Marktmodell auszuwählen. Die Regeln für das Eintreten bestimmter Ausprägungen sind somit nicht fest vorgegeben.

Ein dynamisches Marktmodell wird definiert als:

Definition 8 (dynamisches Marktmodell):

> *Regelwerk der Orderzusammenführung und Preisfindung, das mehrere alternative Ausprägungen von Strukturmerkmalen bereitstellt und es den*

[158] Quelle ohne Seitenzahlen.

Marktteilnehmern ermöglicht, individuell und transaktionsspezifisch ein Marktmodell auszuwählen.

Ziel dieses Konzeptes ist es, dem Händler einen „Werkzeugkasten“ bzw. - um die Metapher von Schwartz (vgl. Abschnitt 5.1) aufzugreifen - eine Art „Mall“ an die Hand zu geben. Der Händler soll damit in *einem* Elektronischen Handelssystem je nach Präferenz aus einer vorgegebenen Menge von Ausprägungen der Strukturmerkmale die gewünschten auswählen können. Die bereitzustellenden Freiheitsgrade können sich auf die folgenden Strukturmerkmale beziehen:

- Verfahren der Preisfeststellung
- Handelsfrequenz
- pre-trade Markttransparenz
- post-trade Markttransparenz
- Orderverbindlichkeit

Bezüglich des *Verfahrens der Preisfeststellung* soll es den Händlern überlassen werden, ob sie z. B. eine reine Suche durchführen wollen, um Preise bilateral am Telefon zu verhandeln, sie ihre Quotierungen parallel einer Vielzahl von Marktteilnehmern zeigen (Broadcast bzw. Multicast), anonyme bi- bzw. multilaterale Verhandlungen führen oder, ob sie kontinuierlich handeln oder an periodischen Auktionen teilnehmen möchten (*Handelsfrequenz*).

Neben alternativen Verfahren der Preisfeststellung und der Handelsfrequenz spielen alternative *Transparenzgrade* eine wesentliche Rolle. Das Konzept dynamischer Marktmodelle ermöglicht es den Händlern, selbständig die Ausprägungen der pre-trade bzw. post-trade Transparenz einzustellen. Es wird so z. B. liquiditätsmotivierten Investoren die Möglichkeit geboten, ihre Identität offenzulegen, um so adverse Preiseffekte zu vermeiden. Spezielle Anforderungen an die Markttransparenz haben auch solche Marktteilnehmer, die bewußt in den Marktprozeß eingreifen, um auf diese Weise Kurse verschiedener Aktiva zu beeinflussen[159]. Händlern wird die Möglichkeit geboten, auch über eine verzögerte Veröffentlichung der Transaktionen und das Ausmaß dieser Verzögerung zu entscheiden[160]. Darüber hinaus kann der Händler selbst bestimmen, ob er verbindliche oder unverbindliche Orders erteilen möchte (*Orderverbindlichkeit*).

---

[159] Zum Beispiel betreibt die Bundesbank Kurspflege für Bundeswertpapiere. Aus diesem Grunde sind die Händler der Bundesbank daran interessiert, ihre Präsenz am Markt offenzulegen, um Signalwirkungen zu erzielen.

[160] So ist der Erfolg des Systems SEAQ entscheidend in einer verzögerten Bekanntgabe von Transaktionen begründet. In den USA müssen alle Transaktionen in den großen Werten unabhängig vom Transaktionsvolumen innerhalb von 90 Sekunden bekanntgegeben werden [Steil96], was zu einer verstärkten Ausführung von US-Blocks in London geführt hat.

Dabei ist im Marktdesign sicherzustellen, daß die von den Händlern eingestellten Marktmodelle wechselseitig kompatibel sind, d. h. für ein Matching müssen nicht nur kompatible Wertpapierparameter sondern auch zueinander kompatible Strukturmerkmale vorliegen. Die Bestimmung von zueinander kompatiblen Strukturmerkmalen ist eine Aufgabe im Rahmen des Marktdesigns: Präferiert ein Händler z. B. eine Auktion, der andere jedoch eine Verhandlung, kann ein Matching nicht erfolgen. Ein Matching ist jedoch möglich, wenn ein Händler Anonymität wünscht, der andere aber gewillt ist, seine Identität offenzulegen.

Ein solcher Markt kann und soll die Funktion einer Börse als zentralen und transparenten Ort der Preisfindung nicht ersetzen. Die Aussage von Schiereck und Weber: „*Daraus* [aus der Studie[161]] *folgt für die Bereitstellung des Transaktionsservices, daß eine alle Marktteilnehmer zufriedenstellende Handelsstruktur illusorisch ist und daß jede Börse sich beim Aufbau ihres Handelssystems überlegen muß, welche Anlegergruppe sie vorrangig ansprechen will*" [ScWe96, 657], wird auch über das Konzept dynamischer Marktmodelle nicht grundsätzlich in Frage gestellt. Dieses Konzept ermöglicht es jedoch, die heterogenen Anforderungen in einer bestimmten Anlegergruppe (institutionelle Investoren) zu erfüllen und eine Elektronische Handelsplattform für Segmente, die bisher durch einen Broker- bzw. Telefonhandel mit hohen Transaktionskosten gekennzeichnet sind, bereitzustellen.

5.5 Zwischenfazit

In Kapitel 5 wurden die Anforderungen institutioneller Investoren und die primären Aufgaben der Broker analysiert. Die Realisierung von Such- und Handelsstrategien und die Umsetzung des Konzeptes dynamischer Marktmodelle ermöglichen eine Ergänzung des außerbörslichen Broker- bzw. Telefonhandels durch ein Elektronisches Handelssystem.

Ein Einsatz innovativer Informationssysteme zur Elektronisierung des OTC-Marktes sollte - unter Berücksichtigung der Sicherheitsanforderungen - die Marktteilnehmer bei akzeptablem Kommunikations- und Zeitaufwand in die Lage versetzen, die gewünschten Produkte und potentielle Kontraktpartner zu finden und mit diesen die Vertragskomponenten bi- bzw. multilateral auszuhandeln. Ein Elektronisches Handelssystem für den OTC-Handel sollte deshalb folgenden Anforderungen genügen:

---

161 Ergänzung durch den Verfasser.

(1) *Bereitstellung eines Front-Ends zur Spezifikation von Such- und Handelsstrategien,*

(2) *Identifikation der vom Händler gesuchten Produkte und potentieller Kontraktpartner auf Basis einer vorgegebenen Suchstrategie,*

(3) *Kompetenz zur Führung bilateraler (Vor-)Verhandlungen auf Basis einer vorgegebenen Handelsstrategie,*

(4) *Möglichkeit zur Kontrolle des Verhandlungsprozesses und*

(5) *Bereitstellung eines dynamischen Marktmodells.*

Die Abbildung dieser Konzepte und die damit erforderliche Flexibilität auf der semantischen Ebene stellt hohe Anforderungen an die Flexibilität der technischen Ebene, konkret des zugrundeliegenden Softwareparadigmas. Das Paradigma der Softwareagenten bietet hier einen Lösungsansatz. Die Umsetzung von Such- bzw. Handelsstrategien sowie dynamischer Marktmodelle auf Basis der Agententechnologie wird in Kapitel 7 im Kontext des Systems AMTRAS näher erläutert. Zuvor wird in Kapitel 6 das System OPTIMARK vorgestellt. Dieses Handelssystem wurde im Januar 1999 an der Pacific Exchange eingeführt und unterstützt die anonyme Spezifikation und Zusammenführung mehrdimensionaler Orders (Handelsstrategien vom Typ 1).

6 Neue Konzepte und Technologien für den Aktienhandel - Das System OPTIMARK[162]

Vor dem Hintergrund der zunehmenden Bedeutung institutioneller Handelsaktivitäten und der Problematik hoher Handelskosten bei Transaktionen großer Volumina hat die OPTIMARK Technologie Inc. mit Sitz in Durango, Colorado, ein Handelssystem mit dem Namen OPTIMARK (Abkürzung für Optimal Market) entwickelt. Das System OPTIMARK bietet den Marktteilnehmern die Möglichkeit zur Spezifikation von Handelsstrategien in einem anonymen Markt und führt diese über einen zentralen Algorithmus zusammen.

Im Gegensatz zu anderen PTS (vgl. Abschnitt 4.2.2) strebt OPTIMARK nicht den Aufbau einer zu bestehenden Börsensystemen konkurrierenden Plattform als Broker bzw. Broker-Dealer an, sondern versucht, Börseninstitutionen als Kooperationspartner zu gewinnen und bestehende Börseninfrastrukturen zu nutzen. Dadurch soll einerseits eine weitere Marktsegmentierung vermieden und andererseits alle Trades und die damit verbundenen Gebührenzahlungen über die Börsenmitglieder bzw. Broker abgewickelt werden, um so Interessenkonflikte zu umgehen [Paci97].

OPTIMARK wurde am 29.01.1999 an der Pacific Exchange (PCX; San Francisco, Los Angeles) eingeführt [Econ99] und soll noch im Jahr 1999 an der NASDAQ starten [Busi98]. Darüber hinaus ist auch der Einsatz in Börsensystemen außerhalb der USA geplant, eine Zusammenarbeit mit der Osaka Stock Exchange (OSE), Japan ist bereits vereinbart [Opti98a].

Zum heutigen Zeitpunkt[163] sind noch keine auswertbaren Daten bezüglich des Transaktionsumfanges, der Akzeptanz und der technischen Performance des Systems verfügbar. Jedoch wird dem OPTIMARK-Ansatz ein hohes Potential bescheinigt, Order-Flow auf das System und damit weg von den traditionellen Handelsformen ziehen zu können. Daher wird dieser Ansatz als „*biggest threat New York* [New York Stock Exchange[164]] *has ever faced*" [Eato98] gehandelt.

6.1 Das System OPTIMARK

Nachfolgend werden die wichtigsten Eigenschaften des Systems unter besonderer Berücksichtigung der im vorangegangenen Kapitel 5 diskutierten Konzepte er-

---

162 Dieses Kapitel ist eine erweiterte und aktualisierte Version der Arbeit [Gomb98].
163 Die Ausführungen beziehen sich auf den Stand 01. März 1999.
164 Anmerkung des Verfassers.

läutert. Die Darstellung des Systemkonzeptes von OPTIMARK orientiert sich dabei an dem in Abschnitt 5.4.1 entwickelten Bezugsrahmen.

6.1.1 Phasenspezifische Strukturmerkmale

6.1.1.1 Informationsphase

OPTIMARK ermöglicht die Spezifikation von Handelsstrategien und deren Zusammenführung in einem vollständig anonymen Markt. Das Orderprofil eines Händlers wird den sonstigen Marktteilnehmern nicht offengelegt, d. h. die Person des Händlers bleibt anonym und auch seine Handelsstrategie wird nicht gezeigt. Diese wird ausschließlich im zentralen Optimierungsalgorithmus zum Order-Matching und zur Preisermittlung genutzt [RiLu96]. Der Händler kann also eine Handelsstrategie in Form einer einzelnen Order spezifizieren, ohne adverse Preiseffekte befürchten zu müssen. Die Prüfungsgesellschaft Deloitte Touch zertifiziert, daß auch die Systembetreiber selbst, d. h. die Mitarbeiter von OptiMark Technologies Inc., keine Informationen bezüglich eingestellter Orders erhalten können [Petr98] (*pre-trade Markttransparenz*).

Nur bereits durchgeführte Transaktionen werden den Marktteilnehmern bekanntgegeben. Unmittelbar nach einem Order-Matching werden sowohl den Kontrahenten als auch dem Markt Preise und Volumina der durchgeführten Transaktionen, nicht jedoch die Identität der Kontrahenten, angezeigt (*post-trade Markttransparenz*).

6.1.1.2 Spezifikation von Such- und Handelsstrategien

OPTIMARK stellt zum heutigen Zeitpunkt ein reines Aktienhandelssystem dar, d. h. die jeweilige Aktie wird vom Händler vorgegeben, eine Produktsuche ist nicht erforderlich. Da das System als börsliches System ausgelegt ist, wird das Ausfallrisiko durch die Zwischenschaltung der Clearingmitglieder entscheidend verringert. Die Erfordernis der Spezifikation von Suchstrategien ist im OPTIMARK-Ansatz also nicht gegeben.

Der Händler kann seinen Transaktionswunsch - im Gegensatz zur zweidimensionalen Repräsentationsform von Orders in traditionellen Systemen - in Form einer Handelsstrategie spezifizieren. Es handelt sich, nach der Klassifikation in Abschnitt 5.4.1, um Handelsstrategien vom Typ 1: Eine OPTIMARK-Order kann aus einer Vielzahl von Preis/Volumen-Kombinationen bestehen, denen eine Präferenzbewertung des Auftraggebers, eine sogenannte „willingness to trade“, als weitere Dimension zugeordnet wird. Über ein dreidimensionales Profil, ein sogenanntes „satisfaction profile“, wird jeder Preis/Volumen-Kombination eine Nutzenbewertung zwischen 0 und 1 zugeordnet[165] (vgl. Abbildung 6.1). Ein solches Profil stellt eine normalisierte bivariate Nutzenfunktion dar [RiLu96].

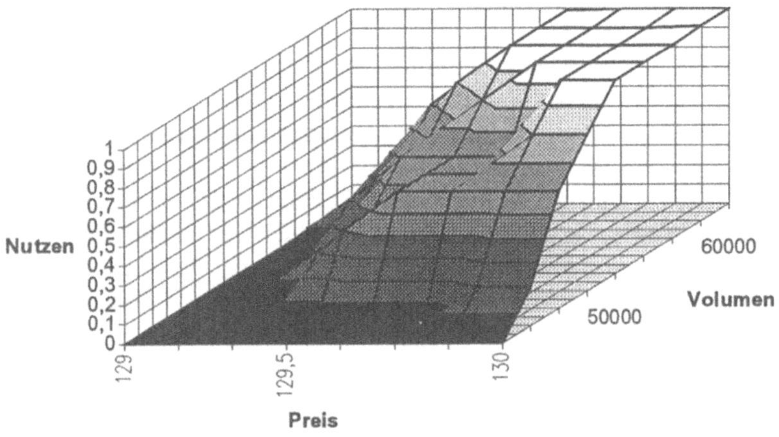

Abbildung 6.1: Orderprofil (Verkaufsorder) im dreidimensionalen Raum [vgl. RiLu96, S. 3].

Diese Art der Orderspezifikation erlaubt es, sowohl normale Limit-Orders über Nutzenzuordnungen von ausschließlich genau 0 oder genau 1 als auch Profile mit unterschiedlichen Nutzenbewertungen für verschiedene Preis/Volumen-Kombinationen einzustellen. Die Abstufungen der Nutzenbewertungen sind in Schritten von je 0,1 Einheiten möglich.

Über eine grafische Oberfläche können unter Verwendung verschiedener Farbcodes[166] die Nutzenbewertungen alternativer Preis/Volumen-Kombinationen für bestimmte Aktien in ein zweidimensionales Preis/Volumen-Diagramm eingetragen werden (vgl. Abbildung 6.2).

---

165 0 entspricht dem geringsten Nutzen, d. h. es liegt kein Handelsinteresse vor, 1 entspricht dem höchsten Nutzen, d. h. es liegt uneingeschränktes Handelsinteresse vor.

166 Der Farbcode „weiß“ steht für einen Nutzen von 1, „schwarz“ impliziert einen Nutzen von 0. Für jede Nutzeneinheit existiert eine spezielle Farbzuordnung.

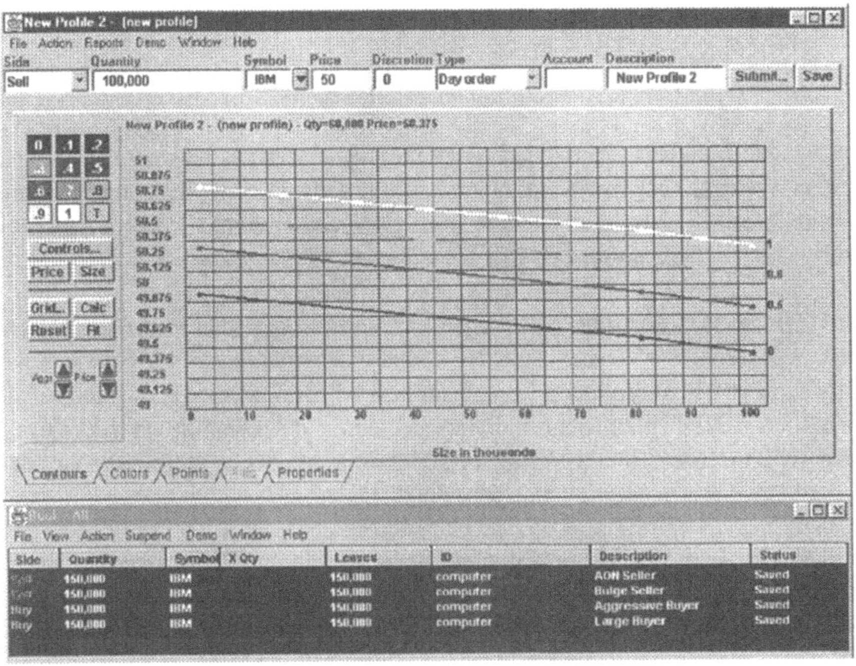

Abbildung 6.2: Spezifikation einer Verkaufsorder über das OPTIMARK-Front-End [Opti98a].

6.1.1.3 Orderroutingphase

Alle im System eingestellten Profile sind verbindlich. Änderungen der Profile sind jederzeit möglich (vgl. Abschnitt 6.1.1.5), führen dann aber zu einer Anpassung des Einstellungszeitpunktes[167]. OPTIMARK ermöglicht keine Spezifikation von Market-Orders, auch Stop Orders sind nicht einstellbar, sonstige Ausführungsauflagen (z. B. Fill-Or-Kill-Order) oder Gültigkeitszusätze (Day-Order) können jedoch definiert werden.

6.1.1.4 Umsetzung von Suchstrategien

Im OPTIMARK-Ansatz ist keine Spezifikation und damit ebenfalls keine Umsetzung von Suchstrategien erforderlich. Vergleiche dazu die unter Abschnitt 6.1.1.2 aufgeführten Argumente.

---

[167] Die Relevanz des jeweiligen Einstellungszeitpunkt wird bei der Erläuterung der Prioritätsregeln in Abschnitt 6.1.1.5 verdeutlicht.

6.1.1.5 Abschlußphase/Umsetzung von Handelsstrategien

OPTIMARK ermöglicht einen (quasi) kontinuierlichen Handel und strebt an, alle im System vorhandenen Profile in Zyklen von jeweils neunzig Sekunden zusammenzuführen. Die von den verschiedenen Händlern erteilten Orders werden an einen zentralen Supercomputer [Orfo96] geroutet und dort gematcht.

Wie bereits in Abschnitt 5.4.1 erläutert, besteht das durch den zentralen Matchingalgorithmus[168] zu lösende, NP-schwere Optimierungsproblem darin, eine Allokation von Preis/Volumen-Kombinationen auf die verschiedenen Käufer und Verkäufer zu finden, die, unter Berücksichtigung der über die Profile eingegebenen Nutzenbewertungen, zu einer Maximierung der aggregierten Nutzenbewertungen über alle Marktteilnehmer führt.

Zur Bestimmung der auszuführenden Orders und zur Preisermittlung nutzt OPTIMARK ein zweistufiges Näherungsverfahren[169] (vgl. hierzu auch [RiLu96]). Die beiden Stufen dieses Näherungsverfahrens - die Aggregation und die Akkumulation - werden im folgenden zunächst allgemein und dann anhand eines im Rahmen dieser Arbeit entwickelten Beispiels erläutert:

Aggregation

In der ersten Stufe, der *Aggregation*, werden ausschließlich Preis/Volumen-Kombinationen mit Nutzenzuordnungen von eins betrachtet. Ziel dieser Stufe ist die Aggregation von (meist) mehreren kleineren Orders, um diese mit einer großen Order zu matchen. Dazu bedient man sich des Konzepts des Aggregation-Attractor [ClWe98].

Der Aggregation-Attractor wird auf Basis definierter Prioritätsregeln ermittelt und repräsentiert zu einem Zeitpunkt genau eine Preis/Volumen-Kombination genau eines Profils, für die eine Aggregation von passenden Orders auf der anderen Marktseite gesucht wird.

Unabhängig vom Erfolg oder Mißerfolg des jeweiligen Aggregationsversuchs wechselt der Aggregation-Attractor das Profil auf Basis der Prioritätsregeln bis

---

[168] Der OPTIMARK Matching-Prozeß wurde am 18. November 1997 unter der Nummer 5.689.652 patentiert.

[169] Diese Vorgehensweise entspricht der eines Greedy-Algorithmus [vgl. NeMo93], d. h. eines iterativen Lösungsverfahrens, wobei in jedem Einzelschritt der Iteration eine für diesen Schritt optimale Lösung ermittelt wird. Eine global optimale Lösung wird dadurch in der Regel nicht erreicht.

keine weiteren Preis/Volumen-Kombinationen mit Nutzenzuordnungen von eins gematcht werden können. Bei einer erfolgreichen Aggregation und unterschiedlichen Preisvorgaben von Käufer und Verkäufer (z. B. Käuferlimit 48 und Verkäuferlimit 47) ergibt sich der Transaktionspreis aus dem vorteilhafteren Preis aus Sicht des Profils, das aktuell der Aggregation-Attractor ist.

Zur Ermittlung des Aggregation-Attractor finden die folgenden Prioritätsregeln in der aufgelisteten Reihenfolge Anwendung:

1. *Preis*: höchster Kauf bzw. niedrigster Verkaufspreis,
2. *Teilausführung*: Orders, die Teilausführungen zulassen, haben Priorität,
3. *Auftraggeber*: Kundenaufträge vor Aufträgen der Börsenmitglieder,
4. *Zeit*: früher eingestelltes Profil hat Vorrang,
5. *Volumen*: höheres Volumen hat Priorität.

Das Aggregationsverfahren wird im folgenden anhand eines Beispiels mit 4 Kundenaufträgen, davon 3 Käufer und ein Verkäufer, erläutert. Die Orderprofile beinhalten aus Vereinfachungsgründen lediglich Nutzenzuordnungen von 0 oder 1. Abbildung 6.3 zeigt die Profile mit ihren Einstellungszeitpunkten, wobei die weißen Zellen eine Nutzenbewertung von 1, die schwarzen einen von 0 anzeigen.

Die Volumina sind hier und in den folgenden Abbildungen jeweils in Tausend Stück angegeben[170], es soll sich im Beispiel jeweils um Kundenaufträge handeln. Die Order von Käufer A ist eine All-or-Nothing-Order mit einem Volumen von 30.000 Aktien zu einem maximalen Kaufpreis von 46 pro Aktie, Käufer B möchte maximal 44 für Volumina bis zu 30.000 Stück zahlen und Käufer C definiert eine All-or-Nothing-Order mit einem Volumen von 20.000 Aktien zu maximal 46. Der Verkäufer Z definiert eine Nutzenbewertung von 1 für Verkaufsvolumina zwischen 70.000 und 80.000 Aktien zu einem Preis von mindestens 44.

[170] Aus technischer Sicht sind im System grundsätzlich alle Ordergrößen handelbar. Eventuelle Mindestordergrößen können durch die jeweilige Börseninstitution vorgegeben werden.

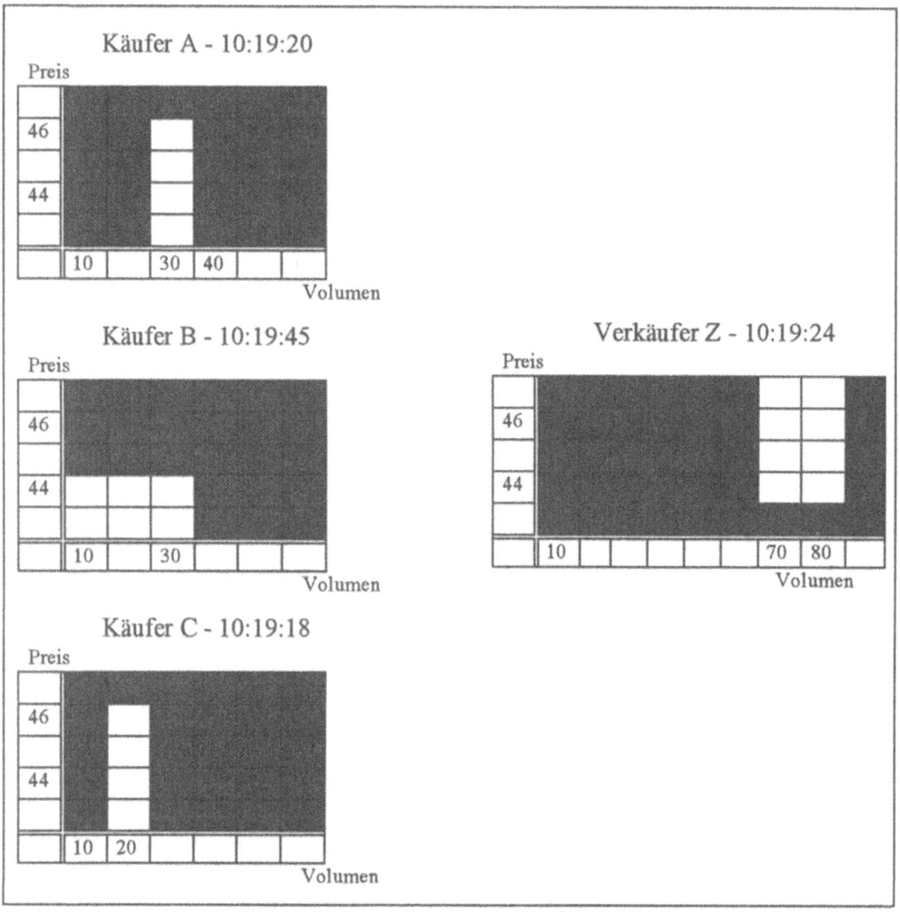

Abbildung 6.3: Beispiel zur Aggregation

Über die Anwendung obiger Prioritätsregeln erfolgt nun die Ermittlung des ersten Aggregation-Attractors. Potentielle Kandidaten gemäß der Preispriorität sind im Beispiel die Profile von Käufer A, Käufer C und des Verkäufers Z, da diese den besten Preis auf der jeweiligen Marktseite repräsentieren. Da sowohl der Verkäufer Z als auch die Käufer A und C keine beliebige Teilausführung ihrer Orders zulassen, und es sich jeweils um Kundenaufträge handelt, greift das vierte Prioritätskriterium, der Zeitpunkt der Einstellung des Profils. Deshalb wird die Preis/Volumen-Kombination (46/20.000) des Käufers C zum Aggregation-Attractor. Da sich für diesen Attractor keine korrespondierenden Profile auf der Gegenseite befinden[171], ergibt sich nach erneuter Anwendung der Prioritätsregeln die Kombination (46/30.000) des Käufers A als Aggregation-

[171] Der Verkäufer will mindestens 70.000 Aktien absetzen.

Attractor. Auch hier finden sich keine entsprechenden Profile auf der Briefseite, die Kombination (44/80.000) des Verkäufers wird zum nächsten Aggregation-Attractor. In diesem Fall liegt ein entsprechendes Volumen auf der anderen Marktseite vor und die Volumina auf der Käuferseite (hier die Preis/Volumen-Kombinationen (44/30.000) des Käufers B, (44/20.000) des Käufers C und (44/30.000) des Käufers A) werden aggregiert. Grundlage für die Aggregation auf der Käuferseite sind wiederum die oben genannten Prioritätsregeln. Vor dem Matching wird überprüft, ob dieses Volumen zu einem für den Verkäufer besseren Preis, in diesem Fall 45 aggregierbar ist. Da dies nicht der Fall ist, erfolgt das Matching der Profile zu 44.

Akkumulation

Nach Abschluß der Aggregationsphase werden im zweiten Schritt des Optimierungsalgorithmus, der sogenannten *Akkumulation*, die verbleibenden Profile hinsichtlich weiterer Möglichkeiten des Matching untersucht. Dazu erfolgt eine paarweise Multiplikation der Nutzenbewertungen aller Preis/Volumen-Kombinationen von Käufern und Verkäufern mit gleichem Preis und Volumen zu einem gemeinsamen Profil[172]. Sind N Käufer und M Verkäufer im System, ergeben sich $N*M$ gemeinsame Profile, die die gemeinsamen Nutzenbewertungen des jeweiligen Käufer-/Verkäuferpaars bezüglich verschiedener Preis/Volumen-Kombinationen, die sogenannte „mutual satisfaction", repräsentieren. Diese werden in eine Reihenfolge absteigender gemeinsamer Nutzenbewertungen gebracht und auf Basis dieses Rankings gematcht. Dabei finden folgende Prioritätsregeln als Tie-Breaking-Rules Berücksichtigung [ClWe98]:

1. *Auftraggeber*: Kundenaufträge vor Aufträgen der Börsenmitglieder,
2. *Zeit*: gemeinsames Profil mit früherem Einstellungszeitpunkt des früheren der beiden Einzelprofile hat Vorrang,
3. *Volumen*: höheres Volumen hat Vorrang,
4. *Zeit*[173]: gemeinsames Profil mit früherem Einstellungszeitpunkt des späteren der beiden Einzelprofile hat Vorrang,
5. *Preis*[174]: bei alternativen Preisen wird der Preis gewählt, der vorteilhaft für das früher eingestellte Profil ist.

---

172 Diese gemeinsamen Profile können als Hilfsprofile angesehen werden, die der Bestimmung der Zuordnungen in der Akkumulationsphase dienen. Die ursprünglichen Profilwerte der einzelnen Käufer bzw. Verkäufer werden durch die Berechnung dieser gemeinsamen Profile nicht verändert.

173 Diese Prioritätsregel wird relevant, wenn eine Entscheidung bezüglich des Vorrangs zwischen den gemeinsamen Profilen z. B. eines Käufers A und zwei Verkäufern Z und Y, d. h. zwischen dem gemeinsamen Profil A/Z und dem gemeinsamen Profil A/Y, getroffen werden muß und das Profil A das früheste der drei Profile ist. Wurde Z vor Y eingestellt, genießt A/Z Priorität vor A/Y, wurde Y vor Z eingestellt, hat A/Y Priorität vor A/Z.

Nachfolgendes Beispiel (vgl. Abbildung 6.4) beschreibt die Durchführung von Aggregation *und* Akkumulation mit 3 Käufern und 2 Verkäufern, deren Profile Nutzenzuordnungen von 0, 0.4, 0.6, 0.8 bzw. 1 aufweisen.

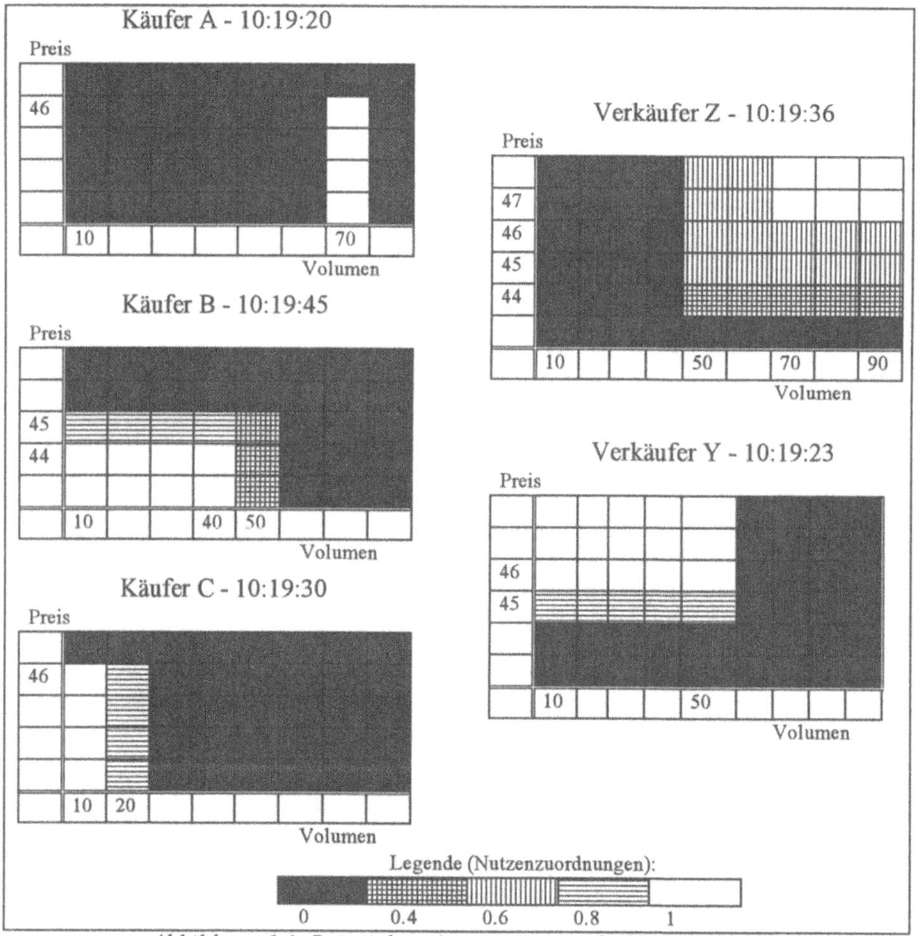

Abbildung 6.4: Beispiel zu Aggregation und Akkumulation.

Nach Anwendung der Prioritätsregeln für die Aggregation wird im Beispiel die Preis/Volumen-Kombination (46/50.000) des Verkäufers Y zum Aggregation-

[174] Dieser Fall wird relevant, wenn in *einem* gemeinsamen Profil mehrere Preis-/Volumen-Kombinationen den gleichen (gemeinsamen) Nutzen repräsentieren.

Attractor. Zu diesem Preis ergibt sich eine korrespondierende Preis/Volumen-Kombination auf der Käuferseite lediglich bei einem Volumen von 10.000 (Käufer C). Nach dem Matching von 10.000 Aktien zu 46 ergeben sich keine weiteren Möglichkeiten der Aggregation.

Die erfolgreichen Transaktionen in der Aggregationsphase werden aus den jeweiligen Profilen eliminiert. Abbildung 6.5 zeigt die Profile von Käufer C und Verkäufer Y nach der Durchführung der Aggregation.

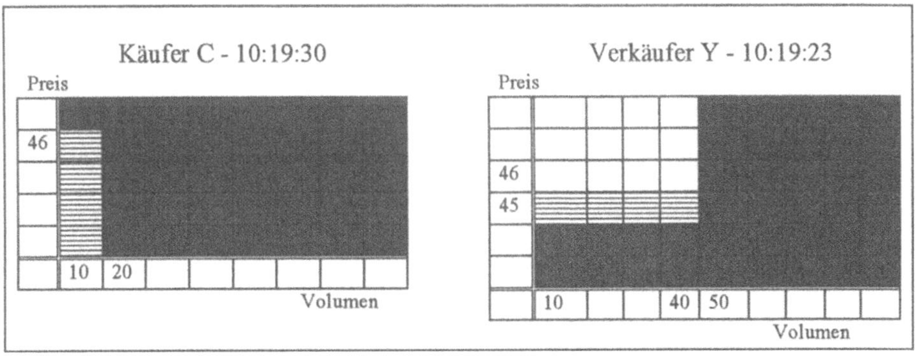

Abbildung 6.5: Veränderte Profile nach der Aggregation.

Zur Akkumulation werden nun die gemeinsamen Profile aller möglichen Käufer-/Verkäuferpaare durch Multiplikation der angegebenen Nutzenbewertungen in allen Preis/Volumen-Kombinationen berechnet.

Die Profile der gemeinsamen Nutzenbewertungen in dem hier relevanten Bereich werden in Abbildung 6.6 dargestellt, wobei die schwarzen Zellen wiederum eine (gemeinsame) Nutzenbewertung von 0 anzeigen.

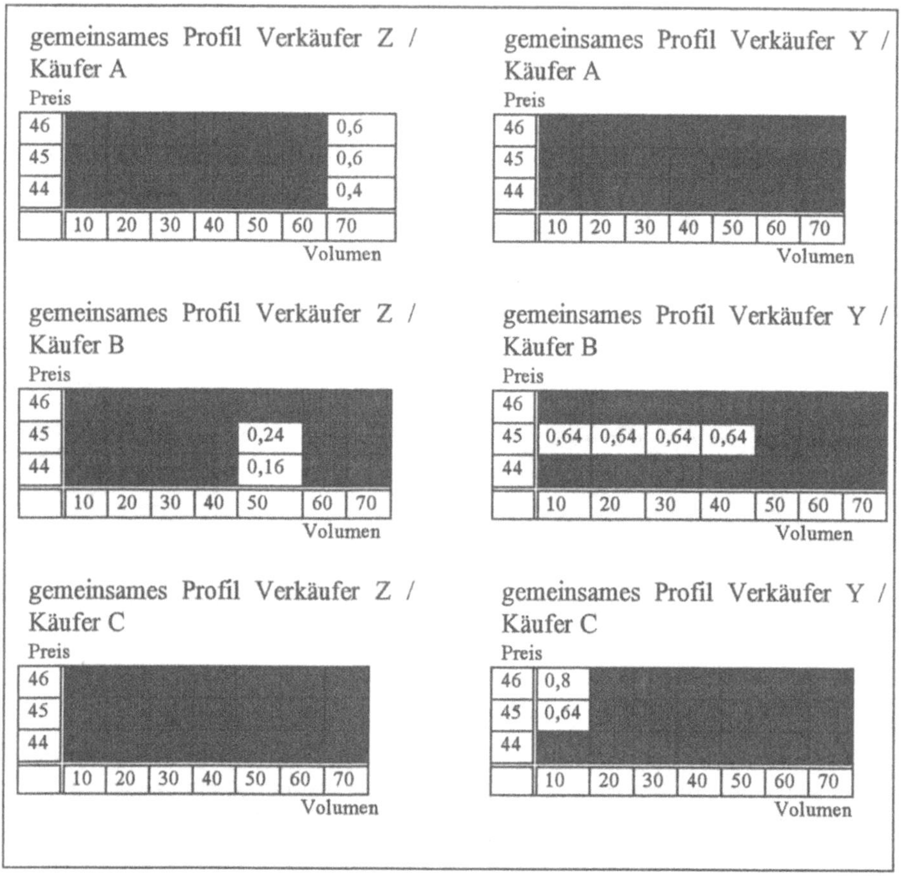

Abbildung 6.6: Gemeinsame Profile vor Durchführung der Akkumulation

Im Beispiel wird in der Akkumulationsphase gemäß den oben aufgeführten Prioritätsregeln ein Matching folgender Preis/Volumen-Kombinationen in der aufgeführten Reihenfolge ermittelt. Analog dem Vorgehen in der Aggregationsphase werden auch in der Akkumulationsphase die jeweils gematchten Preis/Volumen-Kombinationen aus den Profilen eliminiert:

1. 10.000 Aktien zu 46 (Verkäufer Y / Käufer C) - Profile mit Beteiligung des Käufers C werden eliminiert, Profil des Verkäufers Y wird um 10.000 reduziert,
2. 30.000 Aktien zu 45 (Verkäufer Y / Käufer B) - Profile mit Beteiligung des Verkäufers Y werden eliminiert, Profil des Käufers B wird um 10.000 reduziert,

3. 70.000 Aktien zu 45 (Verkäufer Z / Käufer A) - Profile mit Beteiligung des Käufers A werden eliminiert, Profil des Verkäufers Z wird um 70.000 reduziert. Der Preis beträgt 45, da hier das fünfte Prioritätskriterium Anwendung findet und zum vorteilhaften Preis für das früher eingestellte Profil (Käufer A) gematcht wird.

Die - nach vollständiger Durchführung von Aggregation und Akkumulation - im System verbleibenden Profile werden im nächsten Matching berücksichtigt.

6.1.1.6 Abwicklungsphase

Auch in der Abwicklungsphase steht im OPTIMARK-Konzept die Nichtoffenbarung der Transaktionsabsichten der Marktteilnehmer im Vordergrund. Zwar müssen alle OPTIMARK-Transaktionen über die Einschaltung von Börsenmitgliedern bzw. Brokern abgewickelt werden, jedoch kann der Händler das Clearing einer Transaktion auf mehrere Broker verteilen. Dazu wird es den Teilnehmern ermöglicht, bei der Eingabe jedes Profils bis zu 20 Broker[175] zu benennen und dabei anzugeben, wie hoch der Clearinganteil eines bestimmten Brokers am Gesamtvolumen einer erfolgten Transaktion sein soll.

Nach einer Transaktion wird den einzelnen Brokern lediglich das ihnen zugeordnete Teilvolumen der Gesamttransaktion bekanntgegeben und sie erhalten so keinerlei Informationen bezüglich des gesamten Transaktionsvolumens, des nicht ausgeführten Restvolumens oder gar des eingegebenen Orderprofils [Opti98b]. Die Settlementfrist der gehandelten Transaktionen beträgt drei Tage.

6.1.2 Phasenübergreifende Strukturmerkmale

Grad der Variabilität

Die Ausprägungen der Strukturmerkmale in OPTIMARK werden alleine von marktendogenen Faktoren determiniert. Es liegt ein statisches Marktmodell vor.

Grad der Konsolidierung

Über den OPTIMARK-Ansatz soll die existierende Marktfragmentierung reduziert werden, indem viele kleine Orders auf einer Marktseite mit einer oder mehreren

[175] Ein so ausgewählter Broker wird als Designated Broker bezeichnet und muß entweder selbst Clearingmitglied der Börse (hier der PCX) sein oder über vertragliche Beziehungen (sog. correspondent relationships) zu einem Clearingmitglied verfügen.

großen Orders auf der anderen Marktseite zusammengeführt werden können. Ziel ist es, über die Interaktion kleinerer und sehr großer Orders die Liquidität zu erhöhen und im Blockhandel eine hohe Ausführungsgeschwindigkeit ohne adverse Preiseffekte zu ermöglichen [Coop98].

Grad der Automatisierung

Im System OPTIMARK werden Transaktionspreise endogen ermittelt. OPTIMARK stellt ein Elektronisches Handelssystem im Sinne der Definition 3 dar[176].

6.1.3 Einordnung in den erweiterten Bezugsrahmen für Marktmodelle

Abbildung 6.7 faßt die Strukturmerkmale des Systems OPTIMARK zusammen. Da im OPTIMARK-System keine Suchstrategien gemäß Definition 6 genutzt werden (vgl. Abschnitt 6.1.1.4) wird die Phase der Umsetzung von Suchstrategien in der Abbildung ausgespart.

[176] Die OptiMark-Handelsoberfläche wurde mit der plattformunabhängigen Programmiersprache Java entwickelt und ist daher auf den existierenden Händler-Workstations unter verschiedenen Betriebssystemen lauffähig.

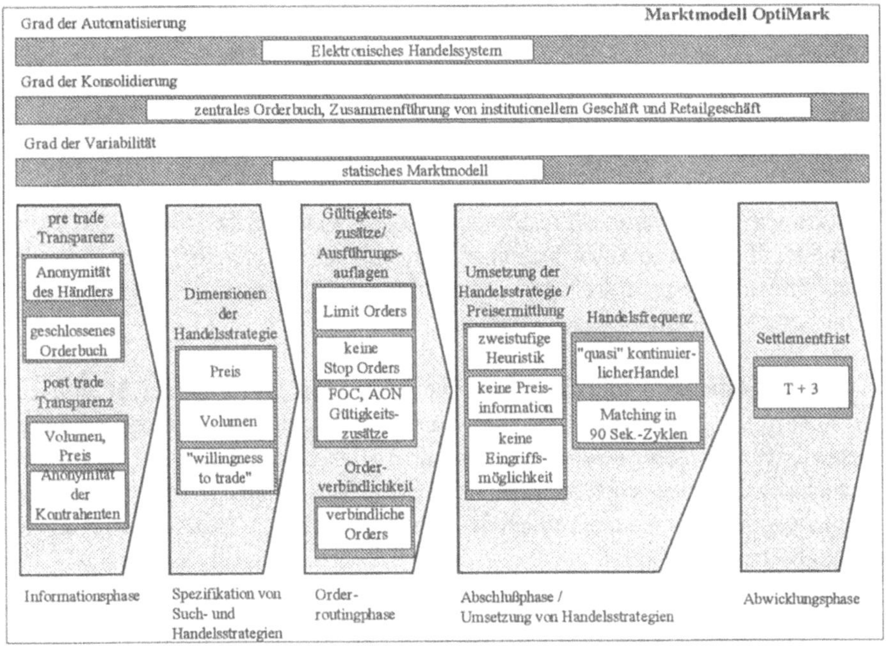

Abbildung 6.7: Marktmodell des Systems OPTIMARK.

6.2 Kritik und aktuelle Situation

Der Matching-Algorithmus des OPTIMARK-Trading-Systems und die Möglichkeit, dreidimensionale Handelsstrategien zu spezifizieren, unterscheiden OPTIMARK deutlich von anderen Handelssystemen und stellen zweifelsohne einen innovativen Ansatz dar.

Mit der „approval order“ der Securities Exchange Commission (SEC) vom 18. September 1997 hat OPTIMARK auch die Bestätigung der Regulierungsbehörden erhalten [ClWe98].

Trotzdem gibt es eine Vielzahl kritischer Stimmen zu OPTIMARK, die nicht zuletzt durch die fortwährende Verzögerung des Systemstarts genährt wurden: Das System erfordert ein grundsätzliches Umdenken der Händler, da nun Profile und Nutzenbewertungen im Vordergrund stehen, und nicht mehr allein Preis- und Volumengrößen relevant sind. Dies zwingt Händler dazu, die impliziten Nutzenbewertungen, die sich bisher in der Vorgehensweise bei der Plazierung von Orders reflektiert haben, explizit zu machen. Auch wird die Bedienungskomplexität kritisiert („*too much clicking and dragging*“) [Petr98]. Darüber hinaus werden eingestellte Orders dem Markt als wichtige Informationsquelle vorenthalten, was jedoch Grundvoraussetzung für die Anwendung des Systems im Blockhandel ist.

In der Abschlußphase des OPTIMARK-Ansatzes stellt sich dem Händler das zentrale Problem, weder ex ante den resultierenden Transaktionspreis ermitteln zu können noch eine Rückfrage zu erhalten, ob er den im Optimierungsalgorithmus berechneten Transaktionspreis akzeptiert. Ein Matching von ausschließlich mit Nutzen von 0,1 bewerteten Preis/Volumen-Kombinationen ist denkbar. Auch sind keinerlei Eingriffe in einen laufenden Matchingprozeß möglich. Eine Kontrolle des Verhandlungsprozesses (vgl. Abschnitt 5.2, Anforderungen institutioneller Investoren) wird somit nicht ermöglicht.

Der entscheidende Erfolgsfaktor für OPTIMARK und ein Meilenstein zum „... *Instinet of the 21th century*" [Mali97] wird zweifelsohne die Fähigkeit sein, sehr schnell eine kritische Masse an Liquidität zu erreichen, um weitere Liquidität anziehen zu können. Dies ist sicher der Grund für den bereits vollzogenen bzw. geplanten Start des Systems an bereits etablierten Märkten, konkret der PCX, der NASDAQ und der OSE.

7 Neue Konzepte und Technologien für den Rentenhandel - Das System AMTRAS

Retail-Investoren suchen transparente Märkte mit geringen Kosten der Auftragsdurchführung und einer nachvollziehbaren und fairen Preisermittlung. Aus Sicht institutioneller Investoren ist darüber hinaus die Fähigkeit eines Marktes bzw. Handelssystems, auch große Orders zu geringen Handelskosten zu absorbieren und dabei die Anonymität der Akteure sowie der Art und Richtung institutioneller Orderströme zu wahren, eine wesentliche Entscheidungsgrundlage für die Auswahl von Märkten. Können börsliche Märkte die Anforderungen nicht erfüllen, weichen diese Marktteilnehmer auf außerbörsliche Märkte aus, indem sie Broker einschalten oder selbst einen bilateralen telefonischen Handel durchführen.

In Anbetracht eines weltweiten und sich verschärfenden Wettbewerbs unter den Betreibern Elektronischer Handelsplattformen ist insbesondere die Berücksichtigung der Anforderungen institutioneller Investoren aufgrund der Vielzahl von Transaktionen mit hohen Volumina für Börsen- und Marktbetreiber eine zentrale Aufgabe und strategischer Imperativ. Es stellt sich damit die Frage, wie die Elektronisierung eines Marktes, der sich primär als Broker- bzw. Telefonhandel darstellt, realisierbar ist. Hier ist ein IT-Konzept erforderlich, das die Komplexität von Marktprozessen, Gütern und Verhaltensweisen durch eine abstrakte Modellierung erfaßt und sich durch eine hohe Flexibilität auszeichnet.

Ein solches IT-Konzept ist das Paradigma der Softwareagenten. Im Rahmen des E-Commerce ist die Konzeption und Realisierung elektronischer Stellvertreter (Softwareagenten), die den Benutzer bei der Produktsuche und der Suche nach „best prices“ unterstützen, schon seit einigen Jahren ein zentrales Forschungsthema. Kern des Agentenparadigmas ist die Idee, Präferenzen und Verhaltensweisen des Benutzers in einer Software abzubilden und Aufgaben an diese Software zu delegieren. Die besondere Stärke dieses noch jungen Softwareparadigmas liegt nicht zuletzt in der Fähigkeit der dosierten Informationsbereitstellung auf Basis der individuellen Präferenzen des jeweiligen Nutzers. Genau hier besteht ein Ansatzpunkt für den Einsatz von Softwareagenten im Wertpapierhandel.

Grundidee und Zielsetzung dieser Arbeit ist es, die Potentiale dieses Technologieparadigmas den Anforderungen institutioneller Investoren gegenüberzustellen und auf Basis dieser Analyse ein agentenbasiertes Wertpapierhandelssystem zu konzeptionieren und prototypisch zu implementieren: das System AMTRAS (Agent Mediated Trading System). Mit dem gewählten Ansatz soll den Marktteilnehmern ein neues Marktmodell angeboten werden, das das reale Verhalten der Akteure in Verhandlungen hinreichend abbildet und gleichzeitig die hohen Kosten der menschlichen Interaktion per Telefon oder der Einschaltung von Brokern reduzieren hilft. Dabei soll ein dynamisches Marktmodell implementiert werden, das es Händlern erlaubt, sowohl aus einer vorgegebenen Menge von Marktmodellen die präferierte Marktform transaktionsspezifisch zu wählen, als auch Such- und Handelsstrategien in einem agentenbasierten Markt umzusetzen.

Im folgenden wird zunächst das Paradigma der Softwareagenten erläutert, indem die unterschiedlichen Begriffsauffassungen aus der Literatur gegenübergestellt und diskutiert werden. Danach werden verschiedene Forschungsprojekte vorgestellt, die diese Softwaretechnologie speziell im Kontext Elektronischer Märkte bzw. des E-Commerce sowie im Bereich der Finanzwirtschaft nutzbar machen. Auf dieser Basis wird das Potential der Softwareagenten für eine Elektronisierung des OTC-Handels aufgezeigt.

Im nächsten Schritt wird der deutsche Rentenmarkt sowie bisherige Automatisierungsbestrebungen im Handel deutscher Rentenwerte beschrieben. Nach einer Erörterung der funktionalen und technischen Anforderungen an ein agentenbasiertes Handelssystem für den deutschen Rentenmarkt wird das System AMTRAS anhand des in Abschnitt 5.4 entwickelten Bezugsrahmens eingeordnet und dargestellt. Ausführungen zur softwaretechnischen Realisierung des Systems schließen das Kapitel ab.

7.1 Das Paradigma der Softwareagenten

7.1.1 Charakterisierung und Begriffsabgrenzung

„*The future of computing will be 100% driven by delegating to rather than manipulating computers*" [Negroponte 1995, zitiert nach JeWo98, 7].

In einem allgemeinen, umgangssprachlichen Begriffsverständnis wird ein Agent als eine Person angesehen, die in fremdem Auftrag selbständig handelt [Burk98]. Dieser Agentenbegriff gilt sowohl in der Informatik als auch in der Ökonomie. Bevor im folgenden die unterschiedlichen Auffassungen bezüglich der Begriffe Agent bzw. Softwareagent aus Sicht der Informatik abgegrenzt und diskutiert werden, ist es wichtig zu betonen, daß sich die Agentenbegriffe der Informatik und der Ökonomie (speziell der Principal-Agent-Theorie) bezüglich des Verhältnisses von Auftraggeber und Auftragnehmer grundsätzlich unterscheiden: Während die Principal-Agent-Theorie sich gerade über die Existenz von Interessendivergenzen und asymmetrischer Informationsverteilung zwischen Auftraggeber (Prinzipal) und Auftragnehmer (Agent) definiert, liegt dem Agentenbegriff der Informatik die

Annahme einer Interessenharmonie zwischen Auftraggeber (Benutzer) und Auftragnehmer (Agent) zugrunde[177].

Das Einsatzpotential des Agentenparadigmas in der Domäne des Wertpapierhandels kann gerade über diese unterschiedlichen Auffassungen von Informatik und Ökonomie verdeutlicht werden: Gelingt es, Such- und Verhandlungsaufgaben im Wertpapierhandel von Intermediären, deren Ziele im Interessenkonflikt mit den Zielen institutioneller Investoren stehen können (vgl. Abschnitt 4.2.2.2), auf Softwareeinheiten zu verlagern, die im Auftrag und im Interesse des institutionellen Investors agieren, kann eine Auflösung des Interessenkonfliktes und eine Reduktion der damit verbundenen Agency-Kosten[178] erreicht werden. Der Agent im Sinne der Informatik wird dann zu einer Alternative zum Agenten im Sinne der Prinzipal-Agent-Theorie und der Prinzipal im Sinne der Prinzipal-Agent-Theorie wird zum Benutzer im Sinne der Informatik.

Das Konzept der Softwareagenten wird sowohl in der Informatikliteratur als auch in der Literatur zur Wirtschaftsinformatik ausgiebig und z. T. sehr widersprüchlich diskutiert. Eine allgemeingültige Definition und Einordnung des Agentenbegriffes ist bisher nicht verfügbar. Trotzdem herrscht weitgehende Übereinstimmung bezüglich des großen Potentials dieses Ansatzes für die Delegation wiederkehrender Aufgaben vom Menschen auf Software, für die Eindämmung der Informationsflut in globalen Netzen sowie für die Kontrolle komplexer Systeme. Ziel der folgenden Ausführungen soll es daher nicht sein, eine weitere Definition von Softwareagenten herauszuarbeiten, sondern die in der Literatur vorhandenen Agentendefinitionen und -eigenschaften zu diskutieren, um auf dieser Basis das Potential des Paradigmas der Softwareagenten für die vorliegende Aufgabenstellung aufzuzeigen.

Nach Maes [Maes95] können Agenten als Dienstleister angesehen werden, die eine gewünschte Tätigkeit im Auftrag ausüben, das Resultat ihrer Aktion an ihren Auftraggeber zurückmelden und dazu selbständig agieren bzw. auf Änderungen ihrer Umgebung reagieren. Sie versuchen dabei, die Ziele ihres Auftraggebers in einem komplexen, dynamischen Umfeld umzusetzen[179]. Im Gegensatz zu konventioneller Software, die durch direkte Manipulation [Maes94a] gesteuert wird,

---

177 Burkhardt verdeutlicht dies so: „*Von einem Computer-Agenten verlangen wir den absoluten Dienst nach Vorschrift*" [Burk98, 6].

178 Zum Konzept und den Komponenten der Agency-Kosten vgl. [JeMe76].

179 „*Autonomous agents are computational systems that ... realize a set of goals or tasks that they are designed for*" [Maes95, 108]. Diese Definition stellt heraus, daß sich die Ziele des Agenten unmittelbar aus den Zielen des jeweiligen Designers bzw. Benutzers ableiten, und verdeutlicht damit die divergierenden Begriffsauffassungen der Informatik und der Principal-Agent-Theorie.

arbeiten diese Softwareeinheiten asynchron zu ihren Auftraggebern, d. h. ohne direkte Intervention des Nutzers.

Franklin und Graesser [FrGr97] untersuchen eine Vielzahl existierender Agentendefinitionen bezüglich ihrer Gemeinsamkeiten und leiten hieraus folgende grundlegende Definition („*the essence of being an agent*" [FrGr97, 21]) eines Agenten ab: „*An autonomous agent is a system situated within and a part of an environment that senses that environment and acts on it, over time, in pursuit of its own agenda and so as to effect what it senses in the future*" [FrGr97, 21]. Die Autoren betonen, daß diese Definition Agenten allgemein charakterisiert, also auch menschliche oder hardwaretechnische Agenten einbezieht. Trifft diese Definition auf ein Softwareprogramm zu, handelt es sich nach Franklin und Graesser um einen Softwareagenten.

Softwareagenten lassen sich nach verschiedenen Kriterien klassifizieren: In der Literatur wird eine Klassifikation von Agenten-Typen zumeist entweder anhand der Art der Aufgaben, die diese Agenten erfüllen, oder anhand ihrer Eigenschaften vorgenommen. Um das Potential der Softwareagenten für die Aufgabenstellung dieser Arbeit, d. h. die Unterstützung von Wertpapierhändlern, herauszuarbeiten, werden im folgenden die Agenteneigenschaften in den Vordergrund gestellt[180].

Eine oftmals zitierte Charakterisierung von Agenten basiert auf den von Jennings und Wooldridge [JeWo96] definierten Agenteneigenschaften. Agenten werden als Hardware- oder Softwareeinheiten angesehen, die folgende Eigenschaften[181] („*key hallmarks of agenthood*" [JeWo96, 17]) aufweisen[182]:

- *Autonomie (autonomy)*:
  Die Eigenschaft der Autonomie befähigt Agenten - auf Basis einer Vorgabe, wie bestimmte Arten von Aufgaben zu bearbeiten sind - zur selbständigen Lösung von Aufgaben ohne Hilfe des Benutzers und zur Kontrolle über ihre Aktionen bzw. ihren internen Status.

---

180 Zur Klassifikation von Agenten-Typen anhand der Aufgaben vgl. z. B. [WoJe95; NwNd98].

181 Die in den Originaltexten verwendeten Eigenschaften werden jeweils in Klammern angegeben.

182 Anhand dieser Eigenschaften grenzen die beiden Autoren in einer späteren Arbeit [JeWo98] die Begriffe Agent und Intelligenter Agent gegeneinander ab. Ein Computersystem, das die Fähigkeit besitzt, ohne direkten Eingriff des Benutzers bzw. anderer Agenten zu agieren (Autonomie), wird als Agent bezeichnet. Sind darüber hinaus die Eigenschaften Soziales Verhalten, Reaktionsfähigkeit und Zielorientierung gegeben, handelt es sich - nach dieser Abgrenzung - um Intelligente Agenten.

- *Soziales Verhalten (social ability)*:
  Soziales Verhalten kennzeichnet die Fähigkeit eines Agenten zur Interaktion mit dem Benutzer oder anderen Agenten. Die Fähigkeit zur Kommunikation ist untrennbar mit dieser Eigenschaft verbunden. Sie setzt eine gemeinsame Sprache voraus. Sogenannte Agent Communication Languages (ACL) stellen ein standardisiertes Begriffssystem und eine formale Semantik für den Austausch von Nachrichten bereit. Die aktuell bedeutendsten Kommunikationssprachen sind KQML (Knowledge Query Manipulation Language) [MaLa96] und die ACL der Foundation for Intelligent Physical Agents (FIPA)[183]. Diese standardisierten Sprachen ermöglichen es, daß sich Agenten unter Bezugnahme auf eine ihnen gemeinsam bekannte Ontologie austauschen können.

- *Reaktionsfähigkeit (responsiveness)*:
  Die Eigenschaft der Reaktionsfähigkeit ermöglicht es Agenten, ihre Systemumgebung wahrzunehmen und auf deren Veränderungen, z. B. den Eintritt neuer Agenten in das System, sowie auf Veränderungen in der Bedürfnis- bzw. Anforderungsstruktur des Benutzers zu reagieren.

- *Zielorientierung (proactiveness)*:
  Agenten sollen - neben der Fähigkeit auf Umweltveränderungen zu reagieren - auch eigenständig Initiative ergreifen können und sich dabei selbständig und zielgerichtet verhalten. Dabei sollen sie nicht nur Anweisungen entgegennehmen, sondern auch Vorschläge für ein weiteres Vorgehen unterbreiten.

Franklin und Graesser [FrGr97, 29] arbeiten in ihrem Vergleich alternativer Agentenansätze weitere Eigenschaften heraus. Diese enthalten die von Jennings und Wooldridge [JeWo96] aufgelisteten Eigenschaften als Teilmenge. Als weitere Eigenschaften führen Franklin und Graesser [FrGr97] auf:

- *Persistenz (temporally continuous)*:
  Ein Agent terminiert nicht nach Ausführung einer Aufgabe, sondern stellt einen über einen definierten Zeitraum andauernden und ansprechbaren Prozeß dar.

- *Adaptivität (learning)*:
  Das Agentenverhalten wird aufgrund der Beobachtung und Evaluation vergangener Konstellationen und/oder des Verhaltens des Benutzers angepaßt.

[183] Zu FIPA und der FIPA-ACL vgl. Abschnitt 7.5.2.

- *Flexibilität (flexible)*:
  Agenten können sich den jeweiligen Anforderungen situationsspezifisch anpassen.
- *Mobilität (mobile)*:
  Mobile Agenten sind befähigt, den Aufenthaltsort im Netz, d. h. die jeweilige Laufzeitumgebung, zu wechseln[184] (vgl. auch [KiZi97]).
- *Charakter (character)*:
  Agenten mit dieser Eigenschaft wird eine „Persönlichkeit" und ein „emotionaler Zustand" zugeschrieben.

Diese Eigenschaften sind nicht als konstituierend für Softwareagenten zu verstehen, vielmehr stellen sie die Gesamtheit der Eigenschaften verschiedener Agentenansätze dar. Je nach Aufgabe und Einsatzdomäne bilden konkrete Agentensysteme einzelne oder mehrere der aufgeführten Eigenschaften in den jeweiligen Agenten ab. Nach einer Diskussion verschiedener Forschungsprojekte zur Agententechnologie in den Bereichen Elektronische Märkte und Finanzwirtschaft wird in Abschnitt 7.1.3 das Potential der Softwareagenten für den Einsatz im OTC-Handel auf Basis der für diese Domäne relevanten Agenteneigenschaften aufgezeigt.

7.1.2 Softwareagenten auf Elektronischen Märkten und in der Finanzwirtschaft

Im betrieblichen Umfeld führen die zunehmende Dezentralisierung von Unternehmensstrukturen und die Delegation von Ergebnis- und Prozeßverantwortung auf autonome Unternehmenseinheiten [PiRe96, 201f.] zu neuen Anforderungen an eine geeignete Koordination dieser dezentralen Einheiten. Hier können Multi-Agenten-Systeme [WoJe95] (MAS), als Verbund autonomer Agenten, koordiniert und/oder kooperativ zur Lösung betrieblicher Problemstellungen beitragen und die Verteiltheit moderner Organisationsstrukturen natürlich abbilden. Agenten repräsentieren dabei jeweils eine Organisationseinheit und können (Teil-) Aufträge auf Basis eigenen Problemlösungswissens, eigener Ressourcen und lokaler Daten bzw. Informationen bearbeiten. Die Aufträge werden entweder hierarchisch oder über marktliche Koordinationsmechanismen in Elektronischen Märkten zugeordnet. In verschiedenen Forschungsprojekten werden innerbetriebliche Elektronische Märkte auf Basis von MAS für die Allokation begrenzter betrieblicher Ressourcen konzipiert und prototypisch umgesetzt, u. a. für die Allokation von

---

184 Dadurch können zum einen die Kommunikationskosten im Netz verringert werden, andererseits wird durch den Einsatz mehrerer mobiler Agenten eine Parallelisierung von Such- und Verhandlungsaufgaben ermöglicht, indem sich z. B. zu jedem Verhandlungspartner ein mobiler Agent bewegt.

Transportkapazitäten [FiKu93; GoSc97; GoSc99a] sowie von Maschinenkapazitäten im Kontext der Produktionsplanung und -steuerung [MöWe96; CoGö97; Schm99]. Darüber hinaus findet dieser Ansatz auch auf überbetrieblicher Ebene Anwendung, z. B. beim Aufbau Virtueller Unternehmen [FiHe96] oder für überbetriebliche Produktionsnetzwerke [Zele97].

Die in dem jeweiligen Markt implementierten Mechanismen der Interaktion von Agenten sind eine entscheidende Determinante für die Qualität der generierten Lösungen. Vor diesem Hintergrund werden im Projekt „Dezentrale betriebliche Planung“ [WeGo96] Koordinationsmechanismen für verschiedene betriebliche Planungsprobleme entwickelt. Dazu werden zunächst domänenunabhängige Klassen von Planungsproblemen abgeleitet und für jede Klasse auf Basis der (mikro-) ökonomischen Theorie, speziell der Auktionstheorie, Koordinationsmechanismen für die Interaktion der Agenten im Elektronischen Markt analysiert und weiterentwickelt [GoSc99b]. Ziel ist es, eine definierte Lösungsqualität, konkret eine effiziente Allokation der Ressourcen zur Erfüllung der Aufträge, zu gewährleisten[185]. Die „Mehrstufige Erweiterte Vickrey Auktion“ (MEVA) [GoSc96] integriert in einem mehrstufigen Auktionsprozeß die einfache Vickrey Auktion [Vick61] und bi- bzw. multilaterale Verhandlungsprozesse mit dem Ziel, auch bei kooperativer Aufgabenerfüllung Effizienz für das Allokationsergebnis zu sichern. Dieses Ziel gilt auch für Matrix Auktionen: Sie dienen der Allokation von Aufträgen mit bekannter Auftragszerlegung [GoSc98]. Für die IT-Unterstützung dezentraler betrieblicher Planungsprozesse in auktionsbasierten internen Märkten wurde die Agentenarchitektur ADAMCO[186] [LoSc97] konzipiert und implementiert, die die theoretischen Erkenntnisse für die betriebliche Transportplanung [WeSc99] und die Allokation von Rechnerressourcen in Verteilten Systemen [Lohm99] umsetzt.

Während in den genannten Ansätzen Elektronische Märkte *für* eine marktliche Koordination betrieblicher Ressourcen über Intelligente Agenten konstruiert werden, hat sich in neueren Forschungsprojekten und auch bereits für erste kommerzielle Anwendungen ein neuer Agententypus herauskristallisiert, der *auf* existierenden Elektronischen Märkten, speziell auf elektronischen Retail-Märkten, agiert. Hier sollen die persönlichen Präferenzen des (menschlichen) Marktteilnehmers im Agenten abgebildet werden. Der Benutzer soll dabei unterstützt werden, einerseits die Vielfalt an Informationen bezüglich der Produkte und potentieller Marktpartner gewinnbringend zu nutzen, andererseits den dabei entstehenden

---

185 Um diese Lösungsqualität sicherzustellen und um die Akzeptanz der Benutzer auf einem solchen Elektronischen Markt zu erlangen, müssen die eingesetzten Koordinationsmechanismen strategisches Verhalten der Agenten ex ante ausschließen und möglichst wenige bzw. keine privaten Informationen offenbart werden.

186 Akronym für Agent Architecture with Domain Independent, Adaptive, Multiple COordination Behavior.

Suchaufwand möglichst gering zu halten, d. h. die Informationsflut mit möglichst geringen Transaktionskosten zu bewältigen.

Diese Agenten setzen die Bedürfnisse des Benutzers direkt in entsprechende Such- und Handlungsanweisungen um und unterstützen damit in Elektronischen Märkten die Informationssuche und die Preisermittlung, indem sie autonom nach Produktinformationen und Kontraktpartnern suchen und Kontrakte aus- bzw. vorverhandeln. Darüber hinaus sind sie, je nach Ausstattung mit Intelligenz, in der Lage, aus der Beobachtung des Benutzerverhaltens, aus der Analyse des Marktprozesses und/oder aus den Ergebnissen ihrer Aktionen ihr künftiges Verhalten an die Präferenzen des Benutzers zu adaptieren [Maes94b].

Für die Sammlung und Filterung von Produktinformationen existieren auf elektronischen (Retail-)Märkten bereits verschiedene Agentenansätze, wie z. B. die Systeme JANGO [Wagn97], FIDO [Cont99] oder BARGAINFINDER [Ande99]. Diese Agenten werden vom Benutzer beauftragt, Produktinformationen und -preise simultan aus einer großen Menge von Anbieter-Web-Seiten bzw. Produkt-Datenbanken zu ermitteln, um ihm die gegebenenfalls zeitintensive und teure Suche abzunehmen.

Während diese Agentenansätze nur eine Produkt- bzw. Preissuche vorsehen, ermöglichen z. B. die Systeme KASBAH [ChMa96; ChDr97] und TET@TET [GuMo98] den aktiven Handel mit Gütern: Der Benutzer definiert die Ziele des Agenten, konkret den gewünschten (Mindest- bzw. Höchst-) Preis, den spätesten Kauf- oder Verkaufstermin sowie die vom Benutzer zugelassenen Preisänderungen im Hinblick auf diesen Termin. Auf dieser Basis interagieren die Agenten auf einem agentenbasierten Elektronischen Markt autonom, indem sie direkte Verhandlungen ohne Interaktion des Benutzers führen.

Auch im Rahmen finanzwirtschaftlicher Fragestellungen wurden die Problemlösungspotentiale des Paradigmas der Softwareagenten untersucht[187]. So wurde beispielsweise im Forschungsprojekt MASIF (Multi-Agenten-System in der Finanzberatung) [Wein95] ein Prototyp entwickelt, der der Generierung innovativer, kundenindividueller Anlageportfolios in der Finanzberatung bei simultaner Berücksichtigung der Ziele der Bank dient. Im Spannungsfeld zwischen den konfliktären Zielen des Kunden (Portfolio mit optimalem Ertrags/Risiko-Verhältnis) und der Bank (Bilanzstruktur- und Rentabilitätsziele) ist es das Ziel der in Konkurrenz stehenden Produkt-Agenten, ihren Anteil am Volumen des Kundengeschäftes zu maximieren. Diese Produkt-Agenten repräsentieren Bankprodukte bzw. Wertpapiere durch die Kerngrößen Risiko und Ertrag. Gemäß der Portfolio

[187] Für einen allgemeinen Überblick zum Einsatz von KI-Methoden in der Finanzwirtschaft vgl. [WeKi96].

Selection Theory [Mark52] führen die mittels Portfoliobildung erzielbaren Diversifikationseffekte zur Risikoreduktion und zu einem höheren Nutzen im Sinne der Präferenzstruktur des Kunden.

Die Produkt-Agenten in MASIF konkurrieren um Anteile am Kundenportfolio, indem sie Koalitionen mit anderen Produkt-Agenten eingehen und gemeinsam Angebote für den Kundenauftrag einreichen. So entstehen in MASIF Problemlösungen, d. h. Kundenportfolios, in einem zweistufigen Prozeß [MaWe95]: im ersten Schritt wird die beste Koalition von Produkt-Agenten in einem Auktionsspiel ermittelt, im zweiten Schritt erfolgt die Aufteilung des durch Koalitionsbildung entstandenen Gewinns unter den Agenten in bilateralen Verhandlungen, die auf Basis der kooperativen Spieltheorie modelliert wurden [Wein95, 218ff.].

Weitere Forschungsprojekte an der Schnittstelle zwischen Finanzwirtschaft und Agententheorie widmen sich der kundenindividuellen Erstellung von Allfinanzprodukten (Prototyp: ALLFIWIB [BuRo96]), der Allokation von knappem Eigenkapital in Banken [Sand96; Klein98] sowie der agentenbasierten Informationssuche, -aggregation und -aufbereitung zur Generierung von Handlungsempfehlungen im Rahmen des Portfoliomanagements (Prototyp: WARREN [SyZe98]).

7.1.3 Einsatzpotentiale für Softwareagenten im OTC-Handel

Um das Potential des Paradigmas der Softwareagenten für die Umsetzung eines Elektronischen Handelssystems aufzuzeigen, werden im folgenden spezielle Eigenschaften von Softwareagenten (vgl. Abschnitt 7.1.1) den Anforderungen für ein Elektronisches Handelssystem im OTC-Handel (vgl. Abschnitte 5.2.-5.5) gegenübergestellt.

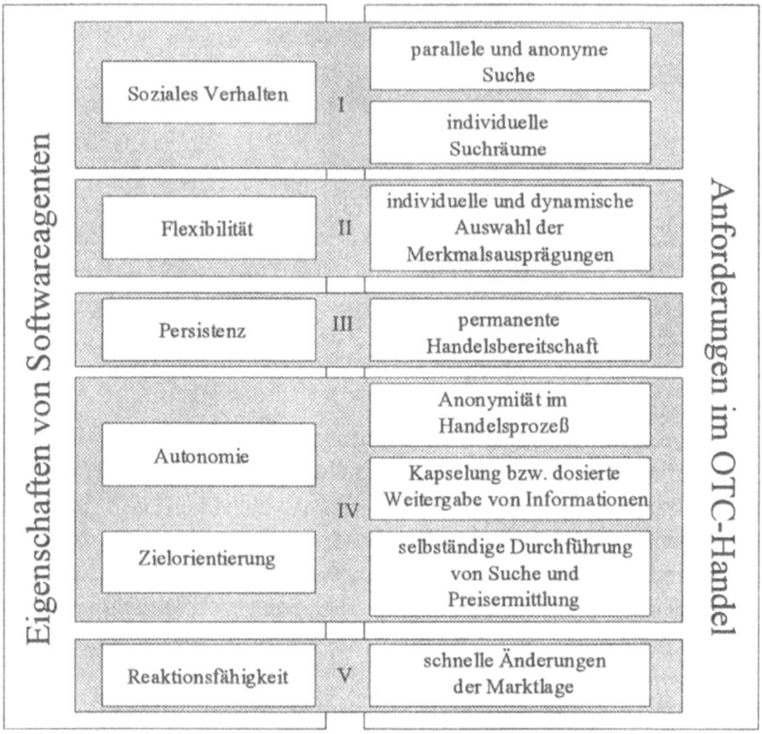

Abbildung 7.1: Eigenschaften von Softwareagenten und Anforderungen im OTC-Handel.

In Abbildung 7.1 werden die Charakterisierungsmerkmale von Softwareagenten mit den Anforderungen an ein Elektronisches Handelssystem für den OTC-Handel abgeglichen. Auf dieser Basis wird dargestellt, inwiefern die Technologie der Softwareagenten geeignet ist, ein solches System softwaretechnisch abzubilden:

(I) In einem Elektronischen Handelssystem können die Transaktionswünsche der Wertpapierhändler durch Softwareagenten repräsentiert werden. Ein Händler übergibt einem Agenten den Auftrag, einen passenden Kontrahenten für eine Transaktion zu finden. Zur Erfüllung seiner Aufgabe interagiert ein Agent mit Agenten anderer Wertpapierhändler (*Soziales Verhalten*). Die Fähigkeit zur Interaktion, d. h. der Kommunikation mit dem Benutzer und anderen Agenten, ist bei der Erfordernis einer parallelen und anonymen Suche nach Produkten und Partnern der zentrale Vorteil des Agentenansatzes gegenüber anderen Softwareparadigmen. Bisher mußten Händler selbst oder durch die Zwischenschaltung von Brokern einen geeigneten Kontraktpartner finden. Diese Aufgabe kann an einen Agenten delegiert werden. Softwareagenten ermöglichen die Abbildung individueller Suchräume und können das Ausfallrisiko mindern, indem vor dem Abgleich konkreter Transaktionsdaten zunächst überprüft wird, ob der ermittelte Agent sich im individuellen Suchraum des Händlers befindet.

(II) Die Eigenschaft der *Flexibilität* ermöglicht es dem Händler, seine Agenten verschiedenartig zu konfigurieren und schafft damit eine wichtige Voraussetzung für den Einsatz dynamischer Marktmodelle. Ein Agent wird mit den Transaktionsdaten und dem gewünschten Marktmodell instanziiert, d. h. nicht nur die Orderdaten, sondern auch die gewünschte Art der Orderausführung wird in der logischen Einheit Softwareagent abgebildet.

(III) Über eine Delegation von Transaktionswünschen auf Softwareagenten kann eine permanente Handelsbereitschaft gewährleistet werden. Softwaretechnisch stellen Agenten kontinuierliche Prozesse in einem wartenden (schlafenden) Zustand dar, die jederzeit von einem dienstleistungssuchenden Prozeß, hier Agenten anderer Händler, angesprochen (geweckt) werden können (*Persistenz*). Ist ein aktiver Agent nicht erfolgreich, so verbleibt er passiv im agentenbasierten Markt und kann jederzeit durch andere aktive Agenten angesprochen werden.

(IV) In Abhängigkeit vom gewählten Marktmodell kann der Agent die erhaltenen Informationen in unterschiedlichem Ausmaß an andere Agenten weitergeben und so die Anonymität des Händlers wahren bzw. die Informationen bezüglich seiner konkreten Transaktionsdaten kapseln. Diese Informationen werden zu einem Abgleich von Wertpapiereigenschaften im Rahmen der Suche benutzt, ohne daß sie an die Händler weitergegeben werden. Der Agent erledigt diese Aufgabe ohne ständige Kommunikation mit „seinem" Händler (*Autonomie*). Dabei setzt er die vom Händler vorgegebenen Such- und Handelsstrategien um (*Zielorientierung*).

(V) Da fortwährend weitere Orders (und damit Agenten) in das System eintreten bzw. austreten, muß der Agent diese Veränderungen seiner Umgebung sowohl wahrnehmen als auch in die Lösung seiner Aufgabe einfließen lassen können (*Reaktionsfähigkeit*).

Der hier gewählte und im folgenden beschriebene Ansatz zielt auf eine Unterstützung des deutschen Rentenmarktes mittels der Technologie der Softwareagenten ab. Das Einsatzpotential der Softwareagenten ist jedoch nicht auf dieses Segment beschränkt. Daher ist es ein nächster Schritt, dieses Konzept für weitere Segmente des OTC-Handels (vgl. Abbildung 4.1) zu nutzen, um Agentenplattformen zu konzipieren und prototypisch zu implementieren, die es Händlern auch in diesen Segmenten ermöglichen, in einem weltweiten Netz Kontraktpartner zu finden und mit diesen die Vertrags- bzw. Produktspezifika von Finanzinstrumenten zu verhandeln (vgl. Abbildung 7.2).

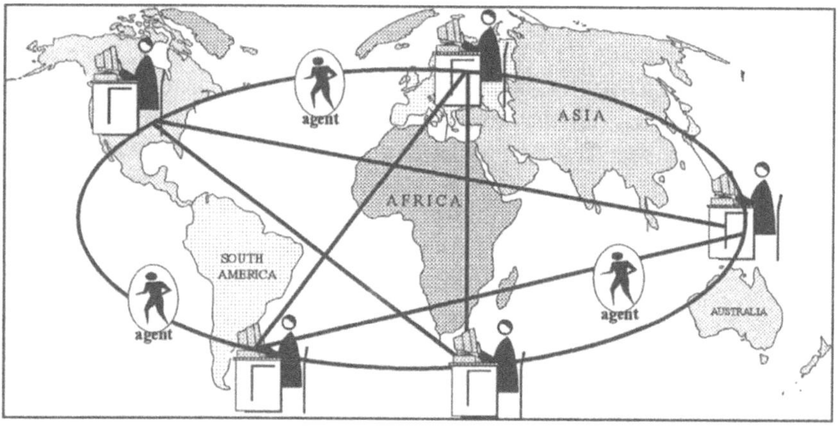

Abbildung 7.2: OTC-Handel auf Basis von Softwareagenten [WeGo99a].

7.2 Der deutsche Rentenmarkt

Das System AMTRAS wird für den Handel in deutschen Rentenwerten konzipiert. Um die funktionalen und technischen Anforderungen an das agentenbasierte Handelssystem herausarbeiten zu können, erfolgt zunächst eine Charakterisierung des deutschen Rentenmarktes.

7.2.1 Anleiheformen

Der Handel von verbrieften Fremdkapitaltiteln vollzieht sich auf dem Rentenmarkt[188]. Eine Klassifizierung des Rentenmarktes erfolgt oftmals anhand der Emittenten bzw. Emittentengruppen. So unterscheidet die Deutsche Bundesbank Anleihen inländischer und ausländischer Emittenten und gliedert Anleihen inländischer Emittenten wiederum in die Gruppen der öffentlichen Anleihen, der Bankschuldverschreibungen und der Industrieschuldverschreibungen auf [DeBu99b].

Öffentliche Anleihen werden vom Bund, den Ländern, den Gemeinden, den Sondervermögen des Bundes, dem Ausgleichsfonds Währungsumstellung sowie (bis

188 Der Begriff Rente leitet sich von festverzinslichen Wertpapieren mit ewiger Laufzeit ab.

1994) von der Treuhandanstalt emittiert. Bankschuldverschreibungen werden von privaten Hypothekenbanken (Hypothekenpfandbriefe), öffentlich-rechtlichen Grundkreditanstalten (Öffentliche Pfandbriefe[189]), Kreditinstituten mit Sonderaufgaben (Schuldverschreibungen der Spezialkreditinstitute) und den Geschäftsbanken (sonstige Schuldverschreibungen) begeben. Industrieobligationen werden von Industrie- und Dienstleistungsunternehmen aus dem Nichtbankensektor emittiert. Staatliche und private ausländische Emittenten bilden schließlich den Markt der sogenannten DM-/Euro-Auslandsanleihen [DeBu99b][190].

Die Bedeutung der einzelnen Anleiheformen kann anhand des umlaufenden Nominalvolumens gemessen werden. Tabelle 7.1 zeigt das Umlaufvolumen der verschiedenen Wertpapierarten seit 1990 auf.

Dabei zeigt sich, daß inländische Kreditinstitute die größte Emittentengruppe darstellen und in dieser Gruppe wiederum die Hypothekenbanken und Landesbanken, die über die Emission von Hypothekenpfandbriefen und Öffentlichen Pfandbriefen ihren Refinanzierungsbedarf decken, den größten Anteil am Umlaufvolumen ausmachen. Unter den Anleihen der öffentlichen Hand haben die Emissionen des Bundes mit 66% zum Jahresende 1998 den größten Anteil[191]. Während DM-Auslandsanleihen einen relativ konstanten Marktanteil von 10-15% halten, besitzen Industrieobligationen traditionell eine untergeordnete Bedeutung.

---

[189] Die Begriffe Öffentliche Pfandbriefe und Kommunalobligationen werden synonym verwendet.

[190] Die Ausstattungsmerkmale und Charakteristika der verschiedenen Anleiheformen werden hier nicht gesondert aufgeführt. Für die Beschreibung der von öffentlichen Anleihen sei insbesondere auf die Publikationen der Deutschen Bundesbank [DeBu98; DeBu99a] hingewiesen. Die Ausstattungsmerkmale verschiedener Arten von Bankschuldverschreibungen, insbesondere von Pfandbriefen, werden u. a. bei [Hies96; VDH98] aufgeführt. Die speziellen Ausstattungsstandards von Jumbo-Pfandbriefen finden sich u. a. bei [Muns97]. Zu den Modalitäten der Umstellung bei umlaufenden und neuen Schuldverschreibungen auf den Euro vgl. [DeBu99a, 24].

[191] Für eine detaillierte Aufspaltung der Anteile der Anleihen der öffentlichen Hand vgl. [DeBu99b, 30].

Jahr	Anleihen der öffentlichen Hand	Bankschuldverschreibungen					Industrieobligationen	Inländische Emittenten insgesamt	DM-Auslands-anleihen	Gesamtumlauf
		Hypotheken-pfandbriefe	Öffentliche Pfandbriefe	Spezialkreditinstitute	sonstige	gesamt				
90	555,4	138	369,9	155	238	901	2,6	1.459	223,2	1.682,1
91	643,2	142,8	392,2	221	284,4	1.040,4	3,2	1.686,8	241,8	1.928,5
92	832,4	155,9	450,4	240,6	309,3	1.156,2	3,0	1.991,6	275,9	2.267,4
93	1.075,4	178,4	573,3	227,5	337	1.316,1	3,2	2.394,8	319,6	2.714,3
94	1.229,1	196,5	627,7	219,2	389,2	1.432,7	3,1	2.664,8	341,2	3.006,0
95	1.261,1	214,8	723,8	222,3	445,6	1.606,5	2,8	2.870,3	402,2	3.272,5
96	1.303,9	226,7	845,7	228,3	500,8	1.801,5	3,3	3.108,7	472,2	3.580,9
97	1.371,3	243,2	961,7	240,8	544,4	1.990	4,9	3.366,2	535,4	3.901,6
98	1.431,6	265,7	1.124,2	259,2	605,5	2.254,7	8,1	3.694,2	619,7	4.314,1

in Mrd. DM

Tabelle 7.1: Umlauf festverzinslicher Wertpapiere nach verschiedenen Wertpapierarten (vgl. [DeBu99b, 26 bzw. 43]).

Bezüglich der Erwerber festverzinslicher Wertpapiere trennt die Deutsche Bundesbank vier Gruppen: inländische Kreditinstitute, inländische Nichtbanken, die Bundesbank selbst im Rahmen ihrer Offenmarktoperationen[192] und ausländische Erwerber. Inländische Kreditinstitute haben zum Jahresende 1998 einen Anteil von 48,7%. Der Anteil ausländischer Erwerber beträgt 40,1%, der Anteil inländischer Nichtbanken nur 11,1%. Stellt man den aktuellen Daten die Anteile von vor zehn Jahren gegenüber, zeigt sich eine deutliche Verschiebung: Zum Jahresende 1988 betrug der Anteil inländischer Kreditinstitute 33,8%, der Anteil inländischer Nichtbanken 70,2% und der Anteil ausländischer Erwerber 1,6%[193].

Aus diesen Daten läßt sich auf eine starke und zunehmende Dominanz inländischer Kreditinstitute schließen. Die Gruppe inländischer Nichtbanken wird von der Deutschen Bundesbank nicht weiter nach privaten und institutionellen Investoren aufgegliedert, innerhalb dieser Gruppe gewinnt der Anteil institutioneller

---

192 Dieser Anteil ist vernachlässigbar gering.

193 Hierbei ist zu berücksichtigen, daß der Anteil ausländischer Erwerber sehr starken Schwankungen unterworfen ist. Die deutliche Tendenz zur Verlagerung des Erwerbs von inländischen Nichtbanken zu inländischen Kreditinstituten ist davon jedoch unberührt.

Investoren und hier insbesondere der Investmentfonds jedoch deutlich an Bedeutung [DeBu98]. „*Vor allem aber scheint sich eine breite heimische Publikumsschicht, die in den sechziger und siebziger Jahren ebenso mühevoll wie erfolgreich für das Rentensparen mobilisiert worden war, inzwischen von einem durch institutionelle Anleger dominierten hochvolatilen und spekulativen Markt verstört abgewendet zu haben*“ [Börs94, 1].

Die aufgeführten Veränderungen in der Erwerberstruktur zeigen einen deutlichen Trend zur Institutionalisierung des deutschen Rentenmarktes und zu einer Konzentration von Anlageentscheidungen auf einen beschränkten Kreis institutioneller und professioneller Marktteilnehmer [Bart96]. Die Dominanz der inländischen Banken spiegelt sich dadurch auch im Handel mit Schuldverschreibungen wider. Wie die folgenden Ausführungen zeigen, findet der Rentenhandel zu einem überragenden Teil im Rahmen des außerbörslichen Handels unter Banken statt.

7.2.2 Der deutsche Rentenhandel

Im Aktienhandel tragen eine Vielzahl von Käufern und Verkäufern über einen zentralen Marktplatz zur Preisbildung bei. Auf Aktienmärkten vollzieht sich eine Aggregation der verteilt vorliegenden Informationen bezüglich gesamtwirtschaftlicher, branchen- und unternehmensspezifischer Entwicklungen, die sich auf informationseffizienten Märkten in den jeweiligen Aktienkursen widerspiegelt. Im Gegensatz dazu lassen sich Preise für einzelne Rentenpapiere unter Zuhilfenahme von Zinsstrukturkurven[194] bzw. durch Orientierung an der Entwicklung einer Benchmark, wie dem Bund-Future, approximieren. Die papierspezifischen Ausstattungsmerkmale und insbesondere die Bonität der jeweiligen Emittenten führen zu Auf- oder Abschlägen von der berechneten Marktrendite.

Dadurch können festverzinsliche Wertpapiere, ohne daß die zentrale Preisfindungsfunktion einer Börse in Anspruch genommen werden muß, über bilaterale Geschäftsbeziehungen gehandelt werden. Dabei ist es den Marktteilnehmern wichtig - nicht zuletzt aufgrund der engen Margen und der hohen Volumina - eine gewisse Intransparenz bezüglich der eigenen Orderströme zu wahren.

Der deutsche Rentenmarkt stellt sich als Interbankenmarkt dar und die Börsen haben nur einen geringen Anteil am Rentenhandel: Vergleicht man die Börsenumsätze aller deutschen Börsen in festverzinslichen Wertpapieren mit denen in Aktien, so sind im Jahr 1998 die Börsenumsätze in Aktien (5.398 Milliarden DM)

[194] Zu Zinsstrukturhypothesen und den Prinzipien der Bewertung festverzinslicher Wertpapiere vgl. [ElGr95, Chapter 20].

und festverzinslichen Wertpapieren (5.249 Milliarden DM) etwa gleich hoch[195]. Ein Vergleich von Aktien- und Rentenwerten im Hinblick auf den börslichen Anteil an den gesamten Marktumsätzen zeigt jedoch deutlich die Bedeutung des außerbörslichen Rentenhandels. Folgende Tabelle 7.2 führt die gesamten Abwicklungsvolumina[196] der Deutschen Börse Clearing in festverzinslichen Wertpapieren auf und trennt dabei in den börslichen und außerbörslichen Anteil. Sie verdeutlicht zum einen den geringen und zum anderen auch in den letzten Jahren weiter sinkenden Anteil des börslichen Rentenhandels.

Jahr	gesamtes Abwicklungs-volumen	außerbörslich	börslich	börslicher Anteil in Prozent
1995	9.742,57	7.908,27	1.834,30	18,83
1996	13.616,09	11.773,45	1.842,64	13,53
1997	15.771,46	14.349,96	1.421,50	9,01
1998	21.165,07	19.710,39	1.454,68	6,87

in Mrd. DM

Tabelle 7.2: Abwicklungsvolumina der Deutsche Börse Clearing in festverzinslichen Wertpapieren [DeBö99a, 46].

Börsliche Geschäfte in festverzinslichen Wertpapieren werden über die Deutsche Börse Clearing abgewickelt. Bei der Ermittlung des börslichen Anteils am gesamten Rentenhandel ist zu beachten, daß außerbörsliche Geschäfte in festverzinslichen Wertpapieren auch über die europäischen Zentralverwahrer Euroclear und Cedel abgewickelt werden. Aggregiert und vergleicht man die außerbörslichen Abwicklungsvolumina von Euroclear, Cedel und der Deutsche Börse Clearing, ergibt sich in den Jahren 1995 bis 1998 ein relativ konstanter Anteil der über die Deutsche Börse Clearing abgewickelten außerbörslichen Geschäfte zwischen 26% und 28% [DeBö99a, 52]. Bezieht man also die europäischen Zentralverwahrer ein, reduziert sich der in Tabelle 7.2 aufgeführte börsliche Anteil nochmals um etwa zwei Drittel.

---

195 Dieser sogenannte totale Börsenumsatz bezieht die Orderbuchumsätze der Systeme XETRA (bei Rentenwerten bis Oktober 1998 des Systems IBIS-R), die Orderbuchumsätze der FWB und der Regionalbörsen sowie die Direkteingaben in das System zur Börsengeschäftsabwicklung (BÖGA) ein [DeBö99a]. Im Gegensatz zu den Zahlen der Tabelle 7.4 werden bei der Ermittlung des totalen Börsenumsatzes Kauf und Verkauf berücksichtigt, d. h. alle Geschäfte doppelt gezählt.

196 Das Abwicklungsvolumen ergibt sich aus den Transaktionen, die in den Systemen XETRA (bis Oktober 1998: IBIS-R), BOSS-CUBE oder BÖGA erfolgten und an das Abwicklungssystem CASCADE (Central Application for Settlement Clearing and Depository Expansion) weitergegeben wurden. Darüber hinaus erfolgt über CASCADE auch die Abwicklung außerbörslicher Transaktionen [Müller99].

Während Bankschuldverschreibungen den größten Anteil an den insgesamt umlaufenden festverzinslichen Wertpapieren haben (vgl. Tabelle 7.1), dominieren im börslichen Wertpapierhandel die öffentlichen Anleihen. Dies wird deutlich, wenn man die Anteile der verschiedenen Wertpapierarten bezüglich des Umlaufvolumens und des Börsenumsatzes gegenüberstellt (vgl. Abbildung 7.3 für das Jahr 1998).

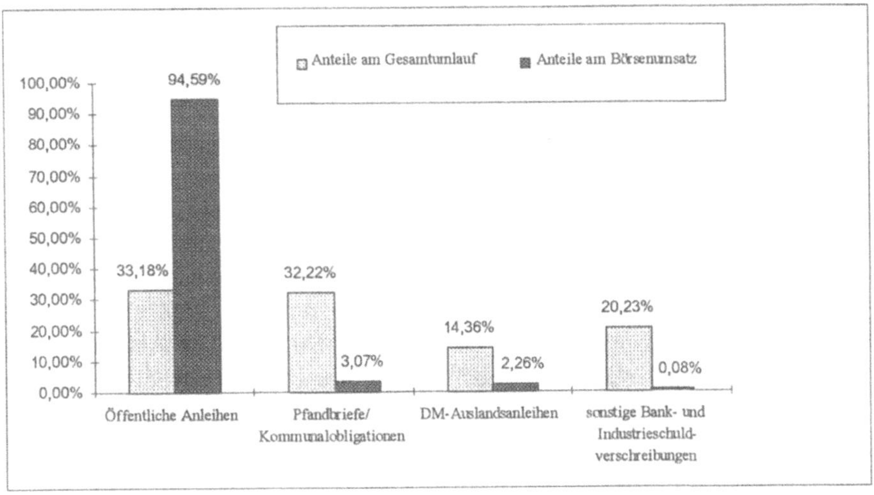

Abbildung 7.3: Anteile der Wertpapierarten am Umlauf sowie am Börsenumsatz (Datengrundlage: [DeBu99b, 26] und [DeBö99a, 41]).

Die deutliche Dominanz der öffentlichen Anleihen resultiert aus den Kurspflegeaktivitäten der Deutschen Bundesbank in den notierten Bundeswertpapieren im börslichen Handel - sowohl über das Parkett der FWB und der Regionalbörsen als auch in XETRA bzw. IBIS-R. Die Präsenz der Deutschen Bundesbank ist somit eine wesentliche Begründung für eine Existenz des börslichen Rentenhandels.

Der geringe Anteil der Bankschuldverschreibungen ist durch die Heterogenität dieser Titel bezüglich der Ausstattungsmerkmale und einer Vielzahl verschiedener Emittenten mit geringen Emissionsvolumina pro Anleihe erklärbar. Hier existieren eine Vielzahl unterschiedlicher Papiere, die zu einer sehr unübersichtlichen Emittentenstruktur führt. Diese Papiere werden fast vollständig außerbörslich über die Emittenten als Market-Maker und unter der Vermittlung von Brokern gehandelt. Dabei wird, im Gegensatz zum Handel in öffentlichen Anleihen, der über Kurse erfolgt, ein Handel anhand der Renditen vorgenommen, um ähnliche, aber nicht identische Papiere vergleichbar zu machen [Bart96]. Eine Initiative zur Erhöhung der Liquidität insbesondere im bedeutenden Segment der Pfandbriefe stellen Jumbo-Pfandbriefe dar, die sich durch vorgegebene Mindestemissionsvolumina, eine stärkere Standardisierung der Ausstattungsmerkmale und die Einbeziehung von mindestens drei Market-Makern pro Jumbo-Pfandbrief auszeichnen [Muns97]. Damit soll das Anlageinstrument Pfandbrief auch für ausländische Interessenten attraktiv werden.

7.2.3 Automatisierungsbestrebungen im Handel deutscher Rentenwerte

Als eine speziell auf den Rentenmarkt ausgelegte Variante von IBIS führte die Deutsche Börse AG am 5. Dezember 1995 das Rentenhandelssystem IBIS-R ein [DeKi96]. Die handelbaren Marktsegmente waren Pfandbriefe und Kommunalobligationen sowie, seit dem 2. Dezember 1996, öffentliche Schuldverschreibungen. IBIS-R wurde als reines Wholesale-Handelssystem ausgelegt, mit einer Mindestschlußgröße von einer Million DM. Der Handel in IBIS-R erfolgte als 'Hit&Take'-Markt mit offenem Orderbuch, es exisitierte kein automatisches Matching. Ebenso fehlte die Unterstützung verschiedener Ordertypen. Die Gesamtzahl der handelbaren Gattungen belief sich auf über 20.000. Neben dem Sekundärmarkt unterstützte IBIS-R auch den Primärmarkt. Die Akzeptanz von IBIS-R hielt sich vor allem wegen der mangelnden Benutzerfreundlichkeit, dem wenig flexiblen Marktmodell sowie der rein nationalen Verbreitung in Grenzen.

IBIS-R wurde am 12. Oktober 1998 mit der Einführung von XETRA Release 3 eingestellt. Damit wurde der Rentenhandel auf XETRA eingeführt. In XETRA können seitdem hochliquide Werte fortlaufend, weniger liquide Werte in Auktionen gehandelt werden. Während im fortlaufenden Handel nur Round-Lot-Orders zugelassen sind, können in den untertägigen Auktionen (für alle Wertpapiere) alle Ordergrößen ausgeführt werden. Das Orderbuch ist sowohl im fortlaufenden Handel als auch in den Auktionen offen, die Teilnehmer bekommen die zum jeweiligen Limit kumulierten Volumina angezeigt [DeBö98b].

Im fortlaufenden Handel findet ein automatisches Matching statt, d. h. sich gegenüberstehende ausführbare Orders werden automatisch zusammengeführt. Dabei werden sowohl Limit- als auch Market-Orders unterstützt, die jeweils durch verschiedene Gültigkeitsbeschränkungen ausgestaltet werden können.

Die Rahmenbedingungen für den Rentenhandel in Deutschland haben sich in den letzten beiden Jahren entscheidend verändert. Die Einführung der gemeinsamen europäischen Währung schafft den zweitgrößten Rentenmarkt der Welt und stärkt die Rolle von XETRA als standortunabhängige Handelsplattform. Der Handel in den liquiden deutschen Staatsanleihen ist stark internationalisiert, ca. 50%-70% des Umsatzes in deutschen Staatsanleihen wird mit ausländischen Teilnehmern getätigt. Der zunehmende Konzentrationsprozeß im Bankenwesen verstärkt den Kostendruck und fördert Systeme mit integrierter Prozeßkette (Handel und Abwicklung) und niedrigen Transaktionskosten. Weiterhin hat der Erfolg elektronischer Handelssysteme auf der Derivateseite auch Einfluß auf den Handel der jeweiligen Underlyings, um komplexere Handelsstrategien umsetzen zu können.

Trotzdem konzentriert sich der geringe Anteil börslicher Umsätze am Rentenmarkt auf das Parkett. Abbildung 7.4 vergleicht die Orderbuchumsatzanteile in festverzinslichen Wertpapieren von IBIS-R bzw. XETRA mit den Orderbuchumsatzanteilen der FWB und der Regionalbörsen[197]. Dabei zeigt sich, daß auch die Einführung von XETRA Release 3 im Oktober 1998 zu keinen substantiellen Veränderungen bezüglich des Anteils Elektronischer Handelssysteme am börslichen Rentenhandel führen konnte.

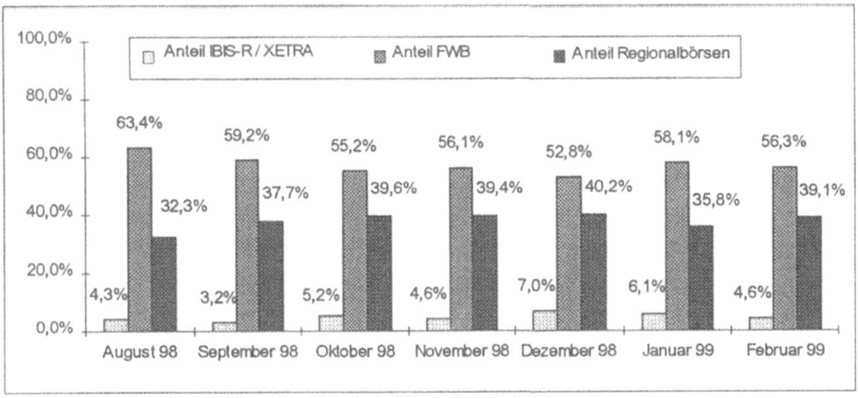

Abbildung 7.4: Orderbuchumsatzanteile in festverzinslichen Wertpapieren (Datengrundlage: DeBö99b, 33]).

Obwohl die Rentenmärkte den Aktienmärkten bezüglich der Nutzung Elektronischer Handelssysteme weiter deutlich hinterherhinken, und die Marktteilnehmer noch immer den persönlichen Kontakt und die Interaktion über Telefon und Fax bevorzugen, existieren sowohl auf dem amerikanischen als auch auf dem europäischen Markt eine Vielzahl von Initiativen, die sich die Elektronisierung dieses Marktsegmentes zum Ziel gesetzt haben. Verschiedene deutsche Broker (Freimakler) und einige angelsächsische Broker bieten Bildschirm-Quotierungssysteme, die die Markttransparenz des Telefonhandels erhöhen sollen, an[198]. Diese

[197] Die Orderbuchstatistik wird von der Deutschen Börse seit Juli 1998 angeboten. Sie vergleicht und aggregiert Transaktionen, die in den Systemen BOSS-CUBE (börslicher Parketthandel) und XETRA bzw. IBIS-R getätigt wurden. Wie bei der Berechnung der Abwicklungsvolumina liegt auch hier eine Einfachzählung vor [Müller99].

[198] Darüber hinaus bieten auch Banken ihren (institutionellen) Kunden Systeme an, über die direkt mit dieser Bank gehandelt werden kann. Hier ist insbesondere das System AUTOBAHN der Deutschen Bank AG zu nennen [DeBa99]. Über dieses System stellt die Deutsche Bank ihren Kunden handelbare Preise in vorgegebenen Maximalordergrößen

werden allerdings - wie auch die Systeme der Konkurrenten - von den Handelsteilnehmern weitgehend abgelehnt, weil hierdurch eine Rückverlagerung der auf die Freimakler übertragenen Funktionen der Plausibilitätsprüfung und die Pflege der eingegebenen Orders bewirkt wird. Aktuell existieren eine Vielzahl von Initiativen, die die Bereitstellung Elektronischer Handelssysteme im Bereich festverzinslicher Wertpapiere anstreben, z. B. die Systeme INSTINET BOND BROKERAGE und EUROMTS für den Handel in Öffentlichen Anleihen, deren Start noch im Jahr 1999 geplant ist.

Vor diesem Hintergrund führte die Deutsche Börse AG mit den Projektpartnern Compaq (vormals: Digital Equipment GmbH) und living systems AG unter der Projektleitung des Lehrstuhls BWL-Wirtschaftsinformatik ein Forschungsprojekt mit dem Titel „Agentenbasierter Wertpapierhandel" durch. Eine Verknüpfung der Erkenntnisse Elektronischer Handelsplattformen im börslichen Rentenhandel und des Potentials innovativer Informationstechnologien, konkret des Ansatzes der Softwareagenten, standen im Mittelpunkt des Projektes. Ziel war es, einen Prototyp eines agentenbasierten Handelssystems für den Rentenhandel zu realisieren - das System AMTRAS. Das Systemkonzept von AMTRAS ist nicht darauf ausgerichtet, einen Kassahandel mit einem transparenten Orderbuch zu ersetzen, sondern als sinnvolle Ergänzung für die Interessen spezieller Marktteilnehmer, etwa in der Funktion eines Such- und Verhandlungsmarktes, zu dienen.

Im Zuge der Systemkonzeption wurden umfassende Interviews und Befragungen durchgeführt (vgl. Anhang) und sowohl Experten und Wertpapierhändler verschiedener Handelshäuser als auch Mitarbeiter der Deutschen Börse AG befragt. Ziele dieser Händlerbefragungen waren die Analyse der Ist-Situation sowie die Ermittlung der Anforderungen der betroffenen Marktteilnehmer an ein Elektronisches Rentenhandelssystem. Während der Interviews wurde auch die Frage der schwachen Akzeptanz der gegenwärtigen Handelssysteme im Rentenhandel erörtert. Aufgrund dieser Untersuchung erfolgte die Erarbeitung der Anforderungen an ein Elektronisches Rentenhandelssystem.

---

in Bundesanleihen, Jumbopfandbriefen und US-Staatsanleihen. Auf diese Preise können die Kunden automatisch, und ohne telefonischen Kontakt zu einem Händler der Bank aufnehmen zu müssen, handeln. Diese Systeme erlauben jedoch keinen unmittelbaren Handel zwischen den institutionellen Investoren.

7.3 Funktionale und technische Anforderungen an ein agentenbasiertes Handelssystem[199]

Generell soll das agentenbasierte Handelssystem die Marktteilnehmer bei akzeptablem Kommunikations- und Zeitaufwand in die Lage versetzen, potentielle Kontraktpartner zu identifizieren, um mit diesen den Kauf- bzw. Verkauf festverzinslicher Wertpapiere auszuhandeln. Der Prototyp soll die praktische Umsetzbarkeit eines Handelssystems auf der Basis der Agententechnologie im Sinne eines „proof of concept" aufzeigen. Basis der Entwicklung dieses wiederverwendbaren Prototypen[200] sind die im folgenden aufgeführten zentralen Anforderungen auf der funktionalen und technischen Ebene:

Funktionale Anforderungen

- Gestaltung des Front-Ends

  Das Front-End ist so zu gestalten, daß es eine einfache, intuitive und schnelle Bedienbarkeit ermöglicht. Dem Händler ist ein Agentenmanagement in der Form zu ermöglichen, daß
  a) Agenten vorkonfiguriert und lokal gespeichert werden können,
  b) vorkonfigurierte Agenten schnell aktivierbar sind,
  c) neue Agenten aus existierenden durch Modifikationen erzeugt werden können,
  d) Echtzeitinformationen bzgl. des Status der eigenen aktiven Agenten jederzeit verfügbar und
  e) Transaktionsdaten bereits terminierter Agenten kontinuierlich abrufbar sind.

  Da sich die Kurse für festverzinsliche Wertpapiere i. d. R. schnell, gleichgerichtet und gleichzeitig verändern, sehen die Handelsteilnehmer die Einstellung von Orders für einen längeren Zeitraum als kritisch an. Erforderlich ist daher ein Front-End, das ein schnelles Ändern und Löschen von Agenten erlaubt, um auf neue marktexogene und -endogene Informationen sofort reagieren zu können. Idealerweise sind Funktionen wie benchmark-gekoppelte Quotierung vorzusehen, um beispielsweise das Pricing an die Kursentwicklung des Bund-Futures zu knüpfen. Darüber hinaus sind typische Funktionalitäten für den Rentenhandel, z. B. eine Renditeberechnung, zu integrieren.

---

[199] Grundlage der Ausführungen zum System AMTRAS in den folgenden Abschnitten 7.3 bis 7.5 sind die Veröffentlichungen [GoBu98; LoNo98; GoBu99; BuGo99; WeGo99b] sowie das Pflichtenheft des Projekts „Agentenbasierter Wertpapierhandel" [DeBö98c].

[200] Zu den Zielen und Arten des Prototyping-Ansatzes im Software Engineering vgl. [PoBl93].

Weiterhin sollen Händler für jeden Agenten maximale Suchzeiten individuell spezifizieren können, nach deren Ablauf der Agent ohne (inter-)aktiven Eingriff terminiert.

- Produktspezifikation

  Über eine Kopplung an eine performante Wertpapierdatenbank sollen die Stammdaten der zu handelnden Papiere über die WKN abrufbar sein. Darüber hinaus müssen auch Transaktionsinteressen im System ausführbar sein, bei denen kein konkretes Wertpapier angegeben wird, sondern potentiell interessierende Kupongrößen, Laufzeiten oder Emittenten spezifiziert werden, um so - analog dem Telefonhandel - mit noch sehr unscharfen Angaben andere Marktteilnehmer zu suchen und zu finden.

- Kontrahentenspezifikation

  Im Systemkonzept sind die im OTC-Markt vorhandenen Ausfall- bzw. Wiederbeschaffungsrisiken explizit zu berücksichtigen. Daher ist ein entsprechendes Kontrahentensuchkonzept zu realisieren, das den teilnehmenden Banken bzw. Händlern die Möglichkeit bietet, Partnersuchräume auf Basis individueller Bewertungskriterien einzustellen. So können individuelle Suchcluster entstehen, die der Händler z. B. aus der Einschätzung der Kontrahentenbonität, der Häufigkeit und Qualität vergangener Transaktionen und/oder der Dringlichkeit des aktuellen Transaktionswunsches herleiten kann. Diese Suchcluster müssen vordefinierbar und jederzeit modifizierbar sein, um Agenten neben den Transaktionsdaten und dem gewünschten Marktmodell auch mit dem jeweils gewünschten Suchraum ausstatten zu können.

- Such- und Preisfindungsprozesse

  Die Funktionalitäten für die Suche nach Vertragspartnern durch den Abgleich der Produkt- und Kontrahentenparameter sind sowohl auf der logischen als auch auf der technischen Ebene von der Preisfindung durch bi- bzw. multilaterale Verhandlungen und Auktionen zu trennen. Diese Entkopplung von Suche und Preisfindung sorgt u. a. dafür, daß Agenten - auch während laufender Verhandlungen - von anderen Agenten im Suchprozeß identifiziert werden können.

Nach einer erfolgreichen Suche soll die Preisfindung im Prototyp

a) vollständig telefonisch durchgeführt werden oder
b) über elektronische direkte Händlerkommunikation oder
c) automatisiert durch bilaterale oder multilaterale Verhandlungen der Agenten oder
d) über eine Auktion erfolgen.

Abbildung 7.5 stellt die zu realisierenden Preisermittlungsverfahren im System AMTRAS dar. Die schattierten Flächen sind die Bereiche, in denen die Agenten autonom agieren, die nicht schattierten Flächen zeigen die Bereiche, in denen der Händler mit dem System und/oder anderen Händlern interagiert.

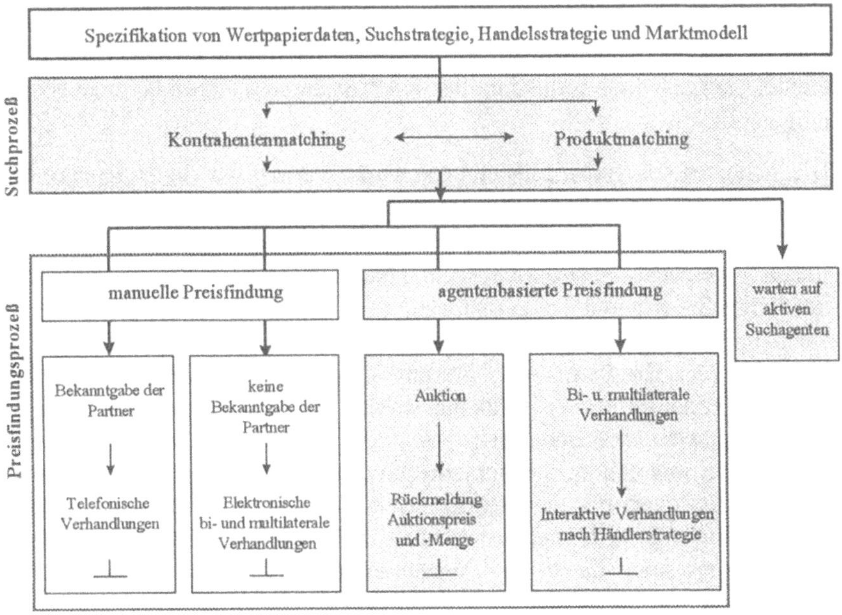

Abbildung 7.5: Such- und Preisfindungsprozesse.

- Verhandlungsprozesse

  Eine wesentliche Anforderung ist es, den Händlern die Möglichkeit zur Kontrolle über die Verhandlungsprozesse ihrer Agenten zu bieten. Dazu sind

  a) die aktuellen Statusinformationen, d. h. die jeweiligen Verhandlungspreise der Agenten während der Verhandlungen, anzuzeigen,

b) Möglichkeiten zum interaktiven Eingriff in laufende Verhandlungen über eine Modifikation der Handelsstrategie zu ermöglichen und

c) Möglichkeiten zur aktiven Terminierung von Agenten während der laufenden Verhandlungen vorzusehen.

Nach der Erörterung der zentralen funktionalen Anforderungen werden nun die wesentlichen Anforderungen aus technischer Sicht erläutert:

Technische Anforderungen

- Sicherheit

  Die Akzeptanz und der Erfolg dieser neuartigen Technologie im hochsensitiven Wertpapierbereich hängt wesentlich vom Vertrauen der Marktteilnehmer in den Schutz der eigenen Agenten vor unbefugtem Zugriff ab. Ein Elektronisches Handelssystem ist als sicher zu bezeichnen, wenn keine Manipulationsmöglichkeiten existieren und keine Informationen extrahiert werden können, die nicht vom Betreiber des Systems freigegeben werden. Wichtig ist hierbei, daß keine Beeinflussung der Agenten durch andere Marktteilnehmer möglich ist.

  Die Sicherheit des Systems hängt damit wesentlich von der zugrundeliegenden IT-Infrastruktur ab. Für das System sind mehrere Plattformen denkbar: das Internet, ein Extranet unter den Teilnehmern oder ein Börsennetz. Für eine, im Idealfall weltweite, Suche nach Kontraktpartnern bietet sich das Internet als internationales Kommunikationsnetz an, da es nahezu allen Marktteilnehmern einen problemlosen und kostengünstigen Zugang ermöglicht. Alternativ hierzu könnte den Händlern ein Extranet zwischen Banken als Kommunikationsplattform zur Verfügung stehen. Aus Sicherheitsaspekten sollte jedoch auf bestehende Börsennetze zurückgegriffen werden, wie etwa auf die existierende, internationale Kommunikationsinfrastruktur der Deutsche Börse AG. Das Vertrauen der Marktteilnehmer in den Schutz der eigenen Agenten vor unbefugtem Zugriff kann insbesondere über eine Bereitstellung und Pflege des Agentensystems durch eine Börseninstitution als neutrale, glaubwürdige Instanz sichergestellt werden.

  Unabhängig von der gewählten IT-Infrastruktur ist die Transaktionssicherheit zu gewährleisten, d. h. jeder Händler muß eindeutig identifizierbar und jeder Agent muß eindeutig seinem Händler zuzuordnen sein. Nur autorisierte Teilnehmer dürfen Zugang zu dem agentenbasierten Markt haben. Transaktionen müssen bindend und nachvollziehbar sein.

- Verfügbarkeit

  Die jederzeitige Verfügbarkeit und Ausfallsicherheit ist ein äußerst kritischer Faktor für Elektronische Handelssysteme als „*Mission Critical*"-Systeme [Sche97, 137]. Die Verfügbarkeit eines Elektronischen Handelssystem sollte nahe 100% liegen. Dies kann gewährleistet werden, wenn sich keine dedizierten Komponenten im System befinden. Bei einem Ausfall einzelner Komponenten sollte auf solche mit identischem Funktionsumfang umgeschaltet werden können. Eine Möglichkeit, eine derartige gewünschte Redundanz zu schaffen, ist die Verwendung einer dezentralen Lösung. Für das Agentensystem ist daher eine Architektur zu konzipieren, die aus mehreren gleichberechtigten Komponenten besteht, von denen jede den notwendigen Funktionsumfang abbildet.

- Erweiterbarkeit

  Im Rahmen der Modellierung ist bereits die Erweiterbarkeit des Systems in mehrere Richtungen zu berücksichtigen: Zum einen sollen in das System neue Ausprägungen von Strukturmerkmalen, z. B. Verfahren der Preisermittlung oder neue Arten von Such- und/oder Handelsstrategien, integrierbar sein. Zum anderen sollte eine Erweiterung um zusätzliche Marktsegmente ermöglicht werden. Das System ist daher über einen objektorientierten Ansatz zu modellieren.

Damit sind bei der Modellierung mehrere Ebenen zu berücksichtigen: Zum einen ist die Grundarchitektur für die Kommunikation zu modellieren und darauf aufbauend die Funktionalität für das Produkt- und Kontrahentenmatching. Auf der Verhandlungsebene sind die „rules and regs", d. h. die Spielregeln der Verhandlungen, festzulegen. Diese müssen für alle teilnehmenden Händler bzw. Agenten bekannt und verbindlich sein. Sie stellen die logischen Schnittstellen des Agenten für seine Interaktion mit anderen Agenten dar und müssen entsprechend verfügbar und standardisiert sein. Auf der Strategieebene müssen die Agenten mit den für das ausgewählte Segment erforderlichen Such- und Handelsstrategien ausgestattet werden. Dabei ist es besonders wichtig, daß diese individuell einstellbar sind und nicht offengelegt oder gar vereinheitlicht werden dürfen. Daher sind sie im Agenten zu kapseln. Zusammenfassend ist eine Agentenmodellierung auf vier Ebenen notwendig:

1. Kommunikationsebene,
2. Suchebene,
3. Verhandlungs- und Kooperationsebene („rules and regs") und
4. Strategieebene.

Die ersten drei Ebenen dürfen von den Händlern nicht manipulierbar sein und sollten idealerweise von einer zentralen und gleichzeitig neutralen Instanz bereitgestellt und gepflegt werden (vgl. Abschnitt 4.2.2.5). Im Gegensatz dazu muß Ebene 4 von der jeweiligen Bank bzw. dem jeweiligen Händler individuell gestalt- und modifizierbar sein.

- Skalierbarkeit

  Das System ist so zu konzipieren, daß die Teilnehmerzahl nicht von vornherein beschränkt oder gar fixiert ist. Es sind jederzeit ausreichende Ressourcen und Verarbeitungskapazitäten bereitzustellen, die auch bei volatilen Märkten und hohem Transaktionsdurchsatz - insbesondere aus Fairnessgründen - eine rasche Durchführung aller Transaktionen erlauben. Daher sollten in der Systemkonzeption die Voraussetzungen geschaffen werden, um im laufenden Systembetrieb dynamisch, d. h. ohne Systemstop, zusätzliche Verarbeitungskapazitäten hinzuzufügen.

- Plattformunabhängigkeit

  Die Plattformunabhängigkeit, d. h. die Bereitstellung des Systems bei den Teilnehmern auf Basis unterschiedlicher Betriebssysteme sowie unterschiedlicher Hardware- und Netzarchitekturen, muß gewährleistet sein. Eine Integrationsmöglichkeit in eine heterogene Rechnerumgebung vermeidet, daß Zusatzinvestionen in Hard- und Software erforderlich sind. Darüber hinaus sollte das agentenbasierte Handelssystem an bestehende Unterstützungssysteme, wie z. B. Informations- und Abwicklungssysteme, und existierende Elektronische Handelssysteme, wie XETRA oder EUREX, gekoppelt werden können.

- Performance

  Die Performance des Systems wird aus Händlersicht (Client) von der Zeitspanne determiniert, in der die Identifikation der potentiellen Kontraktpartner und der Abgleich der Eigenschaften der gehandelten Objekte erfolgen. Das System wird nur dann erfolgreich sein, wenn es dem Händler eine deutliche Zeitersparnis bringt und gleichzeitig Kosten, z. B. für die Informationsbeschaffung, reduziert. Aus Sicht der Handelsplattform (Server) bezieht sich die Anforderung der Performance auf die Fähigkeit zur Verarbeitung hoher Transaktionsraten innerhalb kurzer Zeiträume.

- Standardisierung

  Die Agentenarchitektur und die ACL sollte, statt eines proprietären Ansatzes, auf der Basis existierender Standards realisiert werden. Damit wird eine Offenheit und Anpassungsfähigkeit des Systems für eine einfache Einbindung weiterer Agenten, z. B. von Informationsagenten, und eine unkomplizierte Kopplung des Systems mit externen (Agenten-)Systemen gewährleistet.

- Marktsteuerung

  Alle Handelsaktivitäten im System müssen vollständig nachvollziehbar sein. Um die Voraussetzungen für eine real-time Überwachung des Systems im Sinne einer Marktsteuerung zu schaffen, ist eine Monitoringfunktionalität zu realisieren, die alle Aktivitäten protokolliert und zweckmäßig grafisch bzw. tabellarisch aufbereitet. Diese dient - neben der Marktsteuerung und Handelsüberwachung im Systembetrieb - auch als Debugging-Komponente in der Entwicklungs- sowie späteren Erweiterungsphasen. Sie dient über die Bereitstellung einer transparenten Systemadministration hinaus auch als Grundlage für die Erarbeitung eines Gebührenmodells und der späteren Gebührenmessung und -erhebung im Systembetrieb.

Die Realisierung dieser Anforderungen ist die Grundlage für eine operative Effizienz des agentenbasierten Handelssystems. Die Systemqualität stellt die Grundlage dieser operativen Effizienz dar und dient über die Akzeptanz der Marktteilnehmer dem übergeordneten Ziel: der Generierung von Order-Flow und der Schaffung eines liquiden Marktes.

7.4 Umsetzung eines agentenbasierten Handelssystems im Rentenhandel - Das System AMTRAS

Statt der konventionellen Orderbücher existieren im Elektronischen Handelssystem AMTRAS auf einem elektronischen Wertpapiermarkt Agenten, die jeweils die Transaktionsinteressen der Händler repräsentieren und nach Agenten mit kompatiblen Transaktionsinteressen suchen.

Ein Agent repräsentiert die Präferenzen des Händlers bezüglich seiner Transaktionsdaten (Kauf- oder Verkaufsinteresse und die Wertpapierdaten), des gewünschten Marktmodells und des individuellen Suchraums potentieller Transaktionspartner. Ein Agent ist in der Lage, Produkte und Kontrahenten nach konkreten oder vagen Spezifikationen zu suchen und selbständig bzw. durch Interaktion des Händlers auf der Basis einer vorgegebenen Handelsstrategie Preisverhandlungen durchzuführen.

Um die Erläuterung von Systemkonzept und verfügbaren Funktionalitäten im Rahmen der folgenden Ausführungen nachvollziehbar zu gestalten, stellt Abbildung 7.6 die zentrale Maske des AMTRAS-Front-Ends dar.

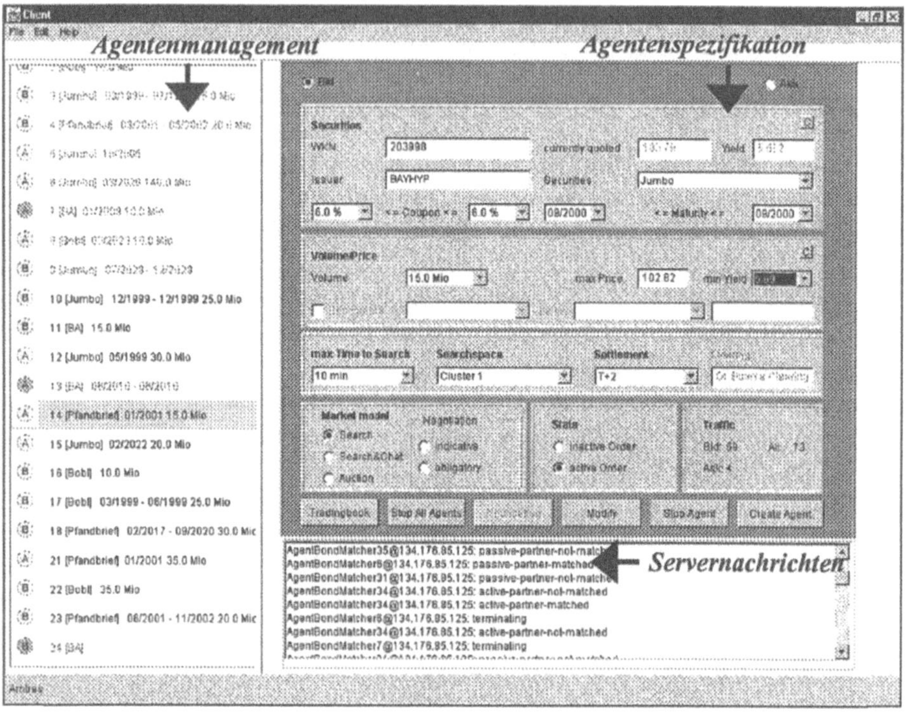

Abbildung 7.6: AMTRAS-Front-End.

Das AMTRAS-Front-End weist eine Dreiteilung auf: Das Panel *Agentenspezifikation* dient der Eingabe der Wertpapierdaten, des gewünschten Marktmodells sowie der individuellen Suchräume. Über das Panel *Agentenmanagement* werden die Agenten des jeweiligen Händlers angezeigt. Dabei repräsentiert jede Zeile des Panels einen Agenten und stellt Informationen bereit, die eine sofortige Identifikation und Zuordnung des Agenten erlauben (konkret: Kauf- (B) oder Verkaufsagent (A), fortlaufende Agentennummer und wesentliche Wertpapierdaten). Über ein Farbkonzept wird der jeweilige Status des Agenten (aktiv, ausgeführt, teil-ausgeführt oder terminiert) unmittelbar ersichtlich. Über das Panel *Servernachrichten* erfolgt eine Anzeige des aktuellen Nachrichtenaustausches zwischen Server und Client[201].

Die Erörterung des Systemkonzeptes und des AMTRAS-Marktmodells in den folgenden Abschnitten 7.4.1 und 7.4.2 gliedert sich nach dem in Abschnitt 5.4.2 entwickelten, erweiterten Bezugsrahmen für Marktmodelle.

[201] Diese Nachrichten dienen im wesentlichen der Visualisierung und Überprüfung der Kommunikation zwischen Client und Server in der Entwicklungsphase. Dieses Panel kann daher im Systembetrieb ohne Informationsverlust für den Händler entfallen.

7.4.1 Phasenspezifische Strukturmerkmale

7.4.1.1 Informationsphase

Die pre-trade Markttransparenz gegenüber dem Gesamtmarkt ist auf die Angaben über den aktuellen „Systemtraffic", d. h. auf die Zahl aktiver Agenten auf der Handelsplattform, beschränkt (vgl. Abbildung 7.6 - Subpanel „Traffic"). Damit sollen sich die Teilnehmer, entsprechend dem Interest/Present-Zähler des Systems IBIS-R, einen Eindruck über die aktuelle Situation des Marktes verschaffen können. Die Zahl der Agenten kann sich in Abhängigkeit von der Konfiguration des Systems auf den gesamten, den domänenspezifischen oder den Traffic in mehreren Domänen beziehen[202]. Von der pre-trade Transparenz gegenüber dem Gesamtmarkt ist die pre-trade Transparenz gegenüber den - über individuelle Suchräume spezifizierten - potentiellen Transaktionspartnern zu unterschieden. Jeder Marktteilnehmer kann (im Sinne eines dynamischen Marktmodells) festlegen, ob er die eigene Identität gegenüber den Banken/Händlern seines Suchraums offenbart (*pre-trade Markttransparenz*).

Im Konzept dynamischer Marktmodelle ist auch für die post-trade Transparenz die individuelle Auswahl des einzelnen Händlers maßgebend. In der aktuellen Version[203] des Prototypen werden keine Informationen bezüglich vollzogener Transaktionen an den Gesamtmarkt weitergegeben. Weitere Ausprägungen der post-trade Markttransparenz sind jedoch in das System integrierbar und werden insbesondere im Hinblick auf die experimentellen Untersuchungen des Systems relevant (*post-trade Markttransparenz*).

7.4.1.2 Spezifikation von Such- und Handelsstrategien

Eine Suchstrategie im System AMTRAS bezieht sich zum einen auf das Papier, d. h. bestimmte Kuponhöhen und/oder bestimmte Laufzeiten und/oder bestimmte Emittenten, zum anderen auf die potentiellen Kontrahenten:

---

[202] Jeder Agent wird nach der Instanziierung auf der Handelsplattform einer logischen Domäne zugeordnet. Die Untergliederung der Agentenplattform in Domänen erfolgt nach der Wertpapiergattung und der Laufzeit. Sie bildet eine wichtige Grundlage für eine performante Suche. Zur genaueren Darstellung und zur technischen Umsetzung des Domänenkonzeptes vgl. Abschnitt 7.5.

[203] Die Ausführungen zur Implementierung des Systems AMTRAS beziehen sich auf den Stand März 1999.

Die *Produktsuche* kann dadurch abgebildet werden, daß die Händler bei der Angabe ihres Transaktionswunsches nicht ein konkretes Wertpapier spezifizieren müssen, sondern auch unscharf die von ihnen gewünschten Ausprägungen der Produktparameter angeben können. Händler können bei einem solchen Marktmodell eine beliebige Anzahl von Parametern spezifizieren.

Im implementierten Rentenhandelsmodul können neben der Wertpapiergattung, der Laufzeit und dem Kupon auch der/die Emittenten (Bund, verschiedene Hypothekenbanken, usw.) durch Angabe von Bereichen oder Gruppen unscharf spezifiziert werden. Darüber hinaus können Orders eingegeben werden, bei denen die WKN, die gewünschte Menge sowie das Limit konkret spezifiziert sind.

Um die Problematik der Adressausfall- und Wiederbeschaffungsrisiken bei der *Kontrahentensuche* zu berücksichtigen, ist in AMTRAS ein *Clusteringkonzept* implementiert, das den teilnehmenden Banken bzw. Händlern die Möglichkeit bietet, den Suchraum des jeweiligen Agenten auf Basis individueller Bewertungskriterien bezüglich der Kontrahenten zu parametrisieren. Über dieses Clusteringkonzept kann jeder Händler seinen Markt individuell zusammenstellen und so den für ihn relevanten Teilmarkt festlegen.

Damit wird der Trade-Off zwischen den Zielen Minimierung der Ausfall- und Wiederbeschaffungsrisiken und Wahrung der Anonymität im Handelsprozeß aufgelöst. Im Gegensatz zu einem börslichen Handelssystem kann AMTRAS somit als individueller Kontrahierungsmarkt angesehen werden und stellt gleichzeitig einen Markt individueller Teilmärkte dar.

Abbildung 7.7 zeigt die Eingabemaske zur Definition individueller Suchcluster. Ein Kontraktpartner kann dabei in mehreren Suchräumen enthalten sein. Dies kann der Händler zu einer mehrstufigen Kontrahentenauswahl nutzen, indem er - je nach Erfolg oder Mißerfolg seiner Suche - den Suchraum sukzessive erweitern kann.

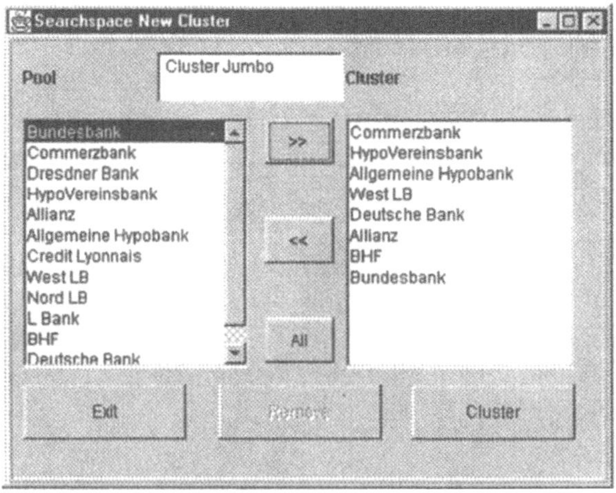

Abbildung 7.7: Spezifikation individueller Suchcluster.

Ein Matching findet statt, wenn beide Händler in ihren Suchräumen den jeweils anderen Partner angegeben haben. Die Händler können dabei individuell für jede Order entscheiden, ob – und wenn ja, in welchem Maße – sie den restlichen Marktteilnehmern Informationen über ihre Order zufließen lassen.

Die Kombination aus *Produktsuche* und *Clusteringkonzept* stellt sicher, daß nur solche Parteien adressiert werden und ihnen Informationen über die Transaktionsabsicht zukommen, wenn:

a) diese ebenfalls in der relevanten Produktkategorie Handelsinteresse bekunden und
b) mit diesen eine wechselseitige Akzeptanz vorliegt.

Neben der Suchstrategie, die für jede Art der Preisfeststellung relevant ist, spezifiziert der Händler, wenn er die Preisermittlung über bi- oder multilaterale Verhandlungen auswählt (vgl. Abbildung 7.6 - Subpanel „Market model") auch seine Handelsstrategie. In AMTRAS können Handelsstrategien vom Typ 2 (vgl. Abschnitt 5.4) spezifiziert werden, d. h. für einen Agenten wird ein Verhandlungsverhalten über die Einbeziehung der Dimension Zeit vorgegeben. Händler tragen ihre Handelspräferenzen in einem Preis/Zeit-Diagramm ein. Daraus ergibt sich eine Treppenfunktion, die jedem Verhandlungszeitpunkt genau einen Preis zuordnet. Diese wird im folgenden erläutert.

Der Händler spezifiziert seine individuelle Verhandlungsfunktion über die Angabe der reellwertigen Parameter Startpreis S (Preis zu Beginn der Verhandlungen) und Endpreis E (maximaler Kaufpreis bzw. minimaler Verkaufspreis) sowie einer maximalen ganzzahligen Verhandlungszeit *T* und einem ganzzahligen Strategieparameter *Y* zwischen *-5* und *+5* (vgl. Abbildung 7.8).

Der Strategieparameter *Y* kann als Ausdruck der „Aggressivität" des Händlers in den Verhandlungen, d. h. als Bereitschaft, sich schnell oder langsam vom Startpreis zum Endpreis zu bewegen, angesehen werden.

Dabei impliziert ein *Y* von *+5* eine sehr hohe Aggressivität, d. h. einen konvexen (konkaven) Funktionsverlauf bei einem Käufer (Verkäufer), 0 einen linearen Funktionsverlauf und ein *Y* von *-5* führt zu einem konkaven (konvexen) Funktionsverlauf bei einem Käufer (Verkäufer), d. h. zu sehr schnellen Preiszugeständnissen in den Verhandlungen.

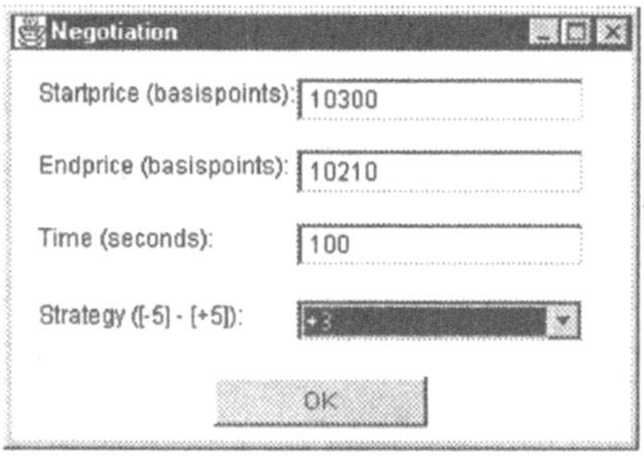

Abbildung 7.8: Definition einer Handelsstrategie (hier Verkauf).

Aus diesen Daten wird die Verhandlungsfunktion $p(t)$ berechnet. Grundlage hierfür sind neben den eingegebenen Daten auch - im System festgelegte und konstante - Zeitabstände s (im folgenden: Ticks) zwischen den einzelnen Verhandlungsschritten[204]. Die systemseitige Vorgabe dieser Zeitabstände stellt sicher, daß in Verhandlungen alle Agenten bzw. Händler zum gleichen Zeitpunkt ihren aktuellen Verhandlungspreis übermitteln und somit keine Vorteile durch bewußte Verzögerungen entstehen können. Mit der individuell für jeden Agenten spezifizierten Verhandlungszeit *T* ist damit auch die Anzahl der Verhandlungsschritte $\frac{T}{s}$ eines Agenten festgelegt[205].

---

[204] Die Länge eines Ticks *s* zwischen den einzelnen Verhandlungsschritten wurde im Prototyp arbiträr mit 10 Sekunden festgelegt. Laborexperimente mit dem System werden u. a. auch Hinweise zur Beantwortung der Frage nach „idealen" Ticklängen geben.

[205] Bei der Eingabe wird sichergestellt, daß *T* als ganzzahliges Vielfaches der Ticklänge *s* spezifiziert wird.

In AMTRAS werden Verhandlungsfunktionen $p{:}[0;T] \rightarrow R_0^+$ in Form einer Treppenfunktion $p(t)$ spezifiziert.

Für Strategieparameter Y mit $(Y>0)$ wird eine streng konvexe (konkave) Verhandlungsfunktion für einen Käufer (Verkäufer) bzw. eine lineare $(Y=0)$ Verhandlungsfunktion aus

$$p(t) = S + \left(\frac{t_i}{T}\right)^{1+0{,}25Y}(E-S) \quad \text{für } t \in [t_i, t_{i+1}[\quad \text{mit } t_i = i \cdot s, \quad i = 0, \ldots, \frac{T}{s}$$

berechnet.

Für Strategieparameter $Y<0$ ergibt sich eine streng konkave (konvexe) Verhandlungsfunktion[206] für den Käufer (Verkäufer) aus

$$p(t) = S + 2\frac{t_i}{T}(E-S) - \left(\frac{t_i}{T}\right)^{1+0{,}25|Y|}(E-S) \quad \text{für } t \in [t_i, t_{i+1}[\quad \text{mit } t_i = i \cdot s, \quad i = 0, \ldots, \frac{T}{s}.$$

Die so ermittelte Handelsstrategie wird dem Händler grafisch angezeigt (vgl. Abbildung 7.9) und kann durch Verschieben einzelner Preise[207] oder durch Veränderung der gesamten Funktion nochmals modifiziert werden, bevor der Agent in die Plattform gesendet wird.

---

206 Über die Einbeziehung des Terms $2\frac{t_i}{T}(E-S)$ wird gewährleistet, daß sich die konkave (konvexe) Verhandlungsfunktion durch Spiegelung der konvexen (konkaven) Verhandlungsfunktion mit betragsmäßig gleicher Strategie an der linearen Verhandlungsfunktion ergibt.

207 Bedienungtechnisch wird dies durch ein Verschieben der in Abbildung 7.9 sichtbaren schwarzen Balken mit der Maus ermöglicht.

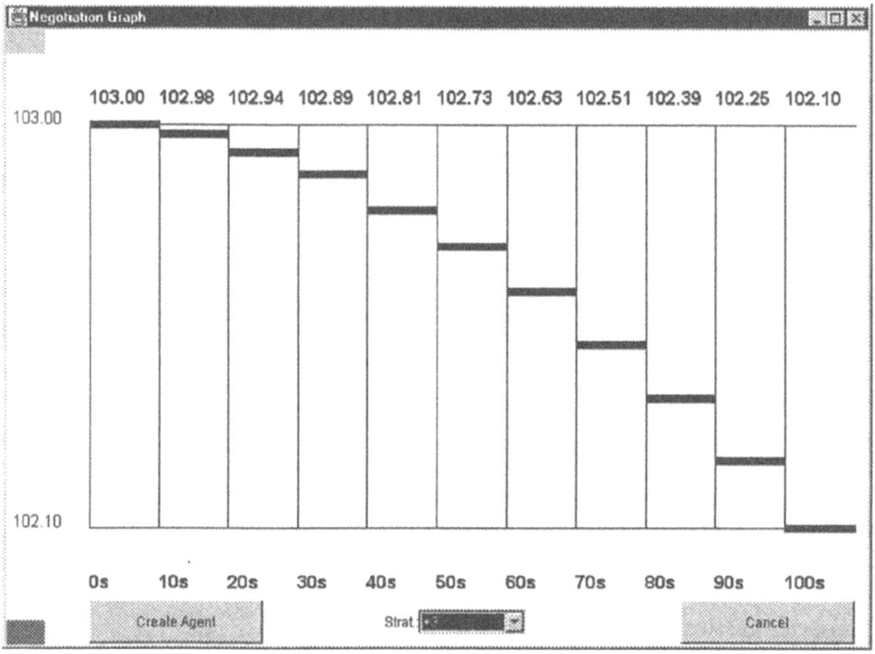

Abbildung 7.9: Darstellung einer Handelsstrategie (Verkauf) in AMTRAS.

7.4.1.3 *Orderroutingphase*

Da im Rentenhandel bei vielen Marktteilnehmern wenige Händler für sehr viele Rentenwerte zuständig sind, werden häufig Limit-Orders im Rahmen des Eigenhandels mit dem Vermerk „freibleibend" an Broker weitergeleitet. Dieser sucht den geeigneten Geschäftskontrahenten, wartet ggf. eine günstige Marktlage ab und holt vor Geschäftsabschluß das Einverständnis des Auftraggebers hinsichtlich des Ausführungspreises ein, bevor die Order(s) ausgeführt werden. Dem Händler bietet sich somit die Möglichkeit vor Abschluß des Geschäftes, die freibleibende Order zu überdenken. Diese Freiheit wird auch im Systemkonzept von AMTRAS umgesetzt, indem Händler Agenten mit unverbindlichen oder verbindlichen Transaktionswünschen instanziieren können. Die Gültigkeitsdauer einer Order wird über die Suchzeit, d. h. die Lebensdauer eines Agenten, festgelegt[208].

[208] Die Lebensdauer des Agenten ist nicht mit der Verhandlungszeit T zu verwechseln. Die Lebensdauer bestimmt die Zeit bis der Agent terminiert. Die Verhandlungszeit T wird erst relevant, nachdem der Agent - im Rahmen der Suche - einen oder mehrere Agenten mit kompatiblen Transaktionsdaten im Marktmodell *Negotiation* identifiziert hat.

7.4.1.4 *Umsetzung von Suchstrategien*

Aufgrund des modularen Aufbaus ist es möglich, Such- und Preisfindungsprozesse isoliert zu betrachten. Ziel des Suchprozesses ist es, potentielle Kontraktpartner durch Unterstützung der Softwareagenten zu finden, um mit diesen anschließend Transaktionspreise für die ermittelten Rentenpapiere verhandeln zu können. Jede Art der Preisfindung setzt also eine erfolgreiche Suche voraus (vgl. Abbildung 7.5).

Nach der Eingabe von Wertpapierdaten, Marktmodell und Suchraum, d. h. nach der Spezifikation der Suchstrategie, „beauftragt" der Händler den Agenten mit der Suche und es wird ein neuer Agent auf der Handelsplattform erzeugt. Damit beginnt die Suchphase: Zunächst identifiziert der Händleragent die im System vorhandenen Agenten (Kontrahentenidentifikation) und sucht in dieser Grundgesamtheit nach den für den Händler relevanten Agenten. Eine Suche ist erfolgreich, wenn zwei Händler sich sowohl wechselseitig als mögliche Kontrahenten spezifiziert haben (Kontrahentenmatching) als auch das gleiche Wertpapier suchen bzw. anbieten (Produktmatching). Dabei kann ein Wertpapier entweder über die Wertpapierkennummer vollständig definiert werden oder Händler spezifizieren übereinstimmende Wertpapiereigenschaften, konkret: Emittent, Kupon und/oder Laufzeit. Die technische Umsetzung der Suche wird in Abschnitt 7.5 dargestellt.

7.4.1.5 *Abschlußphase/Umsetzung von Handelsstrategien*

Gemäß der in Abschnitt 7.3 formulierten Anforderungen (vgl. auch Abbildung 7.5) stellt das agentenbasierte Handelssystem vier verschiedene Preisermittlungsverfahren, d. h. Interaktionsprotokolle der Agenten, zur Verfügung, aus denen der Händler transaktionsspezifisch auswählen[209] kann:

(1) Telefonische Preisermittlung (*Search*)
(2) Elektronische Preisermittlung (*Search&Chat*)
(3) Preisermittlung durch Auktionen im fortlaufenden Handel (*Auction*)
(4) Preisermittlung durch bi- bzw. multilaterale Verhandlungen der Agenten (*Negotiation*).

(1) Telefonische Preisermittlung (*Search*)

Bei dieser Form der Preisermittlung nutzt der Händler das System als reine Suchplattform, d. h. er überträgt die Suchaufgabe, die bisher vom Broker oder dem Händler selbst durchgeführt wurde, auf das System. Damit findet -

[209] Das gewünschte Preisermittlungsverfahren kann über das Subpanel „Market model" (vgl. Abbildung 7.6) ausgewählt werden.

im Vergleich zum Telefonhandel - eine sehr schnelle Suche in dem spezifizierten Suchcluster statt. Nach einem erfolgreichen Kontrahenten- und Produktmatching melden die Agenten den Händlern wechselseitig die identifizierten Handelspartner. Auf dieser Basis können dann telefonische Verhandlungen bezüglich des Preises oder - bei einem Matching über die Vorgaben von Bereichen - bezüglich des zu handelnden Wertpapiers und des Preises durchgeführt werden.

(2) Elektronische Preisermittlung (*Search&Chat*)

Für die Durchführung anonymer Preisverhandlungen kann das Preisermittlungsverfahren *Search&Chat* ausgewählt werden. Ist ein Kontrahenten- und Produktmatching erfolgt und wurden die identifizierten Agenten mit dem Preisermittlungsverfahren *Search&Chat* instanziiert, wird ein Kommunikationskanal zwischen diesen Agenten geöffnet[210].

Ein Händler kann dann mit allen identifizierten Partnern parallel verhandeln[211]. Die Nachrichten werden jedoch bilateral ausgetauscht und sind somit für die anderen involvierten Händler nicht sichtbar. So kann beispielsweise ein Blockverkäufer ein Gesamtvolumen in mehrere Teilvolumina aufspalten und diese parallel mit mehreren Partnern verhandeln. Verhandlungsparameter sind der Preis und das Volumen. Jedes Angebot wird darüber hinaus mit einer Gültigkeitsdauer versehen. Abbildung 7.10 zeigt eine übermittelte Nachricht im Rahmen des Preisermittlungsverfahrens *Search&Chat*.

---

210 Wesentlich hierbei ist, daß dieser Kommunikationskanal auf der Agentenplattform und nicht direkt zwischen den Clients der Händler geöffnet wird. Damit ist eine sichere Kommunikation über die Agentenplattform realisiert, die vom Plattformbetreiber im Sinne einer Marktsteuerung überwacht werden kann. Die Händler übergeben die Nachrichten an ihre eigenen Agenten, diese werden dann über den Agenten des Verhandlungspartners an den jeweiligen Händler weitergeleitet.

211 Die Zuordnung der Nachrichten in den Verhandlungen wird über eine identifizierende Nummer für jeden Verhandlungspartner und über eine eindeutige Farbkennung gewährleistet.

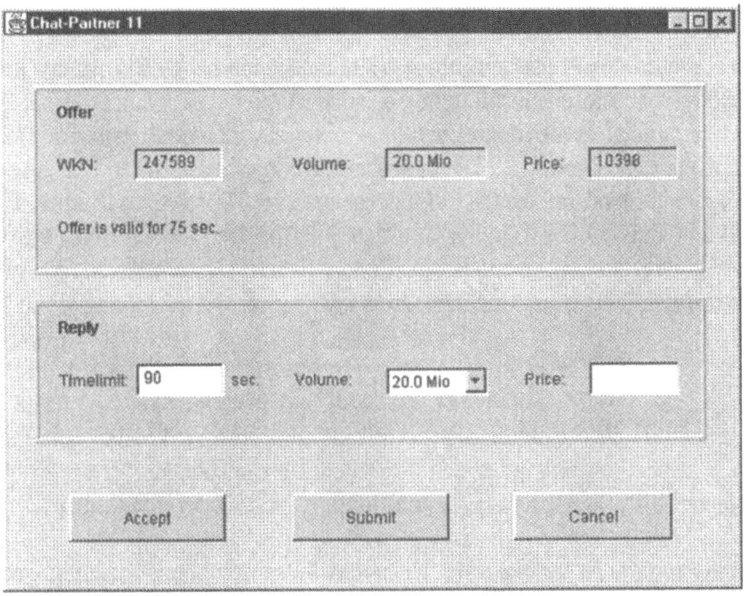

Abbildung 7.10: Angebot im Preisermittlungsverfahren Search&Chat.

Systemseitig wird im Rahmen dieser Verhandlungen sichergestellt, daß

a) Agenten nach erfolgreichen Verhandlungen das gewünschte Gesamtvolumen reduzieren,

b) bei Erreichen des Gesamtvolumens eines Händlers alle zu diesem Zeitpunkt laufenden Verhandlungen mit einer entsprechenden Meldung eingestellt werden,

c) in den Preisverhandlungen - bei gleichem Volumen - nur Preisverbesserungen möglich sind,

d) der jeweilige Verhandlungspartner bei Abbruch einer bilateralen Verhandlung und

e) alle aktuellen Verhandlungspartner bei Löschen eines Agenten benachrichtigt werden.

(3) Preisermittlung durch Auktionen im fortlaufenden Handel (*Auction*)

Im Rahmen des Preisermittlungsverfahren *Auction* startet ein Agent (im folgenden wird dieser als Initiator bezeichnet) eine Auktion im fortlaufenden Handel, indem er die identifizierten Agenten der Marktgegenseite auffordert, ein Gebot abzugeben[212]. Dabei trifft die eingestellte Order auf eine oder mehrere Orders auf der Marktgegenseite. Zur Teilnahme an einer solchen Auktion müssen die Händler konkrete Wertpapiere, das gewünschte Volumen sowie einen Limitpreis spezifiziert haben. Grundlage dieser Auktion sind ausschließlich verbindliche Orders.

Ziel des Auktionsverfahren ist es einerseits, Händlern, die eine hohe Nachfrage nach Sofortigkeit haben, im System die Möglichkeit zu geben ohne Verhandlungen (großvolumige) Aufträge plazieren zu können, andererseits der Marktgegenseite über den Preismechanismus einen Anreiz zu geben, Agenten frühzeitig einzustellen und somit Liquidität bereitzustellen.

Eine Auktion ist erfolgreich, wenn das Gesamtvolumen der abgegebenen Gebote in der Auktion das gewünschte Volumen der (Block-)Transaktion deckt und der Auktionspreis mindestens dem vom Initiator vorgegebenen Preis entspricht. Die Preissetzung in der AMTRAS-Auktion leitet sich aus dem Prinzip der Preisfindung der Vickrey-Auktion [Vick61] ab. Die m Bieter mit den höchsten Geboten erhalten den Zuschlag und zahlen den Preis des Bieters, der den niedrigsten Preis geboten hat, aber noch zur Menge der Agenten gehört, die den Zuschlag erhalten[213]. Dieses Verfahren sichert sowohl allen bietenden Agenten als auch dem Initiator der Auktion einen Preis, der mindestens dem eigenen Gebot entspricht[214]. Die Zuordnung wird nach Preis-/Zeitprioriät vorgenommen.

Ein Beispiel in Abbildung 7.11 erläutert das Preissetzungsverfahren der AMTRAS-Auktion: Vier Käufer-Agenten (A bis D) existieren bereits auf der Plattform mit den aufgeführten Volumina und Limitpreisen. Startet nun ein auf die Plattform gesendeter Verkäuferagent Z eine Auktion mit einem

---

212 Aus Vereinfachungsgründen beziehen sich die weiteren Erläuterungen auf einen Verkaufsagenten als Initiator. Analog vollzieht sich die Auktion beim einem Kaufagenten als Initiator.

213 Im Rahmen der Vickrey Auktion zahlen die m Bieter, die den Zuschlag erhalten haben, einen Preis der dem Gebot des Bieters mit dem (m+1)-höchsten Gebot entspricht.

214 Ähnlich vollziehen sich auch die Blockauktionen im Upstairs-Markt an der NYSE: Bei einem Blockverkauf (Blockkauf) zu einem Kurs, der unter (über) dem aktuellen Geldkurs (Briefkurs) der NYSE liegt, müssen alle Orders mit einem Limit größer (kleiner) oder gleich dem Transaktionspreis der Blockorder zu diesem Preis durchgeführt werden.

Volumen von 900.000, so erhalten die Bieter B, C und D den Zuschlag[215] zum Preis des Käufers mit dem geringsten Gebot, das noch zum Zuge kommt, d. h. das Gebot des Käufer B mit 100,10.

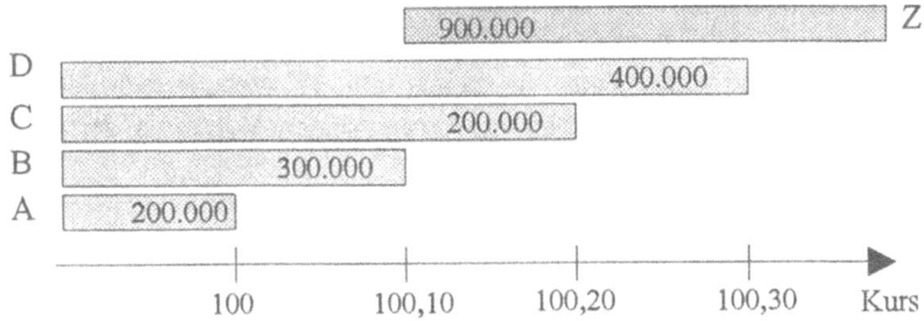

Abbildung 7.11: Beispiel einer AMTRAS-Auktion.

Im Gegensatz dazu ergibt sich im Rentenhandelsmodul von XETRA der Transaktionspreis als der vorteilhafte Preis aus Sicht des Händlers, der zuletzt eine Order einstellt. Im Beispiel würden sich in XETRA drei verschiedene Preise ergeben, wobei der Transaktionspreis jeweils der bessere Preis aus Sicht der - zuletzt eingestellten - Order (hier des Verkäufers Z) ist, d. h. es ergeben sich die Preise Z/D zu 100,30, Z/C zu 100,20 und Z/B zu 100,10.

(4) Preisermittlung durch bi- bzw. multilaterale Verhandlungen der Agenten (*Negotiation*)[216]

Die spezifizierten Handelsstrategien (vgl. Abschnitt 7.4.1.2) kommen im Rahmen der Preisermittlung durch bi- bzw. multilaterale Verhandlungen zum Tragen. Händler können auf dieser Basis dem Agenten die Verhandlungen gemäß der spezifizierten Handelsstrategie vollständig überlassen und diese Verhandlungen real-time beobachten. Wesentlich hierbei ist die Möglichkeit des aktiven Eingreifens der Händler in die laufenden Verhandlungen. Die Händler können die Verhandlungsfunktionen ihrer Agenten interaktiv verändern und so – analog der heutigen außerbörslichen, telefonischen Verhandlungen – in Echtzeit miteinander über den Preis des Wertpapiers verhandeln. Im Gegensatz zum telefonischen Handel sind im System AMTRAS je-

[215] Käufer A wird nicht ausgeführt, da B, C, und D das Volumen des Verkäufers abdecken. Wenn das Volumen des Agenten mit dem geringsten Gebot, das noch zum Zuge kommt (hier: B), dazu führt, daß das gewünschte Gesamtvolumen des Verkäufers überschritten wird (z. B. wenn das Volumen des Agenten B 350.000 betragen würde), erfolgt bei dem Händler dieses Agenten B eine Systemmeldung, die abfragt, ob er ein Teilvolumen akzeptiert. Lehnt dieser ab oder akzeptiert er nicht innerhalb einer vorgegebenen Zeitspanne (im System 15 Sekunden), ist die Auktion gescheitert.

[216] Die Notation in diesem Abschnitt entspricht der Notation in Abschnitt 7.4.1.2.

doch anonyme und multilaterale Verhandlungen möglich. Ein Händler kann dabei simultan an mehreren Verhandlungen partizipieren.

Nach einem erfolgreichen Produkt- und Kontrahentenmatching werden die Verhandlungsfunktionen der Händler gegenübergestellt und die Verhandlungspreise wechselseitig gemäß den systemseitig voreingestellten Zeitabständen (Ticks) miteinander verglichen. Das zu verhandelnde Volumen $\bar{v}$ ergibt sich aus dem Minimum der gewünschten Volumina der beteiligten Agenten.

Im Rahmen der Verhandlungen wird einem Händler i zum einen die eigene Verhandlungsfunktion $p_i(t)$ angezeigt, zum anderen werden zum jeweils aktuellen Verhandlungszeitpunkt t' auch die Verhandlungsfunktionen $p_k(t)$; $t < t'$ der Kontrahenten k, d. h. deren aktuelle und vergangenen Verhandlungsschritte angezeigt.

Abbildung 7.12 zeigt ein Beispiel einer Verhandlungssituation aus Sicht eines Verkäuferagenten, der sich in einer Verhandlung mit drei Käuferagenten befindet.

Ein Matching findet statt, wenn sich die Verhandlungsfunktionen (mindestens[217]) eines Käufers B und eines Verkäufers A schneiden, d. h. $p_B(t') \geq p_A(t')$. Um auch hier einen Anreiz zu bieten, dem Markt Liquidität zur Verfügung zu stellen, ergibt sich der jeweilige Transaktionspreis als der vorteilhafte Preis aus der Sicht desjenigen Händlers, der den Agent früher in das System eingestellt hat.

217 Schneidet beispielsweise eine Verhandlungsfunktion eines Verkäufers zum aktuellen Verhandlungszeitpunkt t' Verhandlungsfunktionen mehrerer Käufer, so gilt Preispriorität und der Käufer mit dem aktuell höchsten Gebot kommt zum Zuge.

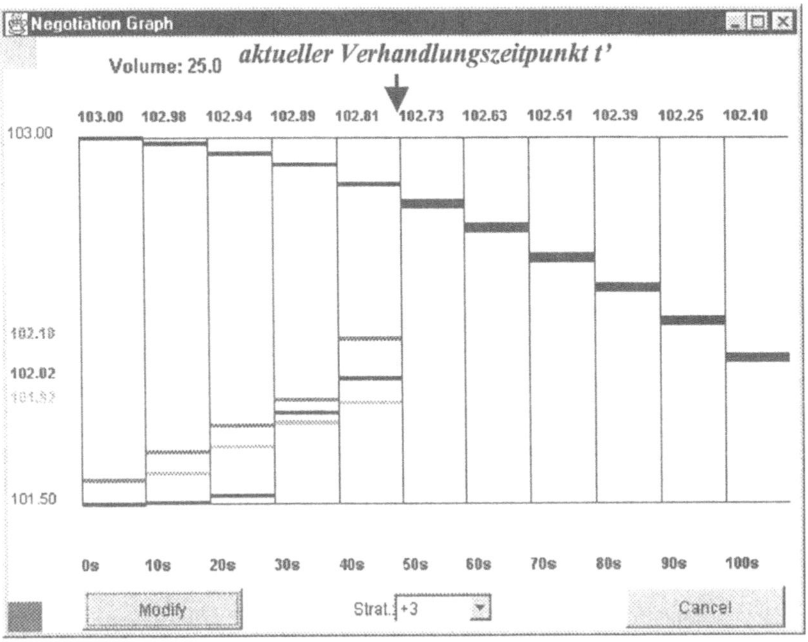

Abbildung 7.12: Interaktive Verhandlungen aus Sicht eines Verkäufers.

Für jeden Zeitpunkt $t > t'$ können die Händler einzelne Preise[218] bzw. - über Modifikation des Strategieparameters Y - ihre Verhandlungsfunktion verändern. Aus dem Verlauf bisheriger Verhandlungsschritte können somit keinerlei Aussagen bezüglich der künftigen Preise der Verhandlungspartner abgeleitet werden. Damit auch nicht auf die Länge der Verhandlungszeit der Kontrahenten geschlossen werden kann, ergibt sich die Länge der angezeigten Zeitachse aus der von dem jeweiligen Händler angegebenen individuellen Verhandlungszeit T.

Wählen die beteiligten Händler im Marktmodell die Variante der verbindlichen Verhandlungen, so erfolgt nach einer erfolgreichen Verhandlung und Preisfindung mit dem Kontraktpartner ein sofortiger, automatischer Abschluß des Geschäftes. Bei einer unverbindlichen Verhandlung hingegen erfolgt nach der Preisfindung eine Bekanntgabe der Verhandlungsergebnisse an die Händler. Um zu einem Abschluß zu gelangen, müssen die beteiligten

[218] Die fett abgedruckten schwarzen Preisbalken (Abbildung 7.12) zeigen dem Verkäufer die Preise an, die er noch verändern kann. Dabei ist der Händler nicht auf die angezeigten Preisgrenzen festgelegt. Über die Betätigung der Skalierungspunkte (vgl. linke obere und untere Eckpunkte im Negotiation Graph) können auch die Preisgrenzen beliebig verschoben werden.

Händler das Verhandlungsergebnis der Agenten unabhängig voneinander innerhalb eines vorgegebenen Zeitraums bestätigen.

Die Ausprägung des Parameters *Handelsfrequenz* ist der fortlaufende Handel. Aufträge können so zu jeder Zeit während des Handelstages ausgeführt werden[219].

7.4.1.6 Abwicklungsphase

Die Settlementfrist hängt nicht von dem Elektronischen Handelssystem als solchem, sondern von den jeweils angebundenen Settlementsystemen des Marktbetreibers ab. Im Stadium eines Prototypen - für den noch keine Anbindung an konkrete Settlementsysteme notwendig ist - stellt sich daher diese Frage nicht. Rein technisch ist die Erweiterung der Matchingkriterien um die gewünschte maximale Settlementfrist unproblematisch und in der AMTRAS-Handelsmaske bereits als Eingabeelement vorgesehen (vgl. Abbildung 7.6).

7.4.2 Phasenübergreifende Strukturmerkmale

Grad der Variabilität

Mit dem System AMTRAS wurde ein *dynamisches* Marktmodell konzipiert und implementiert: Aus einer Menge vorgegebener Ausprägungen der Strukturmerkmale bezüglich der Markttransparenz, der Orderverbindlichkeit und des Preisfeststellungsverfahrens können die Teilnehmer individuell die gewünschte Marktform auswählen. Damit wird eine Flexibilität erreicht, die der Flexibilität im außerbörslichen Handel nahekommt. Die wechselseitige Kompatibilität der gewünschten Marktformen wird im Rahmen des Suchprozesses der Agenten überprüft. Systemseitig wird so sichergestellt, daß nur solche Agenten (Händler) interagieren und damit Informationen austauschen, die gleiche Ausprägungen der Strukturmerkmale spezifiziert haben.

Zwar wird über ein solches Marktmodell der Gesamtmarkt in mehrere Teilmärkte mit unterschiedlichen Transparenzgraden und Preisbildungsmechanismen aufgespalten und dies scheint zu einer Reduktion der Liquidität zu führen, aber gerade dieser Wunsch nach alternativen Marktformen ist ein Grund für den hohen und steigenden Anteil außerbörslicher Handelsverfahren. Dies wird nicht zuletzt durch die zunehmende Verbreitung von PTS reflektiert. Eine Entscheidung für eine bestimmte börsliche oder außerbörsliche Handelsform bzw. ein konkretes

219 Für die experimentelle Evaluation des Systems ist auch eine Einbeziehung periodischer Auktionen vorgesehen.

Handelssystem aufgrund des spezifischen Marktmodells oder eine Entscheidung für ein spezifisches Marktmodell aus einer vorgegebenen Menge von Alternativen in *einem* Handelssystem stellt ceteris paribus die gleiche Entscheidung dar.

Eine Bereitstellung bedarfsgerechter Marktmodelle führt damit nicht zu einer zusätzlichen Marktfragmentierung. Vielmehr ermöglicht die Konzentration vieler Transaktionswünsche in einem Markt, der auf einem dynamischen Marktmodell basiert, in einem nächsten Entwicklungsschritt zu überprüfen, inwieweit eine Durchlässigkeit zwischen den einzelnen Marktmodellen möglich ist und eine Art Unschärfe in der Auswahl des gewünschten Marktmodells spezifiziert werden kann. Die Frage einer intelligenten Bereitstellung vielfältiger Marktstrukturen auf einer Handelsplattform gewinnt insbesondere auch vor dem Hintergrund zunehmender Allianzen und Fusionen - sowohl unter den Börseninstitutionen als auch zwischen Börseninstitutionen und den Betreibern von PTS [FAZ99] - an Bedeutung.

Grad der Konsolidierung

AMTRAS stellt - wie bereits oben ausgeführt - einen Markt verschiedener, individuell definierbarer Teilmärkte dar. Dabei bezieht sich die Segmentierung zum einen auf die gewünschte Art der Auftragsausführung, zum anderen auf den gewünschten Kreis potentieller Kontrahenten. Eine Konsolidierung der Orderströme in einem zentralen Orderbuch existiert nicht. Gerade aber die Wahrung einer gewissen Intransparenz ist eine wesentliche Anforderung institutioneller Investoren und die Grundlage für einen Such- und Verhandlungsmarkt, der neben transparenten Märkten mit offenen Orderbüchern existieren kann.

Grad der Automatisierung

In AMTRAS ist der Suchprozeß vollständig automatisiert. Je nach spezifiziertem Marktmodell kann auf dieser Basis die Preisfindung entweder durch die Händler selbst erfolgen, voll auf den Agenten übertragen werden oder durch Eingriffsmöglichkeiten des Händlers in die Aktionen des Agenten interaktiv gesteuert werden. AMTRAS stellt damit sowohl einen computerunterstützten Handel als auch ein Elektronisches Handelssystem mit automatischer Zusammenführung der Transaktionsaufträge bereit.

7.4.3 Einordnung in den erweiterten Bezugsrahmen für Marktmodelle

Abbildung 7.13 faßt die Strukturmerkmale des Systems AMTRAS zusammen und ordnet das AMTRAS-Marktmodell in den erweiterten Bezugsrahmen (vgl. Abbildung 5.7) ein.

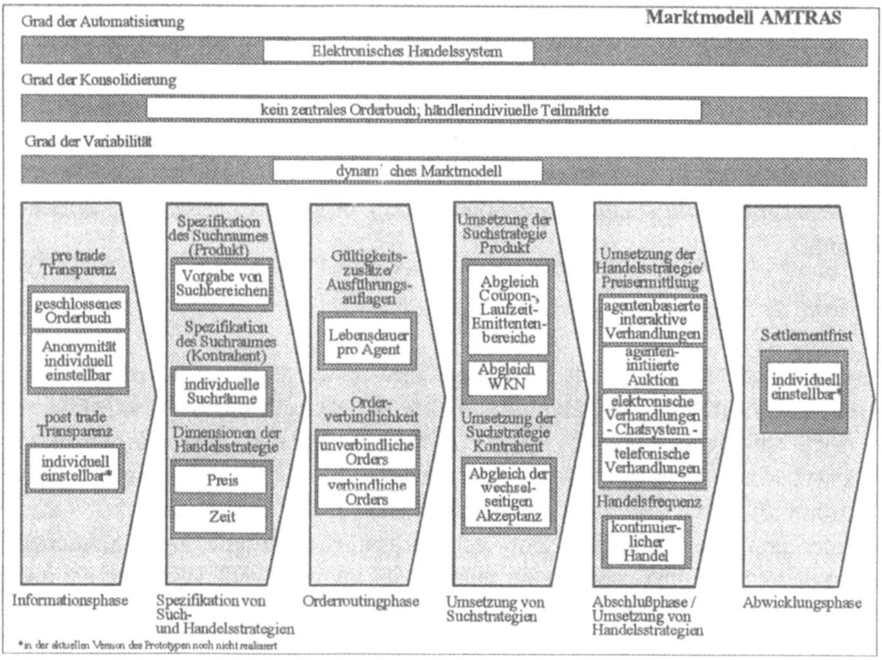

Abbildung 7.13: Marktmodell des Systems AMTRAS.

7.5 Softwaretechnische Realisierung des Systems

Für eine vollständige Darstellung der softwaretechnischen Umsetzung des Systems, d. h. der Objektmodelle des AMTRAS-Front-Ends (Client) und der AMTRAS-Handelsplattform (Server), des Zusammenspiels zwischen Client und Server, der Interagentenkommunikation im Rahmen der verschiedenen Preisermittlungsverfahren sowie einer Erläuterung der jeweils involvierten Objekte und Methoden fehlt hier der Raum; diese Einzelheiten sind an anderer Stelle dokumentiert[220]. Daher erfolgt in diesem Abschnitt eine Darstellung des konzeptionellen und technischen Aufbaus des Gesamtsystems, der Grundarchitektur einer AMTRAS-Agentenplattform sowie grundsätzlicher Aspekte der Modellierung und Implementation. Im Rahmen dieser Darstellung wird vor allem auf die Umsetzung der in Abschnitt 7.3 herausgearbeiteten technischen Anforderungen eingegangen.

7.5.1 Konzeptioneller / technischer Aufbau des Gesamtsystems

Um den hohen Sicherheitsansprüchen gerecht zu werden und das Vertrauen der Marktteilnehmer zu erlangen, interagieren die Agenten im System AMTRAS - im Gegensatz zu verschiedenen agentenbasierten Systemen im Electronic Commerce (vgl. Abschnitt 7.1.2) - nicht über ein offenes Netzwerk wie das Internet, sondern werden erst auf einer durch den Marktbetreiber kontrollierten und sicheren Handelsplattform erzeugt. Sie führen Such- und/oder Verhandlungsprozesse im Rahmen dieser geschlossenen Plattform durch.

Die grafische Benutzeroberfläche, das AMTRAS-Front-End, dient daher als Eingabemedium für Parameter, die zur Instanziierung der Agenten auf der Handelsplattform erforderlich sind, und als Ausgabemedium, um die Händler über Status und Ergebnisse der Aktivitäten ihrer Agenten zu benachrichtigen (vgl. Abbildung 7.14).

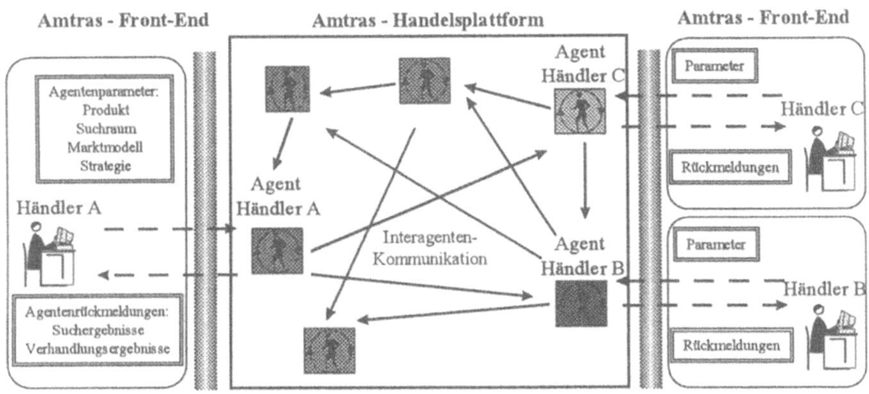

Abbildung 7.14: Konzeptioneller Aufbau der AMTRAS-Handelsplattform.

Die Agenten selbst kommunizieren ausschließlich auf der zentralen AMTRAS-Handelsplattform des Marktbetreibers. Hierdurch wird in der Systemkonzeption die zentrale Anforderung nach *Sicherheit* umgesetzt.

220 Für weitere Details zur softwaretechnischen Realisierung des Systems AMTRAS vgl. [DeBö98c; LoNo98; GoBu99].

Die technische Kernkomponente des Elektronischen Handelssystems AMTRAS bildet die Handelsplattform (vgl. Abbildung 7.15). Die Handelsplattform von AMTRAS besteht aus einer oder mehreren Agentenplattformen mit einem homogenen logischen Aufbau. Eine Agentenplattform wiederum wird technisch jeweils durch einen Rechner repräsentiert und stellt den „Lebensraum" der einzelnen Agenten dar.

Damit ist die AMTRAS-Handelsplattform die Gesamtheit von evtl. technisch heterogenen Rechnern, die über ein leistungsfähiges lokales Netzwerk des Marktbetreibers gekoppelt sind und jeweils eine Agentenplattform als Anwendung betreiben. Eine Interagenten- bzw. eine Interprozeßkommunikation zwischen den verschiedenen Agentenplattformen, d. h. Rechnern im abgesicherten Computernetzwerk (LAN) des Marktbetreibers, wird gewährleistet, indem sich diese Agentenplattformen wechselseitig registrieren und untereinander synchronisieren.

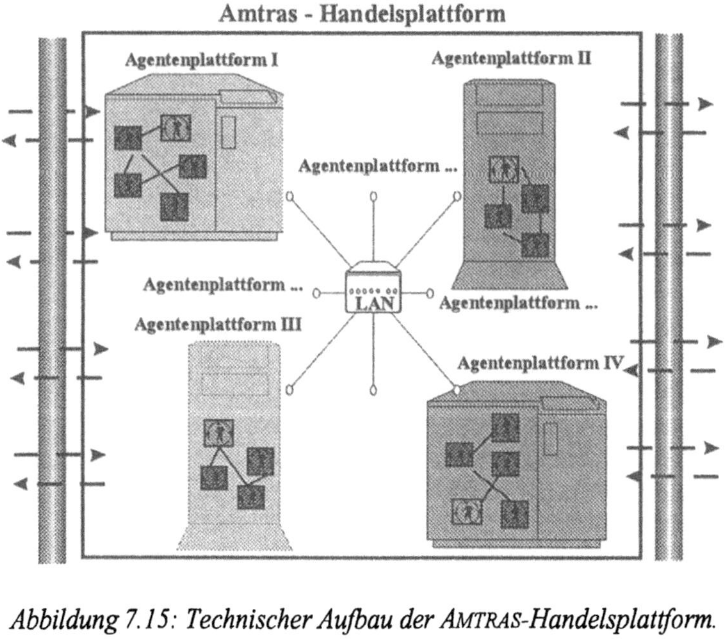

Abbildung 7.15: Technischer Aufbau der AMTRAS-Handelsplattform.

Aufgrund dieser technischen Konzeption kann das System aus einer beliebigen Anzahl von Agentenplattformen bestehen, die auch während des Betriebs hinzugefügt werden können, ohne die Funktionsfähigkeit des Gesamtsystems zu beeinträchtigen. Die *Skalierbarkeit* ist folglich gegeben. Die Anzahl der zugrundeliegenden Agentenplattformen ist für die Benutzer (Händler) irrelevant und transparent im Sinne der Informatik, d. h. unsichtbar.

Die Funktionalitäten für die Durchführung der Such- und Verhandlungsprozesse werden auf jeder Agentenplattform bereitgestellt. Damit wird zum einen gewährleistet, das bei Ausfall einer Plattform das System noch voll funktionsfähig ist, zum anderen werden dedizierte Komponenten vermieden, d. h. es gibt keine zentrale Stelle, die eine plattformübergreifende System - und Agentenverwaltung realisiert. Besteht die AMTRAS-Handelsplattform aus mindestens zwei Agentenplattformen, wird über diesen dezentralen Ansatz eine hohe *Verfügbarkeit* gewährleistet.

7.5.2 Architektur einer AMTRAS-Agentenplattform

Die Agentenplattform wurde auf Basis der FIPA-Spezifikation konzipiert [FIPA97][221] (*Standardisierung*). Die Interagentenkommunikation erfolgt auf Basis einer an die FIPA-ACL[222] angelehnten und geringfügig modifizierten Sprache, der „Modified Agent Communication Language" (MACL)[223]. Abbildung 7.16 stellt den Aufbau einer AMTRAS-Agentenplattform dar und dient als Grundlage der folgenden Ausführungen.

---

221 Die FIPA ist ein im Jahr 1996 gegründeter Zusammenschluß von Unternehmen und Instituten, deren Ziel es ist, Standards für die Interoperabilität heterogener Agenten und die Interagentenkommunikation auszuarbeiten [Stei98]. Die FIPA-Spezifikation konzentriert sich auf die Definition der Schnittstellen von Agenten und deren Umwelt, z. B. dem Benutzer, anderen Agenten oder sonstigen Softwareeinheiten. Die interne Architektur eines Agenten wird den jeweiligen Designern überlassen. Die dem System AMTRAS zugrundeliegende FIPA-Spezifikation in der Version 1.0 von 1997 wurde zur FIPA 98-Spezifikation erweitert, die Grundelemente der FIPA 99-Spezifikation liegen bereits vor [FIPA99].

222 Die FIPA-ACL basiert auf einer formalen Semantik und beschreibt die Interaktion zwischen Agenten in Form sogenannter Communicative Acts, d. h. Nachrichten mit spezifischen Sprechakten, z. B. *inform*, *query-ref*, *request* usw., deren Syntax und Semantik durch die FIPA spezifiziert sind. ACL-Nachrichten bestehen aus einer Teilmenge einer Menge vordefinierter Parameter, z. B. für den Sender (*:sender*) der Nachricht, den Empfänger (*:receiver*) oder den Nachrichteninhalt (*:content*), und einer entsprechenden Belegung dieser Parameter. Die Belegung des Parameters (*:content*) stellt z. B. den eigentlichen Nachrichteninhalt dar. Jeder „FIPA-kompatible" Agent muß mindestens die *not-understood*-Nachricht verarbeiten können, um auszudrücken, das er die erhaltene Nachricht nicht umsetzen kann [FIPA97, Part 2]. Um verschiedene Arten von Dialogen zwischen Agenten zu standardisieren, werden Interaktionsprotokolle (Interaction-Protocols) spezifiziert, die sich z. B. als Kontraktnetzprotokoll oder Auktionsprotokolle darstellen können.

223 Die Modifikationen wurden zur Reduktion des FIPA-Sprachumfangs auf den für die Aufgabenstellung relevanten und spezifischen Sprachumfang vorgenommen.

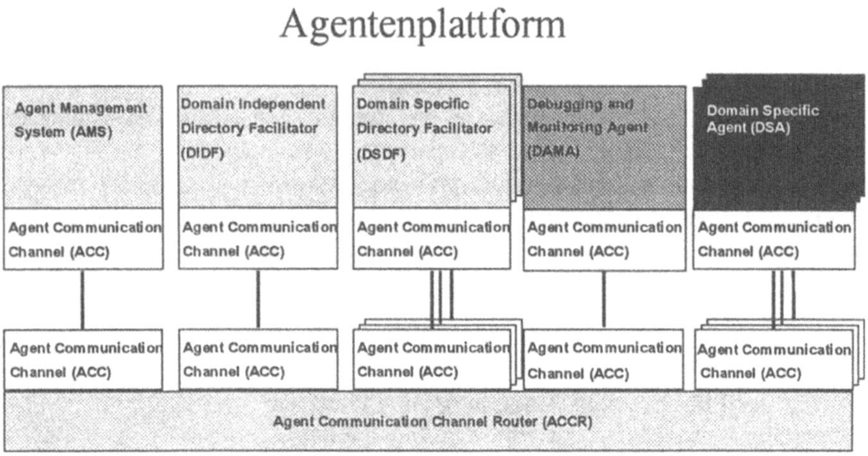

Abbildung 7.16: Zentrale Komponenten einer AMTRAS*-Agentenplattform*[224] *(in Anlehnung an: LoNo98, 274; GoBu99, 128]).*

Die zentralen Architekturkomponenten einer AMTRAS-Agentenplattform lassen sich in vier Gruppen untergliedern:

(1) Betriebssystemähnliche Grundfunktionalitäten,

(2) Händleragenten,

(3) Verzeichnisdienste,

(4) Monitoringfunktionalitäten.

(1) Betriebssystemähnliche Grundfunktionalitäten

Die *betriebssystemähnlichen Grundfunktionalitäten* einer AMTRAS-Agentenplattform werden vom Agent Management System (AMS) und dem Agent Communication Channel Router (ACCR) übernommen. Das AMS ist für die Verwaltung und Organisation der Agentenplattform verantwortlich und steuert die Instanziierung und das Löschen einzelner Agenten sowie ein paralleles Entfernen aller Agenten eines Händlers von der Plattform. Der ACCR ist der Transportmechanismus für die Interagentenkommunikation und übernimmt die Weiterleitung (Routing) der verschiedenen Nachrichten im System. Dabei kann es sich zum einen um Nachrichten zwischen den ver-

[224] Neben den angeführten Komponenten existieren weitere Hilfsmodule, die beispielsweise die Zuordnung von Agenten zu den jeweiligen Händlern (DealerManagement) oder die Steuerung der Lebensdauer von Agenten (AgentTimer) übernehmen.

schiedenen Komponenten einer Agentenplattform, zum anderen auch um Nachrichten handeln, die zwischen den verschiedenen Agentenplattformen der AMTRAS-Handelsplattform ausgetauscht werden.

Auf jeder Agentenplattform existiert ein AMS und ein ACCR. Die sogenannten Agent Communication Channels (ACC) stellen die technische Verbindung zwischen den einzelnen Systemkomponenten und dem ACCR her. Die ACC dienen damit auch der Nachrichtensynchronisation, indem sie die ein- und ausgehenden Nachrichten der einzelnen Komponenten bzw. Agenten puffern.

(2) Händleragenten

Die eigentlichen Informationen bezüglich der Präferenzen der Händler werden durch die *Händleragenten*, die Domain Specific Agents (DSA), in der Agentenplattform repräsentiert. Auf einer Plattform können aus Sicht der Agentenarchitektur beliebig viele Agenten erzeugt werden, Restriktionen entstehen alleine durch die zugrundeliegende Hardware. Ein Agent ist eindeutig einem Händler zugeordnet, jedem Händler können jedoch viele Agenten (DSA) zugeordnet sein. Ein DSA wird gemäß den Händlereinstellungen erzeugt, stellt eine Nachrichtenverbindung zu dem Händler her, empfängt Nachrichten des Händlers während der Durchführung von Such- und Verhandlungsprozessen, z. B. eine Veränderung der Handelsstrategie, und sendet die Statusmeldungen bezüglich der ihm übertragenen Aufgaben an den Händler zurück.

(3) Verzeichnisdienste

Die Informationen darüber, wo sich die Agenten (DSA) anderer Händler für die Durchführung der Such-und Verhandlungprozesse befinden, wird den Agenten über einen zweistufig aufgebauten *Verzeichnisdienst* bereitgestellt (vgl. Abbildung 7.17):

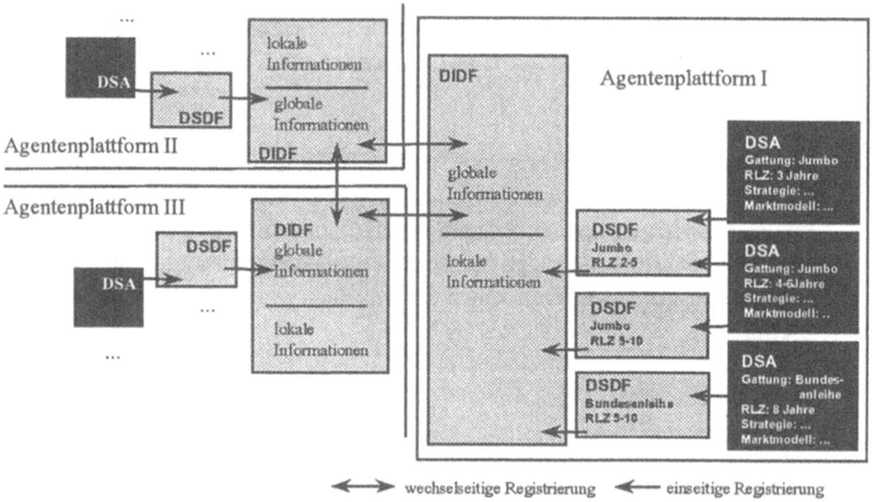

Abbildung 7.17: Zweistufiger Verzeichnisdienst im System AMTRAS.

Die erste Stufe, der Domain Independent Directory Facilitator (DIDF), stellt die Grundlage für die Kommunikation zwischen den verschiedenen Agentenplattformen der AMTRAS-Handelsplattform dar. Der DIDF existiert einmal pro Plattform und speichert die IP-Adressen der anderen Agentenplattformen im System. Soll das System, z. B. bei volatilen Märkten mit hohen Transaktionsvolumina, um eine oder mehrere Plattformen erweitert werden, registrieren sich diese neuen Plattformen bei allen DIDF's der bereits vorhandenen Plattformen und sind somit unmittelbar von allen anderen Agentenplattformen erreichbar.

Darüber hinaus sind im DIDF die Informationen über die interne logische Aufteilung der Agentenplattform in Domänen abgelegt. Jeder auf der Plattform erzeugte Agent wird einer Domäne zugeordnet. Domänen definieren sich über die Wertpapiergattung und die Restlaufzeit der Wertpapiere[225]. Dieses Domänenkonzept stellt die *Performance* im Rahmen der Suchprozesse sicher.

Für jede Domäne existiert ein weiterer Verzeichnisdienst (zweite Stufe), der Domain Specific Directory Facilitator (DSDF). Dieser speichert die

[225] Im Prototyp wurde eine Untergliederung der Restlaufzeiten (RLZ) in vier Cluster vorgenommen (RLZ < 2 Jahre; RLZ zwischen 2 und 5 Jahre; RLZ zwischen 5 und 10 Jahre; RLZ größer 10 Jahre). In Kombination mit den verschiedenen Wertpapiergattungen entstehen beispielsweise folgende Domänen: (Jumbo, 2-5 Jahre), (Jumbo, 5-10 Jahre), (Bundesanleihe, 2-5 Jahre) usw.

Adressen[226] aller Agenten der Agentenplattform, die zur Domäne gehören. Da es dem Händler in AMTRAS ermöglicht wird, beliebige Laufzeitbereiche einzustellen, kann ein Agent auch in mehreren DSDF registriert sein[227].

Die Adressen der DSDF der jeweiligen Plattform (lokale Informationen) wird ebenso wie die Adressen der anderen Agentenplattformen (globale Informationen) im DIDF gespeichert. Über diesen zweistufigen Verzeichnisdienst wird in AMTRAS eine effiziente Verwaltung und Registrierung von Agenten und eine performante Suche über mehrere Agentenplattformen hinweg realisiert. Dieses Konzept gewährleistet, daß

a) die Adressen der Agenten nicht auf allen Plattformen abgelegt werden, sondern lediglich die Adressen der jeweils anderen Agentenplattformen gespeichert werden müssen,

b) die Informationen über Existenz und Art eines Händleragenten ausschließlich über die jeweilige Agentenplattform verwaltet und organisiert werden müssen und

c) der Ausfall einzelner Agentenplattformen zu keiner Beeinträchtigung der Funktionsfähigkeit des Gesamtsystems führt.

Zur Verdeutlichung des Zusammenspiels der unter den Punkten (1) bis (3) beschriebenen Komponenten wird im folgenden der Ablauf nach der Erzeugung eines Agenten dargestellt:

Nachdem ein Händler die Agentenparameter an die Plattform übermittelt hat, erfolgt über das AMS die Instanziierung des Agenten auf der Plattform. Ein neu erzeugter Agent registriert sich bei dem lokalen DSDF, erfragt bei dem DIDF seiner Agentenplattform die Adressen aller Agentenplattformen und ermittelt auf dieser Basis die DSDF seiner Domäne auf den entfernten Plattformen. Dann gleicht der Agent die Kompatibilität der eigenen Transaktionsdaten mit den Transaktionsdaten aller bei den ermittelten DSDF's registrierten Agenten ab. Liegen kompatible Wertpapierdaten sowie kompatible Strukturmerkmalseinstellungen vor, und sind die Agenten wechselseitig in ihrem Suchcluster eingetragen, liegt eine erfolgreiche Suche vor. Dann meldet der Agent dem Händler entweder die Identität des bzw. der gefunden Kontrahenten oder öffnet einen Kommunikationskanal zur Durchführung des gewünschten Preisfeststellungsverfahrens.

---

[226] Jedem Agenten wird eine identifizierende Kennung im System zugeordnet, die sich aus der Nummer des Händlers beim Login, der IP-Adresse des jeweiligen Händler-Front-Ends und einer fortlaufenden Nummer für jeden Agenten des Händlers zusammensetzt.

[227] Sucht ein Händler beispielsweise Pfandbriefe mit Restlaufzeiten zwischen 4 und 6 Jahren, registriert sich der Agent sowohl in der Domäne (Pfandbrief, 2-5 Jahre) als auch in der Domäne (Pfandbrief, 5-10 Jahre).

(4) Monitoringfunktionalitäten
Die *Monitoringfunktionalitäten* werden über den Debugging and Monitoring Agent (DAMA) zur Verfügung gestellt. Der DAMA ist nicht für die eigentlichen Handelsaktivitäten im System notwendig und kann einer Agentenplattform zu beliebigen Zeitpunkten hinzugeschaltet werden. Die Informationen über den Nachrichtenaustausch im System wird dem DAMA über den ACCR zur Verfügung gestellt.

Der DAMA stellt eine grafische Oberfläche bereit, die die Kommunikation zwischen den einzelnen Systemkomponenten und den Agenten in Echtzeit visualisiert (*Marktsteuerung*). Die Informationen bezüglich der von den einzelnen Komponenten genutzten Protokolltypen und -inhalten werden gesammelt und können über die DAMA-Oberfläche in tabellarischer und/oder grafischer Form angezeigt werden.

7.5.3 Modellierung und Implementation

Die Agentenplattform wurde vollständig objektorientiert modelliert (nach [CoYo91]). Gemäß der Anforderung der *Erweiterbarkeit* erfolgte bei der Modellierung eine Trennung der reinen Kommunikations- und Suchebene sowie der Verhandlungs- und Strategieebene. Damit wird eine schnelle Weiterentwicklung des Systems durch Anfügen weiterer Subklassen in den verschiedenen Ebenen gewährleistet. Als Grundlage für das Kommunikationsprotokoll wurde TCP/IP (Transmission-Control-Protocol / Internet Protocol) gewählt.

Die Implementation sowohl des AMTRAS-Front-Ends als auch der AMTRAS-Agentenplattform erfolgte in der Programmiersprache Java (mit Hilfe des JDK in der Version 1.1.5 von SUN [SUN98]). Damit wird eine weitgehende *Plattformunabhängigkeit* sichergestellt, die es erlaubt, die Installation des Systems auf der Seite der Benutzer ohne zusätzliche Hard- bzw. Softwareinvestitionen vorzunehmen.

Darüber hinaus ist durch die Implementation des Systems, insbesondere des AMTRAS-Front-End, in Java die Grundlage für den nächsten Entwicklungsschritt auf der technischen Seite gelegt: eine Bereitstellung des Systems über das Internet in Form von Java-Applets. Damit kann zum einen eine einfache und schnelle Präsentation des Systems bei Händlern zur Evaluation von Design und Funktionalität des Front-Ends erfolgen. Zum anderen schafft dies die Grundlage für experimentelle Tests des Systems im Internet, die auch unter der Einbeziehung der Wertpapierhändler selbst durchgeführt werden sollen.

8 Zusammenfassung und Ausblick

8.1 Zusammenfassung

„... *when the telegraph was first introduced to deliver stock price information along the pony express routes of the Far West, it was used to let the station master down the road know when the pony would arrive*“ [Schw98, 139].

„*Der Händler der Zukunft wird Handelsstrategien steuern, statt einzelne Orders abzusetzen. Es kommt zur automatischen Ausführung von Handelsstrategien durch intelligente Handelsagenten*[228]“ [Hand98, 50].

Vom Telegraphen zum intelligenten Handelsagenten? Die obigen Zitate zeigen die Bandbreite des Einflusses der Informations- und Kommunikationstechnologien auf die Finanzmärkte und verdeutlichen, daß in diesem Bereich eine tiefgreifende Entwicklung stattgefunden hat und weiter stattfinden wird. Möglicherweise wird am Ende dieser Entwicklung ein Handel unter elektronischen Stellvertretern der Investoren auf einem virtuellen Marktplatz ohne zeitliche und räumliche Beschränkungen stehen.

Diese Arbeit geht einen Schritt in diese Richtung und liefert über eine integrative Betrachtung theoretischer Aspekte zur Marktmikrostruktur und des Technologieparadigmas der Softwareagenten einen Beitrag zur „Technostructure“[229] von Finanzmärkten. Ergebnis ist der Prototyp eines Elektronischen Wertpapierhandelssystems, das die Technologie der Softwareagenten nutzt, um den spezifischen Anforderungen institutioneller Investoren gerecht zu werden.

Abbildung 8.1 faßt die zentralen Schritte und (Teil-)Ergebnisse der Arbeit zusammen und gliedert die folgenden Ausführungen.

---

[228] Aussage von Paul Gerbecks, Vorstandsvorsitzender der Deutsche Börse Systems AG und Vorstandsmitglied der Deutsche Börse AG von 1996 bis 1998.

[229] Die Technostructure-Forschung befaßt sich mit dem Einfluß der Informationstechnologie auf Finanzmärkte (vgl. Abschnitt 1.2).

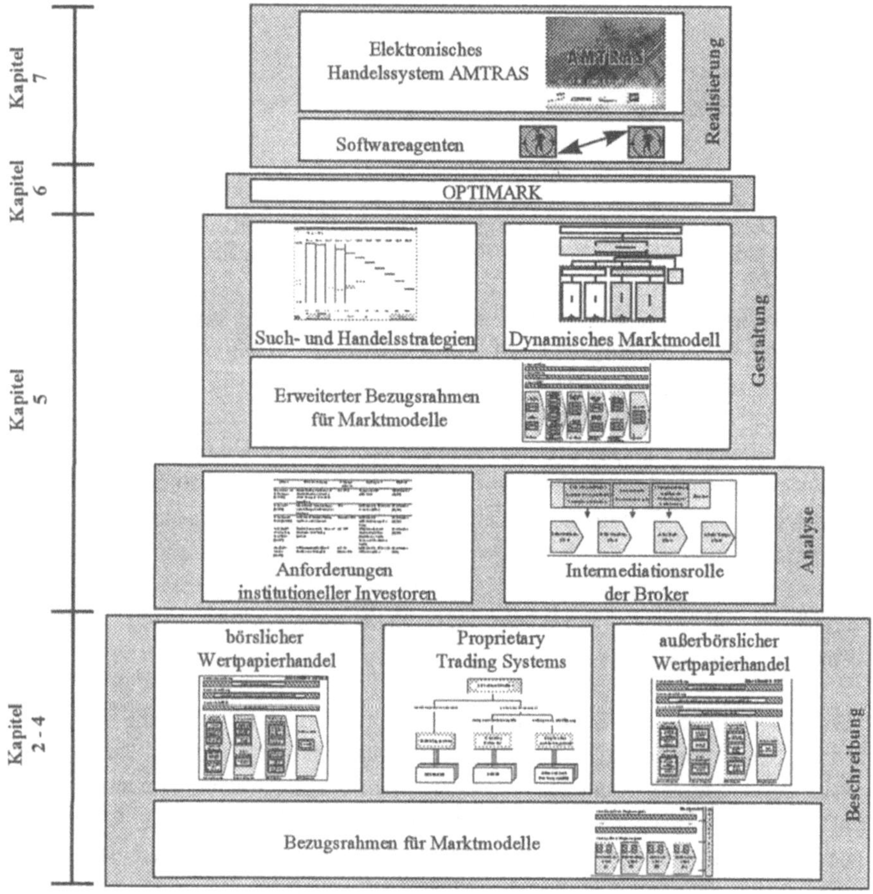

Abbildung 8.1: Zusammenfassung der zentralen Arbeitsschritte und (Teil-) Ergebnisse.

Ausgangspunkt der Betrachtungen ist eine vergleichende *Darstellung und Beschreibung* von Marktmikrostrukturen und des Einsatzes der Informationstechnologie in börslichen und außerbörslichen Wertpapiermärkten in den Kapiteln 2 bis 4. Grundlage hierfür ist das Konzept des Marktmodells. Die systematische Einordnung verschiedener Handelsverfahren in einen geschlossenen *Bezugsrahmen für Marktmodelle,* der im Rahmen dieser Arbeit entwickelt wird, dient sowohl der Schaffung terminologischer Grundlagen als auch der Vergleichbarkeit dieser Handelsverfahren auf einer einheitlichen Basis. Dabei zeigt sich, daß die Koexistenz einer Vielzahl von Marktmodellen in *börslichen und außerbörslichen Märkten* nicht nur historisch gewachsen, sondern explizit von den Marktteilnehmern gewünscht ist. Die Heterogenität der Marktteilnehmer und ihrer Anforderungen spiegeln sich in heterogenen Mechanismen der Zusammenführung von Angebot und Nachfrage wider. Dies wird nicht zuletzt durch die zunehmende Verbreitung einer Vielzahl sehr verschiedenartiger *PTS* deutlich. Zentrale Gründe für die Existenz dieser Systeme sind die niedrigen und weiterhin sinkenden Kosten der Bereitstellung einer Marktinfrastruktur auf Netzen und ein Regulierungsgefälle zwischen PTS und börslichen Systemen.

Auf dieser Basis erfolgt eine *Analyse* der *Anforderungen institutioneller Investoren* und der *Intermediationsrolle der Broker* im OTC-Markt. Über eine Befragung von Marktteilnehmern im deutschen Rentenmarkt und eine Analyse verschiedener Befragungen aus der Literatur wird herausgearbeitet, wie ein elektronisches Handelssystem als ergänzende Handelsform für Märkte zu designen ist, auf denen heute konventionelle Technologien wie das Telefon und/oder Broker als - teure - Intermediäre zur Zusammenführung von Transaktionswünschen genutzt werden. Aus Sicht institutioneller Investoren stehen dabei neben der Wahrung der Anonymität, der Vermeidung von Principal-Agent-Problemen[230] und der Möglichkeit zur Kontrolle des Verhandlungsprozesses auch die Bereitstellung alternativer Marktmodelle im Vordergrund.

Ergebnis dieser Analyse sind Hinweise für die innovative *Gestaltung* Elektronischer Handelssysteme, die in Form spezieller Such- und Verhandlungsmärkte für institutionelle Investoren eine Ergänzung zu den existierenden transparenten Märkten darstellen können (Kapitel 5). Da die Ausdrucksmächtigkeit konventioneller Wertpapierorders für solche Such- und Verhandlungsmärkte nicht ausreicht, werden *Such- und Handelsstrategien* als Repräsentationsformen für Wertpapierorders mit einer weitergehenden Semantik entwickelt und eingeführt. Über Suchstrategien können Marktteilnehmer Orders an individuell spezifizierte Gruppen potentieller Marktpartner parallel und anonym adressieren. Handelsstrategien stellen Repräsentationsformen von Orders dar, die über den Preis und das Volumen hinaus als zusätzliche Dimension eine Nutzenbewertung von Preis-/Volumenkombinationen und/oder eine Aggressivität in den Verhandlungen über die Dimension Zeit ausdrücken können. OPTIMARK, ein Aktienhandelssystem, das es den Händler ermöglicht, mit solchen Nutzenbewertungen zu arbeiten, wird in Kapitel 6 vorgestellt.

Eine Elektronisierung des außerbörslichen Handels setzt eine Flexibilität des Marktmodells voraus, die der Flexibilität der Marktteilnehmer im außerbörslichen Handel nahekommt oder sogar erreicht. Das Konzept *dynamischer Marktmodelle* stellt diese Flexibilität bereit und setzt die Forderung der Marktteilnehmer nach alternativen Marktmodellen auf *einer* Handelsplattform um. Dynamische Marktmodelle bieten den Marktteilnehmern die Möglichkeit, für jede Transaktion

---

[230] Gefahr des Front-Running und des Durchsickern von Informationen bei der Einschaltung von Intermediären.

aus einer vorgegebenen Menge von Ausprägungen der Strukturmerkmale ein gewünschtes Marktmodell individuell auszuwählen.

Für eine Einordnung von Systemen, die auf diesen Gestaltungskonzepten beruhen, reicht der entwickelte Bezugsrahmen für Marktmodelle nicht aus. Daher wird darauf aufbauend ein neuer, *erweiterter Bezugsrahmen* eingeführt, der die Phasen der Spezifikation und der Umsetzung von Such- und Handelsstrategien integriert.

Für die softwaretechnische *Realisierung* von Elektronischen Handelssystemen, die speziell für die Bedürfnisse institutioneller Investoren konzipiert werden, erweist sich das Paradigma der *Softwareagenten* als besonders geeignet. Die hier relevanten Stärken dieses Technologieparadigmas liegen in der Fähigkeit, eine performante, parallele und anonyme Suche durchführen zu können, in einer hohen Flexibilität und in der Möglichkeit, Informationen sowohl im Such- als auch im Verhandlungsprozeß in den Agenten zu kapseln und dosiert weitergeben zu können.

Mit dem *Elektronischen Handelssystem AMTRAS* werden die entwickelten Gestaltungskonzepte für den Handel in deutschen Rentenwerten umgesetzt und in der Programmiersprache Java auf Basis einer objektorientierten Modellierung implementiert (Kapitel 7). AMTRAS basiert auf einem dynamischen Marktmodell. Im System können Such- und Handelsstrategien spezifiziert und potentielle Kontrahenten für die Durchführung von Preisverhandlungen identifiziert werden. Neben elektronischen Verhandlungen über ein Chat-System sowie einer Auktion im fortlaufenden Handel stellt AMTRAS erstmals auch agentenbasierte Verhandlungen bereit, in die Händler interaktiv eingreifen können.

In der technischen Systemkonzeption stehen die Anforderungen nach Sicherheit, Skalierbarkeit, Verfügbarkeit und Performance im Mittelpunkt. Diese werden erfüllt, indem zum einen die Interaktion der Agenten auf die Handelsplattform des Marktbetreibers beschränkt wird, und zum anderen eine Verteilung der Handelsplattform auf mehrere Agentenplattformen mit identischem Funktionsumfang und ohne zentrale Komponenten erfolgt.

8.2 Ausblick

Mit dem Prototypen des Elektronischen Handelssystems AMTRAS wurde ein Beitrag zur Evaluierung des Potentials moderner Softwaretechnologien für den Wertpapierhandel geleistet. Das System zeigt, im Sinne eines „proof of concept", daß die Realisierung eines Handelssystems auf der Basis der Technologie der Softwareagenten ökonomisch sinnvoll, konzeptionell machbar sowie technisch realisierbar ist und, daß das Systemkonzept geeignet ist, die in der Arbeit herausgestellten Anforderungen der Marktteilnehmer zu erfüllen.

Trotzdem oder gerade deswegen sind zahlreiche Fragen offen, zu deren Klärung es weitergehender Forschungsschritte sowohl auf der ökonomischen als auch auf der informationstechnischen Seite bedarf. Die Ergebnisse der vorliegenden Arbeit bilden die Grundlage für eine künftige Forschungsarbeit, die – aus aktueller Sicht - in vier zum Teil interdependente Richtungen gehen sollte:

- die Evaluation des Systems AMTRAS über wirtschaftswissenschaftliche Experimente,
- ökonomisch-konzeptionelle Erweiterungen des Systems,
- technische Erweiterungen des Systems sowie
- eine Übertragung des Ansatzes auf weitere Marktsegmente des OTC-Handels und auf weitere (z. B. Commodity-)Märkte.

Aus ökonomischer Perspektive ist insbesondere die Leistungsfähigkeit eines agentenbasierten Handelssystems mittels der *Methodik des wirtschaftswissenschaftlichen Experiments* zu evaluieren. Über die Durchführung kontrollierter Experimente sowohl im Forschungslabor als auch über das Internet können präzise Aussagen über die relative Vorteilhaftigkeit des Systems gegenüber den existierenden Handelsformen im OTC-Handel getroffen werden. Diese Experimente können schließlich Hinweise bezüglich der Akzeptanz des Systemkonzeptes, der Nutzung alternativer Marktmodelle und der Gestaltung des System-Front-Ends liefern. Weiterhin können die im System implementierten Such- und Verhandlungsmechanismen bei alternativen Informationsausstattungen der Marktteilnehmer getestet werden.

Bezüglich der *ökonomisch-konzeptionellen* Erweiterungen stellt insbesondere der weitere Ausbau der Strategieebene eine zukunftsweisende Herausforderung dar. Ein entscheidender nächster Schritt ist es, „Intelligenz" in die Agenten zu implementieren, die diese befähigt, verschiedenartige Strategien umzusetzen oder gar eigene zu entwickeln. Eine erste Maßnahme in diese Richtung wäre die Realisierung einer programmierbaren Schnittstelle (API), die es den Marktteilnehmern erlaubt, z. B. regelbasiert, eigene Strategien in die Agenten zu implementieren. Diese können sich beispielsweise an Marktveränderungen bzw. Veränderungen gesamtwirtschaftlicher Daten orientieren oder an die aktuellen oder vergangenen Verhandlungsverhalten der Marktteilnehmer gekoppelt sein.

Darüber hinaus stellt sich die Frage, ob und wie Market-Maker, Betreuer oder ein zentraler Kontrahent in ein agentenbasiertes Handelssystem integrierbar sind und inwieweit die liquiditätsbündelnde Funktion periodischer Auktionen auch in einem System wie AMTRAS genutzt werden kann.

Die Migration des Systems für einen agentenbasierten Handel auf der Kommunikationsplattform Internet und eine Realisierung des AMTRAS-Front-Ends als Java-Applet stellt - wie bereits in Abschnitt 7.5. erwähnt – einen entscheidenden Schritt auf *technischer* Ebene dar. Die Implementation des Prototypen in Java, die Nutzung des Kommunikationsprotokolls TCP/IP sowie die Konzeption der Plattformarchitektur und der Agentenkommunikation nach der FIPA-Spezifikation bilden hierfür eine wichtige Grundlage. Weiterhin wird es auf der technischen Seite darum gehen, das Architektur- und Domänenkonzept des Systems zu evaluieren und die oben aufgeführten konzeptionellen Weiterentwicklungen umzusetzen. Darüber hinaus kann die Mächtigkeit, Flexibilität und Erweiterbarkeit des Ansatzes dazu dienen, das System in Richtung eines Markt-Design-Tools für die Evaluierung alternativer Marktformen auszubauen.

Der vorgestellte Ansatz kann nicht nur als Grundlage für eine Evaluation der IT-Unterstützung weiterer Marktsegmente im außerbörslichen Wertpapierhandel dienen. Auch eine *Übertragung* der Ergebnisse auf Commodity-Märkte und hier speziell auf Energie- und Telekommunikationsmärkte erscheint sehr erfolgversprechend. Die Liberalisierung und Deregulierung dieser Märkte und die so neu geschaffenen wettbewerblichen Strukturen führen in Europa aktuell zur Entstehung neuer Energie- und Telekommunikationsbörsen. Dabei zeichnet sich bereits heute ab, daß neben einem börslichen Handel mit hochstandardisierten Produkten auch ein außerbörslicher Handel mit sehr ähnlichen Strukturen und Problemen wie im OTC-Handel mit Finanzprodukten existieren wird [Müller98; Wein99]. Dabei können auch hier die Forderungen nach individuellen Produkten und Handelsverfahren, nach Anonymität der Marktteilnehmer und einer gewissen Intransparenz bezüglich ihrer Transaktionen durch ein agentenbasiertes Handelssystem umgesetzt werden.

Bereits diese kurze Diskussion noch offener Fragen ergibt eine Vielzahl von Anhaltspunkten in welche Richtung eine weitere ökonomisch-konzeptionelle und informationstechnische Untersuchung des Potentials von (intelligenten) Softwareagenten für den (außerbörslichen) Wertpapierhandel gehen kann[231].

Die Elektronisierung außerbörslicher Märkte muß nicht zwangsläufig auf der Agententechnologie beruhen. Der Erfolg elektronischer Handelsformen ist - unabhängig von der gewählten Technologie (ob E-Mail, datenbankbasierte Ansätze, Agenten oder andere) - untrennbar mit dem Willen der Händler verbunden,

[231] Einige dieser Fragen zu klären, ist die Aufgabe des von der Deutschen Forschungsgemeinschaft geförderten Forschungsprojektes „Elektronisierung des außerbörslichen Wertpapierhandels“, das im Frühjahr 1999 am Lehrstuhl BWL-Wirtschaftsinformatik der Universität Gießen startete und unter anderem auch auf den Grundideen dieser Arbeit fußt (vgl. zu einer ausführlichen Darstellung des Projektkonzeptes [WeGo99a; WeGo99b]).

die traditionellen Handelsformen abzulösen. Die zentrale Herausforderung für Handelssysteme - seien es Börsensysteme, PTS oder agentenbasierte Handelssysteme - liegt in der Mobilisierung einer kritischen Masse an Transaktionsinteresse, um eine ausreichende Liquidität für die betreffenden Märkte bereitstellen zu können, denn es liegt in der Natur der Finanzmärkte, daß etablierte Märkte mit hohen Umsatzzahlen pro Wertpapier aufgrund der zentralen Rolle der Marktliquidität einen herausragenden Wettbewerbsvorteil besitzen.

Marktbetreiber, ob börslich oder nicht, können sich der Integration von neuen Technologien in ihre Systeme - auch für den kritischen Prozeß der Zusammenführung von Orders und der Preisfeststellung - nicht mehr verschließen. Der Markt von morgen wird nicht von der Börse mit dem traditionsreichsten Parkettboden betrieben, sondern von Systemhäusern, die die Technologieführerschaft in diesem Bereich übernehmen und effiziente Systeme zu niedrigen Kosten anbieten können. Ob diese Systemhäuser einer Börse, Brokern, Banken, Nachrichtenagenturen oder anderen Netzintermediären angehören werden, ist aus heutiger Sicht noch völlig offen. Fest steht jedoch, daß die Grenzen zwischen den Intermediären zunehmend verschwimmen und eine Disintermediation auch nicht vor Brokern und Börsen haltmachen wird.

Diesbezüglich betont Richard Schenkmann von Instinet: „*Institutional investors will begin to look like brokers and brokers will look more like institutional investors as they expand into the investment management business. So it will no longer really matter whether you are part of the buy side or the sell side. You become either a supplier or demander of liquidity, and you become your own marketplace. Each of these marketplaces must be connected, and technology provides this nexus*“ [zitiert nach Orfo96, 12].

Anhang

Interviewleitfaden Händlerbefragung

1. Allgemein

1.	• Was handeln Sie? • Wo handeln Sie (OTC/EHS)?	
2.	Nennen Sie bitte einige Daten über: - Ihre Handelspartner, - Broker. • Anzahl und Anteile dieser Parteien im Geschäft? • Sind diese Zahlen vom jeweiligen Papier abhängig?	
3.	Clustering: • Handeln Sie mit mehreren Händlern einer Bank? • Inwieweit ist es für Sie wichtig, zu wissen, welcher Händler (Person) hinter einer Bank steht?	
4.	• In welcher Größenordnung bewegen sich (Block) Orders bei Ihnen? • Wie groß ist die durchschnittliche (Block) Order? • Wie groß ist der Anteil an Block-Orders an Ihrem Gesamthandel? (Häufigkeit?)	
5.	• Was verstehen Sie unter Blockhandel (bei Rentenpapieren)? • Ist diese Definition unterschiedlich für verschiedene Papierarten bzw. bei unterschiedlichen Marktsituationen?	
6.	• Welche (negativen) Effekte gibt es beim Blockhandel? • Wie stark sind diese Effekte ausgeprägt?	
7.	Handeln Sie große Volumina primär als • Outright-Geschäfte oder als • Basis-Trades?	
8.	• Wie hoch schätzen Sie den Suchaufwand beim (Blocktrading) ein? • Wie lange dauert die Anbahnungsphase (durchschnittlich / maximal)?	

2. Information

1.	Wie erkennen Sie das Verhalten der anderen Marktteilnehmer?	
2.	Gibt es Marktteilnehmergruppen, die selektive Informationen erhalten?	
3.	Kann der Händler erkennen, ob ein Block einen besonderen Informationshintergrund hat?	
4.	Wie wichtig ist für Sie die post-trade Markttransparenz?	

3. Suchphase

1.	Wieviele Geschäfte sind durch Broker vermittelt?	
2.	Was ist die wichtigste Leistung, die ein Broker erbringt?	
3.	Welche weitere Leistungen erbringt ein Broker?	
4.	• Könnte die Rolle des Brokers beim Blockhandel auch ein elektronisches Handelssystem übernehmen? • Wenn ja, welche Anforderungen würden Sie daran stellen?	
5.	• Handeln Sie mit Brokern? • Mit welchen? • Wie unterscheidet sich dies zu einem Handel mit sonstigen Kontrahenten?	
6.	• Welche Rolle spielt der soziale Kontakt bei Ihren Geschäften? • Welche Rolle spielt der „Man-kennt-sich-Vorteil“ eines etablierten Händlers für den Blockhandel?	

4. Verhandlungen

1.	Erläutern Sie bitte kurz einen typischen Geschäftsvorgang beim Blockhandel. • Gibt es dort Usancen bzw. „übliche Vorgehensweisen“ bei der Kontrahentensuche? • Wie kommt der Preis beim Blockhandel zustande? • Gibt es einen „Handelsknigge bei den Preisverhandlungen?	
2.	Wie führen Sie Ihre Verhandlungen • bei Beteiligung eines Brokers? • direkt mit dem anderen Händler (bilateral)?	
3.	Können Sie kurz Ihre Handelsstrategie(n) beschreiben?	
4.	Kennen Sie Ihren „Endpreis“ [=Reservationspreis] schon, bevor die Verhandlungen anfangen?	
5.	• Könnten Sie sich vorstellen, sich beim Blockhandel anderer Handelsformen zu bedienen? • Konkret: Auktion: Könnten Sie sich vorstellen, beim Blockhandel eine Auktion zu tätigen, anstatt das übliche „bilaterale Verhandlungsspiel“ mit einem anderen Händler betreiben?	

5. Händlerspezifikationen

5a. Käufer

1.	Welche sind die relevanten Parameter, die eine Kaufentscheidung determinieren?	
2.	• Wie wichtig sind die einzelnen (in der Maske einzustellenden) Parameter? • Inwiefern sind diese austauschbar? • Wie hängen die Parameter mit der Papierart zusammen?	
3.	Welches sind die relevanten • Emittentencluster / • Laufzeitcluster / • Kuponcluster?	

5b. Verkäufer

4.	„Informationsvorsprung" des Verkäufers: • Welche Parameter darf der Käufer (in der Suchphase nach Kontraktpartnern) erfahren? • Welche Parameter spezifiziert der Verkäufer überhaupt?	
5.	• Handeln Sie ein großes Volumen nur als Ganzes mit einem Kontrahenten (1:1)? • Wenn ja, warum? • Was halten Sie von der Möglichkeit, eine Order zu splitten? (Papierbezug) • Wenn der Händler ein *Splitting* o. k. findet; bedeutet dies - Splitting des ursprünglichen Volumens auf einen Partner (80 Mio. statt gewünschte 100 Mio.) oder - Splitting des Gesamtvolumens auf mehrere Partner?	
6.	Existiert eine Preis-/Volumen-Beziehung? Wenn ja, wie findet der Händler diese?	
7.	• Welche Benchmarks könnten sinnvoll sein? (papiergattungsbezogen) • Wie sehen die Modelle zur Umrechnung der Benchmarkbewegung auf den Wertpapierpreis aus?	

6. (Elektronische) Handelssysteme

1.	Welche Informations- und Kommunikationssysteme nutzen Sie für Block-Orders?	
2.	• Kann der Blockhandel (durch Elektronisierung) verbessert werden? • Welche Verbesserungen würden Sie vorschlagen?	
3.	Welchen Einfluß hat die Preisbildung am Parkett-/Computerhandel auf den Blockhandel?	
4.	Ist die Preisbildung im Blockhandel durch eine Computerbörse abbildbar?	
5.	Wie schätzen Sie die Bildschirmsysteme der Broker ein?	

7. Transaktionskosten

1.	Was kostet eine einzelne Transaktion an Gebühren? - ohne Brokerbeteiligung • extern • intern (Fehlabwicklung) - mit Brokerbeteiligung • extern • intern (Fehlabwicklung)	

8. Abwicklung

1.	Welcher Anteil der Blockhandelsgeschäfte geht in die Abwicklungssysteme der Börse ein?	
2.	Über welche Systeme wickeln Sie Ihre Geschäfte ab? – Deutsche Börse Clearing, – Euroclear, – ...	
3.	Gibt es Probleme, wenn die Abwicklung nicht über die Deutsche Börse Clearing läuft?	
4.	Welche Regelungen gibt es im außerbörslichen Handel von Blocktransaktionen (Rahmenverträge → was steht in diesenVerträgen?)	

Verzeichnis der Abkürzungen

ACC	Agent Communication Channel
ACCR	Agent Communication Channel Router
ACL	Agent Communication Language
ADAMCO	Agent Architecture with Domain Independent, Adaptive, Multiple Coordination Behavior
AMS	Agent Management System
AMTRAS	Agent Mediated Trading System
API	Application Programming Interface
AZX	Arizona Stock Exchange
BÖGA	Börsengeschäftsabwicklung
BOSS-CUBE	Börsen-Order-Service-System/Computerunterstütztes Börsenhandels- und Entscheidungssystem
CASCADE	Central Application for Settlement Clearing and Depository Expansion
CBOE	Chigago Board Options Exchange
DAMA	Debugging and Monitoring Agent
DAX	Deutscher Aktienindex
DIDF	Domain Independent Directory Facilitator
DAS	Domain Specific Agent
DSDF	Domain Specific Directory Facilitator
FIPA	Foundation for Intelligent Physical Agents
FOC	Fill-or-Kill
FWB	Frankfurter Wertpapierbörse
GE	Geldeinheiten
IBIS	Integriertes Börsenhandels- und Informationssystem
IBIS-R	Integriertes Börsenhandels- und Informationssystem – Renten
IOC	Immediate-or-Cancel
IT	Informationstechnologie
ITG	Investment Technology Group
LAN	Local Area Network
MACL	Modified Agent Communication Language
MAS	Multi-Agenten System
MASIF	Multi-Agenten-System in der Finanzberatung
MEZ	Mitteleuropäische Zeit
NASD	National Association of Securities Dealers
NASDAQ	National Association of Securities Dealers Automated Quotations
NMS	National Market System
NP	Nicht-deterministisch polynomial
NYSE	New York Stock Exchange

OSE	Osaka Stock Exchange
OTC	Over the Counter
PCX	Pacific Exchange
POSIT	Portfolio System for Institutional Trading
PTS	Proprietary Trading Systems
SEA	Securities and Exchange Act
SEAQ	Stock Exchange Automated Quotations
SEC	Securities and Exchange Commission
SOES	Small Order Execution System
TCP/IP	Transmission-Control-Protocol / Internet-Protocol
WKN	Wertpapierkennnummer
XETRA	Exchange Electronic Trading

Verzeichnis der Abbildungen

Verzeichnis der Tabellen

Literaturverzeichnis

[Aker70] *Akerlof, G. A.*: The Market for Lemons: Quality uncertainty and the market mechanism. In: Quarterly Journal of Economics 84 (1970), S. 488-500.

[Ande99] *Andersen Consulting, Inc.*: BargainFinder. http://bf.cstar.ac.com/bf, Abruf am 1999-02-04.

[Arno76] *Arnold, H.*: Risikentransformation. In: *Büschgen, H. E. (Hrsg.)*: Handwörterbuch der Finanzwirtschaft, Schäffer-Poeschel, Stuttgart 1976, Sp. 1506-1516.

[Aver98] *Averdiek-Bolwin, C.*: Die Effizienz von Aktienbörsen: SEAQ versus Tradepoint. Oldenburg Verlag, München/Wien 1998.

[AZX97] *Arizona Stock Exchange*: http://www.azx.com, 1997-12-09, Abruf am 1998-08-18.

[BaFi89] *Ball, R.; Finn, F. J.*: The Effect of Block Transactions on Share Prices. In: Journal of Banking and Finance 13 (1989), S. 397-419.

[Bart96] *Bartetzky, P.*: Das kurzfristige Verhalten des deutschen Rentenmarktes. Deutscher Universitäts Verlag, Wiesbaden 1996.

[Bern87] *Bernstein, P. L.*: Liquidity, Stock Markets, and Market Makers. In: Financial Management, Summer 1987, S. 54-62.

[Bess89] *Bessler, W.*: Zinsrisikomanagement in Kreditinstituten. Deutscher Universitäts Verlag, Wiesbaden 1989.

[Bess99] *Bessler, W.*: Banktheorie. In: *Thießen, F. (Schriftleitung)*: Enzyklopädisches Lexikon des Geld-, Bank- und Börsenwesens, Fritz Knapp Verlag, Frankfurt/M. 1999, S. 114-131.

[Biai93] *Biais, B.*: Price Formation and Equilibrium - Liquidity in Fragmented and Centralized Markets. In: Journal of Finance 48 (1993) 1, S. 157-185.

[Bien96] *Bienert, H.*: Der Marktprozeß an Aktienbörsen: Bewertungseffizienz und Umverteilung. Gabler, Wiesbaden 1996.

[BIS98] *Bank for International Settlements*: 68th Annual Report, Basel 1998.

[Bitz89] *Bitz, M.*: Erscheinungsformen und Funktionen von Finanzintermediären. In: Wirtschaftswissenschaftliches Studium (1989) 10, S. 430-436.

[Blac71] *Black, F.*: Towards a Fully Automated Exchange. In: Financial Analysts Journal 27 (1971) July-August, S. 29-35, November-December, S. 25-28 und 86-87.

[BlO'H98] *Bloomfield, R.; O'Hara, M.*: Can transparent markets survive? In: Proceedings of International Competition for Orderflow-III: A Market Microstructure Conference. Maui 1998, ohne Seitenzahlen.

[BoDo93] *Bollerslev, T.; Domowitz, I.*: Some Effects of Restricting the Electronic Order Book in an Automated Trade Execution System. In: *Friedman, D, Rust, J. (Hrsg.)*: The Double Auction Market Institutions, Theories, and Evidence. Addison-Wesley, Reading 1993, S. 221-252.

[BoIv99] *Booth, G. G.; Iversen, P.; Sarkar, S. K.; Schmidt, H.*: Market structure and bid-ask spreads: IBIS vs Nasdaq. In: European Journal of Finance 5 (1999) 1, S. 51-71.

[BoGa88] *Bond, Alan H.; Gasser, Les (Hrsg.)*: Readings in Distributed Artificial Intelligence. Morgan Kaufmann Publishers, San Mateo 1988.

[Bond97] *The Bond Market Association*: Special Survey on the Future of Electronic Bond Trading Systems. http://www.bondmarkets.com /research/rereport.shtml, 1997-10, Abruf am 1998-08-28.

[Börs94] *Börsenzeitung*: Zinsen und Preise. Ausgabe vom 25.08.94, S. 1.

[Börs98] *Börsenzeitung*: XETRA-Update erweitert Handelsmöglichkeiten. http://www.boersen-zeitung.com/Sp19498.html, 1998-10-09, Abruf am 1998-10-09.

[Börs99] *Börsenzeitung*: Nachbörslicher Handel für Retail-Investoren. http://www.boersen-zeitung.com/Sp04499.html, 1999-03-05, Abruf am 1999-03-09.

[Bort96] *Bortenlänger, C.*: Börsenautomatisierung. Gabler, Wiesbaden 1996.

[Brei95] *Breid, V.*: Aussagefähigkeit agencytheoretischer Ansätze im Hinblick auf die Verhaltenssteuerung von Entscheidungsträgern. In: Zeitschrift für betriebswirtschaftliche Forschung 47 (1995) 9, S. 821-853.

[Breu93] *Breuer, W.*: Finanzintermediation im Kapitalmarktgleichgewicht. Beiträge zur betriebswirtschaftlichen Forschung, Band 70, Gabler, Wiesbaden 1993.

[Breu97] *Breuer, R. E.*: Auf dem Weg zu einem Europäischen Kapitalmarkt. In: *Gerke, W. (Hrsg.)*: Die Börse der Zukunft: Märkte, Plätze, Netze. Schäffer-Poeschel, Stuttgart 1997, S. 1-17.

[BrHi97] *Braue, C.; Hille, L.*: XETRA - Elektronisches Handelssystem am Finanzplatz Deutschland. In: Die Bank (1997) 3, S. 140-145.

[BrMy96] *Brealey, R. A.; Myers, S. C.*: Principles of Corporate Finance. Fifth Edition, McGraw-Hill, New York et al. 1996.

[BrSi84] *Bronfenbrenner, M.; Sichel, W.; Gardner, W.*: Economics. Houghton Mifflin, Boston 1984.

[Brun96] *Brunner, A.*: Meßkonzepte zur Liquidität auf Wertpapiermärkten. In: *Institut für Kapitalmarktforschung (Hrsg.)*: Beiträge zur Theorie der Finanzmärkte, Institut für Kapitalmarktforschung, Nr. 13, Frankfurt/M. 1996.

[BuGo99] *Budimir, M.; Gomber, P.*: Dynamische Marktmodelle im elektronischen Wertpapierhandel. In: *Scheer, A. W.; Nüttgens, M. (Hrsg.)*: Electronic Business Engineering, Tagungsband zur Wirtschaftsinformatik '99, Physica-Verlag, Heidelberg 1999, S. 251-269.

[BuLu98] *Buckman, R.; Lucchetti, A.*: Electronic networks threaten trading desks on Wall Street, Wall Street Journal Interactive Edition. http://www.msnbc.com/news/226163.asp, 1998-12-28, Abruf am 1998-12-28.

[BuO'H87] *Burdett, K.; O'Hara, M.*: Building Blocks: An Introduction to Block Trading. In: Journal of Banking and Finance 11(1987), S. 193-212.

[Bürg95] *Bürger, P.*: Risikocontrolling - Optimaler Einsatz von Handelslimiten im derivativen OTC-Gechäft. In: *Rudolph, B.(Hrsg.)*: Derivative Finanzinstrumente, Stuttgart 1995, S. 241-259.

[Büsc98] *Büschgen, H. E.*: Bankbetriebslehre: Bankgeschäfte und Bankmanagement. 5. Auflage, Gabler, Wiesbaden 1998.

[Burk98] *Burkhard, H.-D.*: Einführung in die Agententechnologie. In: Informationstechnik und Technische Informatik 40 (1998) 4, S. 6-11.

[BuRo96] *Buhl, H. U.; Roemer, M.; Sandbiller, K.*: Verteiltes Suchen und Erkennen zur Erstellung von Finanzdienstleistungen. In: KI Künstliche Intelligenz (1996) 4, S. 17-25.

[Busi98] *BusinessWeek*: The 21st Century Stock Market. http://www.businessweek.com/reprints/98-32/b3590098.htm, 1998-08-10, Abruf am 1998-08-10.

[ChDr97] *Chavez, A.; Dreilinger, D.; Guttman, R.; Maes, P.:* A Real-Life Experiment in Creating an Agent Marketplace. In: Proceedings of the Second International Conference on the Practical Application of Intelligent Agents and Multi-Agent Technology (PAAM'97), London 1997, S. 159-178.

[ChJo99] *Chandrasekaran, B.; Joesprhson, J. R.; Benjamins, V. R.*: What Are Ontologies, and Why Do We Need Them? In: IEEE Intelligent Systems (1999) January/February, S. 20-26.

[ChLa95] *Chan, L.; Lakonishok, J.*: The Behavior of Stock Prices around Institutional Trades. In: Journal of Finance 50 (1995) 4, S. 1147-1174.

[ChLa97] *Chan, L.; Lakonishok, J.*: Institutional Equity Trading Costs: NYSE versus NASDAQ. In: Journal of Finance 52 (1997) 2, S. 713-735.

[ChMa96] *Chavez. A.; Maes, P.*: Kasbah: An Agent Marketplace for Buying and Selling Goods. In: Proceedings of the First International Conference on the Practical Application of Intelligent Agents and Multi-Agent Technology (PAAM'96), London 1996, S. 75-90.

[ClWe96] *Clemons, E. K.; Weber, B.*: Alternative Securities Trading Systems: Tests and Regulatory Implications of the Adoption of Technology. In: Information System Research 7 (1996) 2, S. 163-188.

[ClWe98] *Clemons, E. K.; Weber, B.*: Restructuring Institutional Block Trading: An Overview of the OptiMark System. In: Proceedings of the Hawaii International Conference on System Science (HICSS), Vol. VI, 1998, S. 301-310.

[Coas60] *Coase, R. H.*: The Problem of Social Cost. In: Journal of Law and Economics 3 (1960), S. 1-44.

[CoGö97] *Corsten, H.; Gössinger, R.*: Multiagentensystem zur Unterstützung der Produktionsplanung und -steuerung. In: IM Information Management (1997) 3, S. 65-75.

[CoJo88] *Cooper, R.; John, A.*: Coordinating Coordination Failures in Keynesian Models. In: The Quarterly Journal of Economics 103 (1988) 3, S. 441-463.

[CoMa81] *Cohen, K. J.; Maier, S. F.; Schwartz, R. A.; Whitcomb, D. K.*: Transactions Costs, Order Placement Strategy, and Existence of the Bid-Ask Spread. In: Journal of Political Economy 89 (1981) 2, S. 287-305.

[CoMa86] *Cohen, K. J.; Maier, S. F.; Schwartz, R. A.; Whitcomb, D. K.*: The Microstructure of Securities Markets. Prentice-Hall, Englewood Cliffs 1986.

[Cont99] *Continuum Software, Inc.*: FIDO: the Shopping Doggie! http://www.shopfido.com/, Abruf am 1999-02-08.

[Coop98] *Cooper, G.*: Exchanges split on liquidity risk system. In: Risk Magazine Technology Supplement, August 1998, S. S45.

[CoYo91] *Coad, P.; Yourdon, E.*: Object Oriented Analysis. 2. Auflage, Prentice Hall, Englewood Cliffs 1991.

[DAI98] *Deutsches Aktieninstitut e. V.*: DAI-Factbook 1998 - Statistiken, Analysen und Graphiken zu Aktionären, Aktiengesellschaften und Börsen. Frankfurt/M. 1998.

[DeBa99] *Deutsche Bank AG*: Autobahn. Frankfurt 1999.

[DeBö98a] *Deutsche Börse AG*: XETRA, Marktmodell Release 3, Aktienhandel. Frankfurt/M. 1998.

[DeBö98b] *Deutsche Börse AG*: XETRA, Marktmodell Release 3, Rentenhandel. Frankfurt/M. 1998.

[DeBö98c] *Deutsche Börse AG; Digital Equipment GmbH; living systems AG; BWL-Wirtschaftsinformatik, Universität Gießen*: Agentenbasierter Wertpapierhandel - Pflichtenheft. Version 1, Gießen 1998.

[DeBö99a] *Deutsche Börse AG*: Information Products, Monatsstatistik - Kassamarkt Dezember 1998. http://www.ip.exchange.de/, 1999-01-20, Abruf am 1999-02-14.

[DeBö99b] *Deutsche Börse AG*: Information Products, Monatsstatistik - Kassamarkt Februar 1999. http://www.ip.exchange.de/, 1999-03-09, Abruf am 1999-03-17.

[DeBu98] *Deutsche Bundesbank*: Der Markt für deutsche Bundeswertpapiere. 2. Auflage, Frankfurt/M. 1998.

[DeBu99a] *Deutsche Bundesbank*: Monatsbericht Januar 1999. Frankfurt/M. 1999.

[DeBu99b] *Deutsche Bundesbank*: Kapitalmarktstatistik März 1999. Statistisches Beiheft zum Monatsbericht, Frankfurt/M. 1999.

[DeKi96] *Deutsch, J.; Kirschner, W.; Petit, H.*: Perspektiven des Pfandbriefmarktes. In: Die Bank (1996) 1, S. 20-25.

[Dems68] *Demsetz, H.*: The cost of transacting. In: Quarterly Journal of Economics 82 (1968), S. 33-53.

[Domo92] *Domowitz, I.*: Automating the Price Discovery Process: Some International Comparisons and Regulatory Implications. In: Journal of Financial Services Research 6 (1992), S. 305-326.

[Domo93] *Domowitz, I.*: Automating the Continuous Double Auction in Practice: Automated Trade Execution Systems in Financial Markets. In: *Friedman, D.; Rust, J. (Hrsg.)*: The Double Auction Market Institutions, Theories, and Evidence. Addison-Wesley, Reading 1993, S. 27-60.

[Eato98] *Eaton, L.*: Market Place, The New York Times, Ausgabe vom 14. 01. 1998.

[Econ93] *Economides, N.*: Network Economics with Application to Finance. In: Financial Markets, Institutions & Instruments 2 (1993) 5, S. 89-97.

[Econ99] *The Economist:* Good-bye to all that: Will technology and competition kill traditional financial exchanges? Vol. 350, No. 8104, Ausgabe vom 30.01.1999, S. 69-70.

[EcSc95] *Economides, N.; Schwartz, R. A.*: Equity Trading Practices and Market Structure: Assessing Asset Managers' Demand for Immediacy. In: Financial Markets, Institutions & Instruments 4 (1995) 4, S. 1-46.

[ElGr95] *Elton, E. J.; Gruber, M. J.*: Modern Portfolio Theory and Investment Analysis. 5. Auflage, Wiley, New York et al. 1995.

[Elle96] *Eller, R.*: Derivative Instrumente - Überblick, Strategien, Tendenzen. In: *Eller, R.(Hrsg.)*: Handbuch derivativer Instrumente, Schäffer-Poeschel, Stuttgart 1996, S. 3-38.

[Fama70] *Fama, E. F.*: Efficient Capital Markets: A Review of Theory and Empirical Work. In: Journal of Finance 25 (1970), S. 383-417.

[FaMo92] *Fabozzi, F. J.; Modigliani, F.*: Capital Markets: Institutions and Instruments. Prentice-Hall, Englewood Cliffs 1992.

[FAZ99] *Frankfurter Allgemeine Zeitung*: Instinet und Nasdaq im Gespräch. Ausgabe vom 03.03.99, Nr. 52, S. 29.

[FiHe96] *Fischer, K; Heimig, I.; Kocian, C.; Müller, J. P.*: Intelligente Agenten für das Management Virtueller Unternehmen. In: IM Information Management (1996) 1, S. 38-45.

[FiKu93] *Fischer, K.; Kuhn, N.; Müller, H.-J.; Müller, J. P.; Pischel, M.; Schroth, A.*: Verteiltes Problemlösen im Transportwesen. In: IM Information Management (1993) 2, S. 32-40.

[FIPA97] *Foundation for Intelligent Physical Agents (FIPA)*: FIPA 97 Specification, Version 1. http://drogo.cselt.stet.it/fipa/spec/fipa97/fipa97.htm, 1997-10-10, Abruf am 1998-01-29.

[FIPA99] *Foundation for Intelligent Physical Agents (FIPA)*: FIPA. http://www.fipa.org/, Abruf am 1999-02-22.

[FrGr97] *Franklin, S.; Graesser, A.*: Is it an Agent, or Just a Program?: A Taxonomy for Autonomous Agents. In: *Müller, J. P.; Wooldridge, M. J.; Jennings, N. R. (Hrsg.)*: Intelligent Agents III: Agent Theories, Architectures, and Languages. ECAI'96 Workshop Proceedings, Springer, Berlin et al. 1997, S. 21-35.

[Frie93] *Friedman, D.*: The Double Auction Market Institution: A Survey. In: *Friedman, D, Rust, J. (Hrsg.)*: The Double Auction Market Institutions, Theories, and Evidence. Addison-Wesley, Reading1993, S. 3-25.

[GaJo79] *Garey, M. R.; Johnson, D. S.*: Computers and Intractability – A Guide to the Theory of NP-Completeness. W. H. Freeman and Company, New York 1979.

[Garm76] *Garman, M. B.*: Market Microstructure. In: Journal of Financial Economics 3 (1976), S. 257-275.

[GeBi91] *Gerke, W.; Bienert, H.*: Experimentelle Kapitalmarktforschung an einer Computerbörse. In: Die Bank (1991) 9, S. 499-506.

[GeHa91] *Gerke, W.; Hamann, T.*: Zentrale und dezentrale Börsenhandelssysteme. In: Zeitschrift für das gesamte Kreditwesen 44 (1991) 12, S. 560-566.

[GeRa92] *Gerke, W.; Rasch, S.*: Ausgestaltung des Blockhandels an der Börse. In: Die Bank (1992) 4, S. 193-201.

[GeRa94] *Gerke, W.; Rapp, H. W.*: Strukturveränderungen im internationalen Börsenwesen. In: Die Betriebswirtschaft 54 (1994) 1, S. 5-21.

[Gerk93] *Gerke, W.*: Computerbörse für den Finanzplatz Deutschland. In: Die Betriebswirtschaft 53 (1993) 6, S. 725-748.

[GoBu98] *Gomber, P.; Budimir, M.; Kosciankowski, K.; Urtheil, R.*: Elektronisierung des außerbörslichen Rentenhandels auf Basis von Softwareagenten. In: *Weinhardt, Ch.; Meyer zu Selhausen, H.; Morlock, M. (Hrsg.)*: Informationssysteme in der Finanzwirtschaft. Springer, Heidelberg et al. 1998, S. 253-267.

[GoBu99] *Gomber, P.; Budimir, M.; Kosciankowski, K.; Urtheil, R.; Lohmann, M.; Nopper, N.; Henning, P.*: Agentenbasierter Rentenhandel. In: Wirtschaftsinformatik 41 (1999) 2, S. 124-131.

[Gomb98] *Gomber, P.*: OptiMark - ein neues Handelssystem in den USA. In: Die Bank (1998) 11, S. 682 - 684.

[GoSc96] *Gomber, P.; Schmidt, C.; Weinhardt, Ch.*: Synergie und Koordination in dezentral planenden Organisationen. In: Wirtschaftsinformatik 38 (1996) 3, S. 299-307.

[GoSc97] *Gomber, P.; Schmidt, C.; Weinhardt, Ch.*: Elektronische Märkte für die dezentrale Transportplanung. In: Wirtschaftsinformatik 39 (1997) 2, S. 137-145.

[GoSc98] *Gomber, P.; Schmidt, C.; Weinhardt, Ch.*: Auctions in Electronic Commerce - Efficiency versus Computational Tractability. In: *Lee, J. K.; Kim, S. H.; Whinston, A. B.; Schmid, B. (Hrsg.)*: Proceedings of the International Conference on Electronic Commerce '98, Seoul 1998, S. 43-48.

[GoSc99a] *Gomber, P.; Schmidt, C.; Weinhardt, Ch.*: Pricing in Multi-Agent Systems for Transportation Planning. Erscheint in: Journal of Organizational Computing and Electronic Commerce (1999).

[GoSc99b] *Gomber, P.; Schmidt, C.; Weinhardt, Ch.*: Efficiency, Incentives, and Computational Tractability in the Coordination of Multi-Agent Systems. In: International Journal of Cooperative Information Systems 8 (1999) 1, S. 1-14.

[GrLo94] *Grünbichler, A.; Longstaff, F. A.; Schwartz, E. S.*: Electronic Screen Trading and the Transmission of Information: An Empirical Examination. In: Journal of Financial Intermediation 3 (1994), S. 166-187.

[Gros92] *Grossman, S. J.*: The Informational Role of Upstairs and Downstairs Trading. In: Journal of Business 65 (1992) 4, S. 509-528.

[GuMo98] *Guttman, R. H.; Moukas, A. G.; Maes, P.*: Agents as Mediators in Electronic Commerce. In: EM - Electronic Markets 8 (1998) 1, S. 22-27.

[Hand98] *Handelsblatt*: Die Börse wird zum Systemhaus. Ausgabe vom 07.09.1998, Nr. 171, S. 50.

[HaSc88] *Hasbrouck, J.; Schwartz, R. A.*: Liquidity and Execution Costs in Equity Markets. In: Journal of Portfolio Management 14 (1988), S. 10-16.

[Haus96] *Hauser, H.*: Pricing und Risk-Management von Caps, Floors und Swap-Optionen. In: *Eller, R. (Hrsg.)*: Handbuch derivativer Instrumente, Schäffer-Poeschel, Stuttgart 1996, S. 187-223.

[Haye45] *Hayek, F. A.*: The Use of Knowledge in Society. In: American Economic Review 35 (1945), S. 519-530.

[HeMi98] *Hessisches Ministerium für Wirtschaft, Verkehr und Landesentwicklung - Börsenaufsichtsbehörde*: Stellungnahme der hessischen Börsenaufsichtsbehörde zu einigen ausgewählten Thesen des Gutachtens Hopt/Rudolph bezüglich einer Börsenreform in Deutschland, Pressemitteilung. http://www.boersenaufsicht.de, 1998-07-13, Abruf am 1999-03-18.

[HeSc95] *Hertle, A.; Schenk, N.*: Computerbörse. In: *Gerke, W.; Steiner, M. (Hrsg.)*: Handwörterbuch des Bank- und Finanzwesens. 2. Auflage, Schäffer-Poeschel, Stuttgart 1995, Spalte 410-420.

[Hies96] *Hies, M*: Die Refinanzierung deutscher Hypothekenbanken. Fritz Knapp, Frankfurt/M. 1996.

[HiSt96] *Hielscher, U.; Stenzel, S.*: Umfang und Ursachen des außerbörslichen Aktienhandels. In: Die Betriebswirtschaft 56 (1996) 4, S. 523-540.

[HoBa97] *Hopt, K. J.; Baum, H.*: Börsenrechtsreform in Deutschland. In: *Hopt, K. J.; Rudolph, B.; Baum, H. (Hrsg.)*: Börsenreform: eine ökonomische, rechtsvergleichende und rechtspolitische Untersuchung. Schäffer-Poeschel, Stuttgart 1997, S. 287-467.

[Holl96] *Holler, M. J.; Illing, G.*: Einführung in die Spieltheorie. 3. Auflage, Springer, Berlin et al. 1996.

[HoLe87] *Holthausen, R. W.; Leftwich, R. W.; Mayers, D.*: The Effect of Block Transactions on Security Prices. In: Journal of Financial Economics 19 (1987), S. 237-267.

[Holz90] *Holzer, C. S.*: Anlagestrategien in festverzinslichen Wertpapieren. Gabler, Wiesbaden 1990.

[HoRu97] *Hopt, K. J.; Rudolph, B.; Baum, H. (Hrsg.)*: Börsenreform: eine ökonomische, rechtsvergleichende und rechtspolitische Untersuchung. Schäffer-Poeschel, Stuttgart 1997.

[HuSt96] *Huang, R.; Stoll, H.*: Dealer versus Auction Markets: A Paired Comparison of Execution Costs on NASDAQ and the NYSE. In: Journal of Financial Economics 41 (1996) 3, S. 313-357.

[Inst95] *Instinet*: Equity Trading, 1995.

[Inst99] *Instinet*: Transaction Products. http://www.instinet.com, 1999-01-25, Abruf am 1999-01-29.

[ITG98] *Investment Technology Group*: ITG POSIT - The World's Largest Intra-Day Trade Matching System. http://www.itginc.com/products/posit.html, Abruf am 1998-03-15.

[JeMe76] *Jensen, M.C.; Meckling, W. H.*: Theory of the Firm: Managerial Behavior, Agency costs and Ownership Structure. In: Journal of Financial Economics 3 (1976), S. 305-360.

[Jens72] *Jensen, M.C. (Hrsg.)*: Studies in the Theory of Capital Markets. Frederick A. Praeger, New York 1972.

[JeRu83] *Jensen, M. C.; Ruback, R. S.*: The Market for Corporate Control: The Scientific Evidence. In: Journal of Financial Economics 11 (1983), S. 5-50.

[JeWo96] *Jennings, N. R.; Wooldridge, M. J.*: Software Agents. In: IEEE Review (1996) 1, S. 17-20.

[JeWo98] *Jennings, N. R.; Wooldridge, M. J.*: Applications of Intelligent Agents. In: *Jennings, N. R.; Wooldridge, M. J. (Hrsg.)*: Agent Technology: Foundations, Applications, and Markets. Springer, Berlin et al. 1998, S. 3-28.

[KeMa95] *Keim, D. B.; Madhavan, A.*: Anatomy of the trading process: Empirical evidence on the behavior of institutional trader. In: Journal of Financial Economics 37 (1995), S. 371- 398.

[KeMa96] *Keim, D. B.; Madhavan, A.*: The Upstairs Market for Large-Block Transactions: Analysis and Measurement of Price Effects. In: Review of Financial Studies 9 (1996) 1, S. 1-36.

[KeMa97] *Keim, D. B.; Madhavan, A.*: Transaction costs and investment style: an inter-exchange analysis of institutional equity trades. In: Journal of Financial Economics 46 (1997), S. 265-292.

[KeMa98] *Keim, D. B.; Madhavan, A.*: The Cost of Institutional Equity Trades. In: Financial Analysts Journal 54 (1998) 4, S. 50-69.

[KiZi97] *Kiniry, J.; Zimmermann, D.*: A Hands-On Look at Java Mobile Agents. In: IEEE Internet Computing, Juli/August 1997, S. 21-30.

[Klei98] *Klein, S. P.*: Verauktionierung von Eigenkapitallimiten. In: *Weinhardt, Ch.; Meyer zu Selhausen, H.; Morlock, M. (Hrsg.)*: Informationssysteme in der Finanzwirtschaft, Springer, Berlin et al. 1998, S. 309-323.

[Kres96] *Kress, S.*: Effizienzorientierte Kapitalmarktregulierung: eine Analyse aus institutionenökonomischer Perspektive. Gabler, Wiesbaden 1996.

[KrSt72] *Kraus, A.; Stoll H. R.*: Price Impacts of Block Trading on the New York Stock Exchange. In: The Journal of Finance 27 (1972), S. 569-588.

[LaMu97] *LaPlante, M.; Muscarella, C.*: Do Institutions Receive Comparable Execution in the NYSE and Nasdaq markets? A Transaction Study of Block Trades. In: Journal of Financial Economics 45 (1997) 1, S. 97-134.

[LeAu91] *Lehner, F.; Auer-Rizzi, W.; Bauer, R.; Brei, K.; Lehner, J.; Reber, G.*: Organisationslehre für Wirtschaftsinformatiker. Carl Hanser Verlag, München/ Wien 1991.

[Lee98] *Lee, R.*: What is an Exchange ? The Automation, Management, and Regulation of Financial Markets. Oxford University Press, Oxford 1998.

[Lohm99] *Lohmann, M.*: Dynamische Ressourcenallokation in verteilten Systemen. In: *Ehrenberg. D.; Rieger, B.; Stahlknecht, P. (Hrsg.)*: Schriften zur Wirtschaftsinformatik, Band 10, Peter Lang, Frankfurt/M. 1999.

[LoNo98] *Lohmann, M.; Nopper, N.; Henning, P.*: Elektronisches Kontrahentenmatching im agentenbasierten Wertpapierhandel. In: *Weinhardt, Ch.; Meyer zu Selhausen, H.; Morlock, M. (Hrsg.)*: Informationssysteme in der Finanzwirtschaft. Springer, Heidelberg et al. 1998, S. 269-284.

[LoSc97] *Lohmann, M.; Schmalz, A.; Weinhardt, Ch.*: ADAMCO - An Agent Architecture with Domain Independent, Adaptive, Multiple Coordination Behavior. In: Proceedings of the 10th International Conference IEA/AIE-97, Atlanta 1997, S. 151-161.

[Lüde96] *Lüdecke, T.*: Struktur und Qualität von Finanzmärkten. Gabler, Wiesbaden 1996.

[MaCh97] *Madhavan, A.; Cheng, M.*: In Search of Liquidity: Block Trades in the Upstairs and Downstairs Markets. In: The Review of Financial Studies 10 (1997) 1, S. 175-203.

[Madh92] *Madhavan, A.*: Trading Mechanisms in Securities Markets. In: Journal of Finance 47 (1992) 2, S. 607-641.

[Maes94a] *Maes, P.*: Agents that Reduce Work and Information Overload. In: Communications of the ACM 37 (1994) 7, S. 31-40.

[Maes94b] *Maes, P.*: Modeling Adaptive Autonomous Agents. In: Artificial Life Journal 1 (1994) 1 & 2, S. 135-162.

[Maes95] *Maes, P.*: Artificial Life meets Entertainment: Interacting with Lifelike Autonomous Agents. In: Communications of the ACM 38 (1995) 11, S. 108-114.

[MaLa96] *Mayfield, J.; Labrou, Y.; Finin, T.*: Evaluation of KQML as an Agent Communication Language. In: *Wooldridge, M. J.; Müller, J. P.; Tambe, M.*: Intelligent Agents II: Agent Theories, Architectures, and Languages. IJCAI'95 Workshop Proceedings, Springer, Berlin et al. 1996, S. 347-360.

[Mali97] *Malik, O.*: Will OptiMark Support the Super-Anonymous Hype?, Traders Magazine, October 1997.

[MaO'H97] *Macey, J. R.; O'Hara, M.*: The Law and Economics of Best Execution. In: Journal of Financial Intermediation 6 (1997) 3, S. 188-223.

[MaPh94] *Massimb, M. N.; Phelps, B. D.*: Electronic Trading, Market Structure and Liquidity. In: Financial Analysts Journal (1994) January-February, S. 39-50.

[Mark52] *Markowitz, H.*: Portfolio Selection. In: Journal of Finance 7 (1952) 1, S. 77-91.

[MaSe97] *Mattern, F.; Seifert W. G.; Streit, C. C.; Voth, H.-J.*: Aktie, Arbeit, Aufschwung: wie der Finanzplatz Wirtschaft und Gesellschaft wieder in Aufschwung bringt. Campus-Verlag, Frankfurt/M. 1997.

[MaWe95] *Mack, B.; Weinhardt, Ch.*: Verteiltes Problemlösen in der Finanzberatung - ein portfoliotheoretischer Ansatz. In: KI - Künstliche Intelligenz (1995) 3, S. 46-55.

[Meie98] *Meier, R. T.*: Benchmark Analysis of Stock Exchange Trading. FIBV- International Federation of Stock Exchanges, Paris/Zürich, September 1998.

[Merk97] *Merkt, H.*: Zur Entwicklung des deutschen Börsenrechts von den Anfängen bis zum Zweiten Finanzmarktförderungsgesetz. In: *Hopt, K. J.; Rudolph, B.; Baum, H. (Hrsg.)*: Börsenreform: eine ökonomische, rechtsvergleichende und rechtspolitische Untersuchung. Schäffer-Poeschel, Stuttgart 1997, S. 17-141.

[MiPa85] *Mikkelson, W. H.; Partch, M. M.*: Stock Price Effects and Costs of Secondary Distributions. In: Journal of Financial Economics 14 (1985), S. 165-194.

[MöWe96] *Möhle, S.; Weigelt, M.; Braun, M.; Mertens, P.*: Dezentrale Produktionsplanungs- und -steuerungs-Experten: Kombination Wissensbasierter Ansätze mit ComponentWare. In: IM Information Management (1996) 1, S. 30-37.

[Müller98] *Müller, M.*: Stromhandel als neues Element im liberalisierten Markt. In: *von Weizsäcker, C. C. (Hrsg.)*: Energiehandel und Energiemärkte, Tagungsberichte des Energiewirtschaftlichen Instituts, Heft 30, Oldenburg/München 1998, S. 191-215.

[Müller99] *Müller, R. M.*: Orderbuchstatistik: Mehr Transparenz im Wertpapierhandel. In: Die Bank (1999) 2, S. 138-139.

[Muns97] *Munsberg, F.*: Der Jumbo-Pfandbrief - eine Erfolgsstory. In: Die Bank (1997) 8, S. 464-469.

[Nabb96] *Nabben, S.*: Circuit Breaker. Neue betriebswirtschaftliche Forschung, Band 173, Gabler, Wiesbaden 1996.

[NeMo93] *Neumann, K.; Morlock, M.*: Operations Research. Carl Hanser, München/Wien 1993.

[NwNd98] *Nwana, H. S.; Ndumu, D. T.*: A Brief Introduction to Software Agent Technology. In: *Jennings, N. R.; Wooldridge, M. J. (Hrsg.)*: Agent Technology: Foundations, Applications, and Markets. Springer, Berlin et al. 1998, S. 29-47.

[NYSE98] *New York Stock Exchange, Inc.*: Fact Book 1997, Library of Congress, May 1998.

[O'Ha97] *O'Hara, M.*: Market Microstructure Theory. Blackwell Publishers, Oxford 1997.

[Oest98] *Oesterhelweg, O.*: Anlegerorientierte Handelsverfahren für den deutschen Aktienmarkt. Deutscher Universitäts Verlag, Wiesbaden 1998.

[Opti98a] *OptiMark Technologies Inc.*: OptiMark. http://www.optimark.com, Abruf am 1998-04-03.

[Opti98b] *OptiMark Technologies Inc.*: On the Mark, The Newsletter of OptiMark Technologies. Volume1, Issue 4, http://www.optimark.com, March/April 1998, Abruf am 1998-09-15.

[Orfo96] *Orford, J.*: Trading on the frontier, Plan Sponsor, Oktober 1996, S. 11-18.

[Paci97] *Pacific Exchange*: OPTIMARK, IBM, Pacific Exchange and Chicago Board Options Exchange Team Up to Introduce Revolutionary Trading System, Pacific Exchange Press Release 6. http://www.pacificex.com/about/abt_press_6.html, 1997-09-24, Abruf am 1998-09-28.

[PaSt96] *Pagano, M., Steil, B.*: Equity Trading I: The Evolution of European Trading Systems. In: *Steil, B.(Hrsg.)*: The European Equity Markets: The State of the Union and an Agenda for the Millennium, The Royal Institute of International Affairs, London 1996, S. 1-58.

[Pech96] *Pechtl, A.*: Optionen mit speziellen Eigenschaften (Exotic Options). In: *Eller, R. (Hrsg.)*: Handbuch derivativer Instrumente, Schäffer-Poeschel, Stuttgart 1996, S. 3-38.

[Petr98] *Petruno, T.*: Mover Over, NYSE? OptiMark System Creating a Buzz, Los Angeles Times, Ausgabe vom 12. 04.1998.

[PiBo96] *Picot, A.; Bortenlänger, C.; Röhrl, H.*: Börsen im Wandel - Der Einfluß von Informationstechnik und Wettbewerb auf die Organisation von Wertpapiermärkten. Fritz Knapp Verlag, Frankfurt/M. 1996.

[PiRe96] *Picot, A.; Reichwald, R.; Wigand, R. T.*: Die grenzenlose Unternehmung, 2. Auflage, Gabler, Wiesbaden 1996.

[Plex98] *Plexus Group*: The Official Icebergs of Transaction Costs, Commentary #54, January 1998.

[PoBl93] *Pomberger, G.; Blaschek, G.*: Software Engineering. Carl Hanser, München/Wien 1993.

[RiLu96] *Rickard, T.; Lupien, B.*: Optimal Market Structures Based Upon Mutual Satisfaction. Presented at: 30th Asilomar Conference on Signals, Systems, & Computers, November 3-6, 1996.

[Roel90] *Roell, A.*: Dual-Capacity Trading and the Quality of the Market. In: Journal of Financial Intermediation 1 (1990), S. 105-124.

[Röhr96] *Röhrl, H.*: Börsenwettbewerb. Gabler, Wiesbaden 1996.

[Roll84] *Roll, R.*: A Simple Implicit Measure of the Bid/Ask Spread in an Efficient Market. In: Journal of Finance 39 (1984) 4, S. 1127-1139.

[RuRö97] *Rudolph, B.; Röhrl, H.*: Grundfragen der Börsenorganisation aus ökonomischer Sicht. In: *Hopt, K. J.; Rudolph, B.; Baum, H. (Hrsg.)*: Börsenreform: eine ökonomische, rechtsvergleichende und rechtspolitische Untersuchung. Schäffer-Poeschel, Stuttgart 1997, S. 143-285.

[Sand96] *Sandbiller, K.*: Dezentrale Eigenkapitalsteuerung in Banken mit Hilfe interner Elektronischer Märkte. In: Wirtschaftsinformatik 38 (1996) 3, S. 293-298.

[Sche97] *Schenk, N.*: Informationstechnologie und Börsensysteme. Gabler, Wiesbaden 1997.

[Schi95] *Schiereck, D.*: Internationale Börsenplatzentscheidungen institutioneller Investoren. Gabler, Wiesbaden 1995.

[Schm77] *Schmidt, H.*: Vorteile und Nachteile eines integrierten Zirkulationsmarktes für Wertpapiere gegenüber einem gespaltenen Effektenmarkt. Studie für die Kommission der europäischen Gemeinschaften. Brüssel 1977.

[Schm79] *Schmidt, H.*: Liquidität von Finanztiteln als integrierendes Konzept der Bankbetriebslehre. In: Zeitschrift für Betriebswirtschaft 49 (1979) 8, S. 710-722.

[Schm83] *Schmidt, H.*: Marktorganisationsbestimmte Kosten und Transaktionskosten als börsenpolitische Kategorien – Grundsätzliche Überlegungen zur Weiterentwicklung des Anlegerschutzes aus ökonomischer Sicht. In: Kredit und Kapital 13 (1983) 2, S. 184-204.

[Schm88] *Schmidt, H.*: Wertpapierbörsen. Franz Vahlen, München 1988.

[Schm92] *Schmidt, H.*: Die Rolle der Regionalbörsen am deutschen Kapitalmarkt heute und morgen. In: Kredit und Kapital 25 (1992) 1, S. 110-134 (Teil I) sowie 25 (1992) 2, S. 233-258 (Teil II).

[Schm99] *Schmidt, C.*: Marktliche Koordination in der dezentralen Produktionsplanung - Effizienz, Komplexität, Performance. Dissertation, Fachbereich Wirtschaftswissenschaften, Universität Gießen 1999.

[Scho72] *Scholes, M.*: The Market for Securities: Substitution versus Price Pressure and the Effects of Information on Share Prices. In: Journal of Business 45 (1972), S. 179-211.

[Schw94] *Schwark, E.*: Börsengesetz. 2. Auflage, Eberhard Beck, München 1994.

[Schw96] *Schwartz, R. A.*: Equity Trading II: Integration, Fragmentation, and the Quality of Markets. In: *Steil, B.(Hrsg.)*: The European Equity Markets: The State of the Union and an Agenda for the Millennium, The Royal Institute of International Affairs, London 1996, S. 59-79.

[Schw98] *Schwartz, R. A.*: Technology's Impact on the Equity Markets. In: *Kemerer, C. F. (Hrsg.)*: Information Technology and Industrial Competitiveness: How Information Technology Shapes Competition, Kluwer Academic Publishers, Boston 1998, S. 137-152.

[ScIv91] *Schmidt, H.; Iversen, P.*: Geld-Brief-Spannen deutscher Standardwerte in IBIS und MATIS. In: Zeitschrift für Bankrecht und Bankwirtschaft 3 (1991), S. 209-226.

[ScIv92] *Schmidt, H.; Iversen, P.*: Automating German Equity Trading: Bid-Ask Spreads on Competing Systems. In: Journal of Financial Services Research 6 (1992), S. 373-397.

[ScIv93] *Schmidt, H.; Iversen, P.; Treske, K.*: Parkett oder Computer? In: Zeitschrift für Bankrecht und Bankwirtschaft 5 (1993) 4, S. 209-221.

[ScLu96] *Scharpf, P.; Luz, G.*: Risikomanagement: Bilanzierung und Aufsicht von Finanzderivaten. Schäffer-Poeschel, Stuttgart 1996.

[ScOe97] *Schmidt, H.; Oesterhelweg, O.; Treske, K.*: Der Strukturwandel im Börsenwesen: Wettbewerbstheoretische Überlegungen und Trends im Ausland als Leitbilder für den Finanzplatz Deutschland. In: Kredit und Kapital 30 (1997) 3, S. 369-411.

[ScSt96] *Schwartz, R. A.; Steil, B.*: Equity Trading III: Institutional Investor Trading Practices and Preferences. In: *Steil, B.(Hrsg.)*: The European Equity Markets: The State of the Union and an Agenda for the Millennium, The Royal Institute of International Affairs, London 1996, S. 81-112.

[ScWe96] *Schiereck, D., Weber, M.*: Parkett, IBIS oder London - Die Präferenzen institutioneller Investoren. In: Die Bank (1996) 11, S. 654-658.

[SEC34] *Securities and Exchange Commission*: Securities and Exchange Act of 1934.

[SEC97] *Securities and Exchange Commission*: Regulation of Exchanges, Exchange Act Release No. 34-38672. http://www.sec.gov/rules/concept/3438672.txt, 1997-05-23, Abruf am 1998-12-30.

[SEC98] *Securities and Exchange Commission*: Regulation of Exchanges and Alternative Trading Systems, Final rule Release No. 34-40760. http://www.sec.gov/rules/final/34-40760.txt, 1998-12-08, Abruf am 1999-01-29.

[Sepp90] *Seppi, D. J.*: Equilibrium Block Trading and Asymmetric Information. In: Journal of Finance 45 (1990) 1, S. 73-94.

[Shar70] *Sharpe, W. F.*: Portfolio Theory and Capital Markets. New York 1970.

[SrSt98] *Srinivasan, S.; Stallaert, J.; Whinston, A. B.*: Portfolio Trading and Electronic Networks. Center for Research in Electronic Commerce, Working Paper. University of Texas, Austin 1998.

[StBr98] *Steiner, M.; Bruns, Ch.*: Wertpapiermanagement. 6. Auflage, Schäffer-Poeschel, Stuttgart 1998.

[Stei98] *Steiner, D.*: FIPA - Foundation for Physical Intelligent Agents. In: KI Künstliche Intelligenz (1998) 3, S. 38.

[Steil96] *Steil, B.*: Equity Trading IV: The ISD and the Regulation of European Market Structure. In: *Steil, B.(Hrsg.)*: The European Equity Markets: The State of the Union and an Agenda for the Millennium, The Royal Institute of International Affairs, London 1996, S. 113- 146.

[Steil97] *Steil, B.*: Ausblick – Wie sieht die Börsenlandschaft im Jahr 2000 aus ? – Welche Rolle spielen „Proprietary Trading" und unabhängige „Brokerage Systems". Vortrag zur 2. Internationalen Handelsblatt-Jahrestagung, 8. und 9.07.97, Frankfurt/M. 1997.

[Stein98] *Steinhübel H. O.*: Die private Computerbörse für mittelständische Unternehmen. In: *von Stein, J. H. (Hrsg.)*: Studienreihe der Stiftung Kreditwirtschaft an der Universität Hohenheim, Band 24, Verlag Wissenschaft und Praxis, Sternenfels 1998.

[Sten95] *Stenzel, S.*: Außerbörslicher Aktienhandel. In: *Hadding, W.; Schneider, U.H. (Hrsg.)*: Untersuchungen über das Spar-, Giro- und Kreditwesen. Band 99, Teilband I, Berlin 1995.

[Stie94] *Stier, A.*: Wettbewerb im Börsenbereich. In: Zeitschrift für das gesamte Kreditwesen 47 (1994) 11, S. 532-535.

[Stig83] *Stigum, M.*: The Money Market. 2nd, revised edition, Dow Jones-Irwin, Homewood 1983.

[Stol98] *Stoll, H. R.*: Reconsidering the Affirmative Obligation of Market Makers. In: Financial Analysts Journal 54 (1998) 5, S. 72-82.

[StWe81] *Stiglitz J. E.; Weiss, A.*: Credit Rationing in Markets with Imperfect Information. In: American Economic Review 71 (1981), S. 393-411.

[SUN98] *Sun Microsystems:* The Java Development Kit (JDK). http://java.sun.com/products/jdk/index.html, 1998-01-09, Abruf am 1998-02-19.

[SyZe98] *Sycara, K. P.; Zeng, D.; Decker, K.*: Intelligent Agents in Portfolio Management. In: *Jennings, N. R.; Wooldridge, M. J. (Hrsg.)*: Agent Technology: Foundations, Applications, and Markets. Springer, Berlin et al. 1998, S. 267-281.

[Thak95] *Thakor, A. V.*: Financial Intermediation and the Market for Credit. In: *Jarrow, R. A.; Maksimovic, V.; Ziemba, W. T. (Hrsg.)*: Finance, Volume 9, Handbooks in Operations Research and Management Science, Elsevier, Amsterdam 1995, S. 1073-1104.

[Thei98a] *Theissen, E.*: Organisationsformen des Wertpapierhandels: Gesamtkursermittlung, kontinuierliche Auktion und Market-Maker-System. Beiträge zur betriebswirtschaftlichen Forschung, Band 85, Gabler, Wiesbaden 1998.

[Thei98b] *Theissen, E.*: Parketthandel versus Computerhandel: Ergebnisse für den deutschen Aktienmarkt. In: *Weinhardt, Ch.; Meyer zu Selhausen, H.; Morlock, M. (Hrsg.)*: Informationssysteme in der Finanzwirtschaft, Springer, Berlin et al. 1998, S. 171-186.

[TiWe79] *Tinic, S. M.; West, R. R.*: Investing in Securities: an Efficient Markets Approach. Addison-Wesley, Reading 1979.

[Tobi84] *Tobin, J.*: On the Efficiency of the Financial System. In: Lloyds Bank Review 152 (1984), S. 1-15.

[Vaup95] *Vaupel, C.*: Die aufsichtsrechtliche Behandlung automatisierter Handelssysteme in den USA. In: Recht der internationalen Wirtschaft (1995) 7, S. 568-577.

[VDH98] *Verband deutscher Hypothekenbanken*: Der deutsche Pfandbrief. Fakten und Daten. Bonn 1998.

[Vick61] *Vickrey, W.*: Counterspeculation, Auctions, and Competitive Sealed Tender. In: Journal of Finance 16 (1961) 1, S. 8-37.

[voRo94] *von Rosen, R.*: Private Handelssysteme - eine Herausforderung für die Börsen. In: Zeitschrift für das gesamte Kreditwesen 24 (1994), S. 1213-1217.

[voRo95] *von Rosen, R.*: Börsen und Börsenhandel. In: *Gerke, W.; Steiner, M. (Hrsg.)*: Handwörterbuch des Bank- und Finanzwesens. 2. Auflage, Schäffer-Poeschel, Stuttgart 1995, Spalte 333-345.

[WaEd93] *Wagner, W. H.; Edward, M.*: Best Execution. In: Financial Analysts Journal, January/February 1993, S. 65-71.

[Wagn97] *Wagner, G.*: Software mit Managerqualitäten. In: c't (1997) 15, S. 234 - 243.

[WeGo96] *Weinhardt, Ch.; Gomber, P.*: Domänenunabhängige Koordinationsmechanismen für die dezentrale betriebliche Planung. In: IM Information Management (1996) 1, S. 6-16.

[WeGo99a] *Weinhardt, Ch.; Gomber, P.*: Elektronisierung des außerbörslichen Wertpapierhandels. Konzeption und Engineering eines finanzwirtschaftlich und mikroökonomisch basierten Multi-Agenten-Ansatzes. Erscheint in: Wirtschaftsinformatik 41 (1999).

[WeGo99b] *Weinhardt, Ch.; Gomber, P.*: Agent Mediated Off Exchange Trading. In: Proceedings of the 32nd Annual Hawaii International Conference on System Sciences, Maui 1999.

[Wein95] *Weinhardt, Ch.*: Financial Engineering und Informationstechnologie; Innovative Gestaltung von Finanzkontrakten. Gabler, Wiesbaden 1995.

[Wein99] *Weinhardt, Ch.*: Deregulierung und Elektronisierung von Märkten. IT-Unterstützung im Handel von Energie-, Telekommunikations- und Finanzprodukten. http://www.cnec.org/, Abruf am 1999-03-19.

[WeKi96] *Weinhardt, Ch.; Kirn, S.; Gomber, P.*: KI-Methoden in der Finanzwirtschaft: grundlegende Fragen, Stand der Forschung, Einsatzpotentiale. In: KI Künstliche Intelligenz (1996) 4, S. 8-17.

[WeSc99] *Weinhardt, Ch.; Schmalz, A.*: Zentrale versus dezentrale Transportplanung - Eine vergleichende Analyse für Multi-Depot Tourenplanungsprobleme. Erscheint in: *Kopfer, H.; Bierwirth, Ch. (Hrsg.)*: Logistikmanagement - Intelligente I+K Technologien. Springer, Berlin et al. 1999.

[Winn93] *Winninghoff, E.*: Off-Exchange Trading is Hot. In: Global Finance, May 1993, S. 56-59.

[WKWI93] *Wissenschaftliche Kommission Wirtschaftsinformatik*: Gegenstand der Wirtschaftsinformatik, Beschluß der Wissenschaftlichen Kommission Wirtschaftsinformatik im Verband der Hochschullehrer für Betriebswirtschaft e.V. vom 6.10.93. http://isw.wiwi.uni-frankfurt.de/wi/gegensta.html, 1993-10-06, Abruf am 1998-04-12.

[WoJe95] *Wooldridge, M. J.; Jennings, N. R.*: Agent Theories, Architectures, and Languages: A Survey. In: *Wooldridge, M. J.; Jennings, N. R. (Hrsg.)*: Intelligent Agents: Theories, Architectures, and Languages. Lecture Notes in Artificial Intelligence. Springer, Berlin et al. 1995, S. 1-39.

[Zele97] *Zelewski, S.*: Elektronische Märkte zur Prozeßkoordinierung in Produktionsnetzwerken. In: Wirtschaftsinformatik 39 (1997) 3, S. 231-243.

GPSR Compliance

The European Union's (EU) General Product Safety Regulation (GPSR) is a set of rules that requires consumer products to be safe and our obligations to ensure this.

If you have any concerns about our products, you can contact us on ProductSafety@springernature.com

In case Publisher is established outside the EU, the EU authorized representative is:

Springer Nature Customer Service Center GmbH
Europaplatz 3
69115 Heidelberg, Germany

Batch number: 10815974

Printed by Printforce, the Netherlands